阅读新视角

张宗成 著

河南大学出版社
中国·郑州

图书在版编目(CIP)数据

阅读新视角/张宗成著.—开封:河南大学出版社,2008.5(2013.3 重印)
ISBN 978-7-81091-806-0

Ⅰ.阅… Ⅱ.张… Ⅲ.语文课—阅读教学—中学—教学参考资料 Ⅳ.G634.333

中国版本图书馆 CIP 数据核字(2008)第 060619 号

责任编辑 李景奇
封面设计 马 龙

出版发行	河南大学出版社 地址:河南省开封市明伦街 85 号　邮编:475001 电话:0378—2825001(营销部)　网址:www.hupress.com		
排　　版	南阳市第四印刷厂		
印　　刷	新乡市凤泉印务有限公司		
版　　次	2008 年 5 月第 1 版	**印　　次**	2013 年 3 月第 2 次印刷
开　　本	890mm×1240mm　1/32	**印　　张**	8.75
字　　数	219 千字	**印　　数**	1501—2500 册
定　　价	21.00 元		

(本书如有印装质量问题,请与河南大学出版社营销部联系调换)

真切的感悟　可贵的探究

——《阅读新视角》序

甘其勋

2004年元月，我曾为张宗成、张冬两位老师的《作文新视角》写序；不到三年，张宗成老师的《阅读新视角》的书稿又放到了我的案头。从近300页的书稿中，我看到了农村中学第一线老师对语文教育的热爱与执著，看到了语文课程改革理念的普及与深入，看到了教师专业发展的进步与提高，看到了校本语文课程的开发与利用。写此序时正值数九寒天，我的书房却漾起了融融的春意，窗外也恰好射进来温煦的阳光。

《阅读新视角》是《作文新视角》的姊妹篇，不仅以新的视角思考、探究语文教育的重中之重——阅读教学诸多问题，而且体例与前书相同，也分为上下两编。上编为"感悟篇"，收录作者阅读实践中的独特体验和真切感悟；下编为"探究篇"，探究阅读教学中提高学生语文素养、促进学生和谐发展的有效途径和普遍规律。

"感悟篇"收入21篇文章，最长的3万多字，最短的不足千字。内容有作者阅读古典长篇名著《水浒传》《三国演义》的感受，有诵读古诗词的体验，有对一些课文的个性解读，也有对当代散文的欣赏评析，还有阅读报刊后写的教育随笔，更有对阅读方法的理性思考和教学实践。不论文章长短，感受深浅，在我的印象中这些感悟都不是人云亦云的空话、套话，而是篇篇源于作者真切的感悟。如张宗成老师的学生的作文《感受真诚》获奖后，他及时写了一篇短评《感受〈感受真诚〉》，指出"做人需要真诚"，"文亦贵真：真实，真切，见真功夫"；并发自内心地呼唤："真诚——"文章虽短，但可以说是"感悟篇"所有文章的共性。又如《一则教学案例的启示》，是阅读教育刊物的感悟，本文作者从一位小学数学教师大度、宽容、与学生和谐互动的案例引发思考，赞赏她把先进的教育理念化为自觉的行动，落实到课堂教学中。又如《好孩子是夸出来的》，从报上的两则事例，联想到美国电影的情节，联想到"没有赏识就没有教育"的理念，进而呼吁：对孩子要"少一点苛求，多一点宽容；少一点浮躁，多一点耐心；少一点训斥，多一点夸奖"；让孩子们"多一些自信"，"多一些快乐吧"！这些教育随笔来自阅读，联系实际，有感而发，切中肯綮。

"感悟篇"的最后一篇《阅读方法指要与训练》，是感受之后的理性思考，不仅从众多的阅读方法中筛选出从"预习"到"阅读整篇文章"等12种中学生最需要的基本方法，而且根据自己的教学体验，指出"操作步骤与要领"，还提供"操作举例与训练"和"迁移练习"，通过具体文章的阅读示范，把一项项阅读方法与技能，从抽象的理念化为具体的学习实践。这样的有感之悟，不仅可供老师们教学时参考，而且可以直接为学生所接受，成为学生自学的向导。

"探究篇"收入27篇文章，内容既有阅读教学中一些专题如揣摩、推断、整体感知的探究，也有课题研究报告，但更多的是阅读教学的案例。

专题探究，探究的问题来自教学实践。如《中心思想教学的问题与对策》，作者分析了中心思想教学的四种弊病：人云亦云的强加，强拉硬凑的拔高，墨守成规而僵化，因噎废食而抛弃。在此基础上提出三项对策：变教师灌输为学生感悟，变油水分离为渗透交融，变归一思维为发散思维。解决问题的方案也复归于教学实践，这样的探究当然是可贵而可行的。有的探究重在落实课程标准的要求，如课标要求："加强对阅读方法的指导，让学生逐步学会精读、略读和浏览。"如何达成教学目标？要有具体措施。《阅读的类型、目标和方法》一文，把"赏读"分解为悟意、悟情、悟理、悟巧四个"悟得"，就便于落到实处。

案例是校本课程的基础构件。第一线老师的教学研究应该而且可以从教学案例起步。上好每一节课，教好每一篇课文，是广大语文教师日常的工作和起码的责任。细致阅读课文，精心设计教案，组织教学过程以达成教学目标，反思教学得失以改进提高教学质量，这是一个完整的施教案例。《阅读新视角》中，收录了十多篇案例，既有现代诗歌、散文、小说、剧本，也有古代诗文和外国小说；既有文学作品，也有非虚构的写实的文章作品。特别是同一篇课文如《竞选州长》，既有备课的心得，又有教学设计和教案，呈现出一个完整的案例，可供自己回顾反思和同仁们品评得失。教学研究如聚沙成塔、积腋成裘。这样一课课具体的案例积累多了，才能从中感悟教学的真谛，探究成败的规律。

《循序渐进　提高学生阅读素质》，正是由具体实践到理性思考的成果。张老师从 1999 年秋就开始这一实验研究，郑州市四乡十校几十位老师联手开展十二个小课题的研究，历时三年，在几十个教学案例的基础上，整理、归纳、分析、综合，形成了来自阅读教学实践的许多共识，得出了一些有普遍价值的结论。这样的教学研究是扎实的、有说服力的。

教改的关键在教师。新课程改革的理念得到广大教师的认同并不难，难在把先进的理念化为可见可行可操作的教学实践，而"化"的主体是教师。因此，教师专业发展已成为课程改革成败的首要因素。

在这样的背景下，张老师的新著《阅读新视角》，虽然还有这样那样的不足，还有待进一步丰富和完善，但我从中看到了校本课程开发的艰难历程和初步成果，看到了教师发展的长足进步和提高，感到它确实弥足珍贵。

（2007 年元月 3 日于郑州且安居）

（甘其勋老师是中国写作学会阅读学专业委员会副会长，中国图书馆学会科普与阅读指导委员会委员，《作文指导报》顾问）

目　录

上编　感悟篇

钻进去　跳出来…………………………………………………… 3

《水浒传》吸引人的奥秘………………………………………… 5

诸葛亮的语言艺术 ……………………………………………… 13

感受《感受真诚》

——读《作文指导报》的一篇习作 ………………………… 15

附:《感受真诚》……………………………………………… 16

换个角度看《向沙漠进军》 …………………………………… 18

一则教学案例的启示 …………………………………………… 21

读《岳阳楼记》五题 …………………………………………… 24

梦中有情情亦真

——读《夜梦记》二则 ……………………………………… 29

附:《故乡》《蔷薇和荆棘》………………………………… 31

一曲凡人美德的颂歌

——简评散文《洁白的木槿花》…………………………… 33

附:《洁白的木槿花》………………………………………… 34

独特的角度　独到的感悟

——贾平凹散文《未名湖》赏析…………………………… 37

附:《未名湖》………………………………………………… 38

多味的《向日葵》

——冯亦代散文《向日葵》赏析…………………………… 40

附:《向日葵》………………………………………………… 41

巧妙的暗示　细密的描绘

[HTF]——简评《老师的用意》…………………………… 43

附:《老师的用意》…………………………………………… 44

巧妙蓄势　平中见奇
——评《躬耕》校园版第一期的两篇文章 …………………… 45
附:《做个女孩》…………………………………………………… 47
[DW]　《女生传来的纸条》……………………………………… 48
好孩子是夸出来的 …………………………………………… 49
帮助孩子养成好习惯 ………………………………………… 51
还给孩子自由的天地 ………………………………………… 53
向子女认错又何妨 …………………………………………… 55
作文里的成功家教 …………………………………………… 56
精美句段赏读 ………………………………………………… 58
古诗词曲导读
送别 …………………………………………………………… 70
长相思 ………………………………………………………… 73
浣溪沙 ………………………………………………………… 76
朝天子　咏喇叭 ……………………………………………… 80
渔家傲 ………………………………………………………… 83
阅读方法指要与训练
预习 …………………………………………………………… 87
找中心句 ……………………………………………………… 90
分析段内句子之间的关系 …………………………………… 92
概括段意 ……………………………………………………… 96
阅读一段文字 ………………………………………………… 99
分析句子……………………………………………………… 103
概括文章主要内容…………………………………………… 109
划分段落……………………………………………………… 114
总结中心思想………………………………………………… 118
领会文章写作特点…………………………………………… 120
阅读整篇文章………………………………………………… 126
寓言的阅读…………………………………………………… 132

下编　探究篇

指导揣摩　促进阅读……………………………………………… 139
实行推断阅读　促进思维训练…………………………………… 146
以课文为凭借　用足用好教材…………………………………… 151
全面认识课文作用　正确指导阅读教学………………………… 160
整体感知的任务和方法…………………………………………… 163
中心思想教学的问题与对策……………………………………… 168
循序渐进　温故知新
——浅谈初中语文阅读教学中的学法指导……………… 174
阅读的类型、目标和方法 ………………………………………… 178
阅读教学札记……………………………………………………… 183
立足三个实际　提高教学效率…………………………………… 187
爱思　会思　多思　深思
——例谈古代诗歌教学中的思维训练…………………… 194
直面爱情诗
——《我是一条小河》导读………………………………… 201
《出塞》诗主题辨正
——兼谈古代诗歌教学……………………………………… 204
导引学生进入艺术世界
——《安塞腰鼓》教学谈…………………………………… 209
感悟　总结　迁移
——谈谈小说阅读中的学法指导…………………………… 213
遵循认知规律　进行有序的思维训练
——《〈陈毅市长〉选场》教学谈…………………………… 218
咬定青山不放松
——欧阳黛娜老师执教《木兰诗》赏析……………………… 223
为鲁庄公翻案……………………………………………………… 225
《竞选州长》教学三题……………………………………………… 227

《竞选州长》教学设计…………………………………………………… 231
《竞选州长》教案…………………………………………………………… 234
《藤野先生》教学设计……………………………………………………… 240
《金黄的大斗笠》教学设计………………………………………………… 244
《金黄的大斗笠》教案……………………………………………………… 248
《回忆我的母亲》教案……………………………………………………… 250
如何应对阅读分析题………………………………………………………… 254
附:阅读短文与练习设计 …………………………………………… 255
循序渐进　提高学生阅读素质
——初中生阅读素质的基本要求及有序培养研究报告
…………………………………………………………………………… 259
后记……………………………………………………………………… 268

上　编

感　悟　篇

钻进去　跳出来

读书目的不同，方法自然也应多样：寻求信息的，跳读为宜；消遣怡性的，浏览最好；理解领会的，适合精读；欣赏研究的则需品读——下更大的功夫，钻进去，再跳出来，读出心得，读出自己的见解来。学习文献，钻研教材，鉴赏评价文学作品，都需要这后一种功夫。

钻进去，就是通过阅读文章或作品，在领会意义、体验情感的基础上，结合作者的情况（知人）和写作时的情景（论世），凭借对阅读材料的整体观照和细部领悟，推测作者的写作思路、写作意图，实现与作者超越时空的对话。阅读材料是读者和作者之间的桥梁。在钻进去阅读的过程中，一方面是阅读者不断地提问，作者耐心地一一作答；另一方面，则是换个位置，作者不断地倾诉、演讲、解说，阅读者专注地聆听。读《抉择》、《十面埋伏》，读《狂人日记》、《阿Q正传》，我们走近作家张平，走近文学巨匠鲁迅，我们可以真切地感受他们那忧国忧民之心和睿智、犀利地洞察一切的眼睛。阅读古代的或外国的著作，我们又能听到司马迁、李白、曹雪芹或莎士比亚、托尔斯泰、泰戈尔等畅谈社会人生，诉说悲欢离合。

要想钻进去，需要熟读精思，边读边想：写了什么，怎么写的，如何褒贬，妙在何处，作者写这些目的何在，我们能从中领会什么道理……这些问题要弄个明白。感悟揣摩词句是解开疑难的基本切入点，牢牢地把握住语言，从大量的阅读实践中锻炼提高语言感受能力，是钻进去读书的基本保证。

钻进去的高境界是走近作家（作者）的心灵，但要避免沉迷于作品之中而失去自我。古人的“尽信书不如无书”，告诉我们这样的道理：读书要借助别人的思想，更要相信自己的大脑，应当从阅读材料中跳出来，放出眼光，读出独到的见解。

跳出来，要敢于怀疑，独立思考。最近，我再次读到几句关于读书的老话："书中自有黄金屋，书中自有千钟粟，书中自有颜如玉。"这些话曾有幸被奉为劝人读书的箴言，也曾不幸被当做"毒草"和批驳的靶子，虽然"地位"不同，但基本理解却是一样的：把书读好了，就会有功名利禄等等。细心一想，不对呀，这句话中明明说的是"书中自有"这种种好东西，哪里是读过后读好了才有呢？那些好东西就在书里面呢。我这样猜想："黄金屋"是有价值并成体系的东西，该是喻指我们博大精深的传统文化；"千钟粟"是告诉大家书中有人们所需的精神营养，当然也不排除可能会有些杂质米糠；"颜如玉"应该是以部分代全体的借代，代指书籍中蕴涵的各种各样的美。这样理解不仅能自圆其说，顺理成章，而且能从中领会出一些新意：这三句话旨在告诉人们要从书中发现什么，读书对人有何益处。正是由于跳出了原有的固定解释，从大处着眼，在咬文嚼字上下功夫，用联系的观点看问题，才得到了新的发现，化腐朽为神奇。

跳出来能把书读活，让思想放开，由感悟阅读材料到展开联想，感悟社会人生，使阅读常读常新，大大扩展阅读的启迪教育功能。跳出来是创新阅读的前提。特别是文学作品的阅读，更不应局限于某一种理解，要结合自己的经历、情感，敢于表达自己独特的见解，做到言之成理，持之有据。

"钻进去"不要陷进去，"跳出来"不要漂起来。要将"钻进去"和"跳出来"这两种行之有效的阅读方法有机地结合起来，扬长避短。既深钻细研，领会阅读材料的精神实质，又独立思考，在阅读时不迷信，不"尽信书"，保持清醒的头脑，见仁见智。这样读书才能有较大的收获。

（发表于《读写新大陆》2002 年第 3 期）

《水浒传》吸引人的奥秘

古典名著《水浒传》在文学史上具有崇高的地位，对每个读者都能产生巨大的审美作用和认识作用。它自流传以来，影响了一代又一代的人。无论是老年人还是青少年，只要一捧起这本书就难以割舍，读着读着就会深入其中，和其中的人物一起喜怒哀乐，和作者一同褒贬爱憎。《水浒传》艺术上的成功之处何在？换句话说，它靠什么吸引读者？本文试从人物形象塑造方面做点研究，揭示其奥秘所在，以期更好地吸取其成功的经验，更好地继承这份宝贵的文学遗产。

一、倾向性——激发读者的爱憎情感，增强作品的感染力量

所谓倾向性，指作品的形象体系所显示出来的对一定的社会问题、政治道德、思想情趣的是非评价和爱憎态度。《水浒传》是一部农民英雄的颂歌。作者对参加梁山事业的每一位好汉，不管他出身是贵族、军官、财主，还是渔民、猎户、工匠，从总体上是持赞美、理解的态度，而对起义事业的对立面，上至皇帝、权臣，下至衙役差吏，则处处予以揭露。从表现方法上看，能够表现出作者感情倾向性的方面很多，这里仅举四个方面的例子来说明。

一是巧用诗词赞誉。《水浒传》是由说话、杂剧等通俗文学演变而成，在长期流传中，艺人们常用诗词韵语赞誉水浒英雄。小说继承了这一为市井百姓喜闻乐见的艺术形式，为所刻画的人物增光添彩。我国的诗歌源远流长，言简意丰，通俗易懂。作为新出现的小说体裁，引诗词入文，可以兼收诗歌体裁的长处。《水浒传》中的主要人物出场时所引的赞誉诗词极具匠心。请看下例：第 14 回“赤发鬼醉卧灵官殿，晁天王认义东溪村”中吴用第一次出现时，有《临江仙》一首，赞吴用的好处：“万卷经书曾读过，平生机巧心灵。六韬三略究来精。胸中藏战将，腹内隐雄兵。谋略敢欺诸葛亮，陈平岂敌才能，略施小计鬼神惊。名称吴学究，人号智多星。”这位后来的梁山军师刚一露面，便先声夺人，给人留下了足智多谋的深刻印象。

二是外貌描写渲染。小说中林冲是在看到鲁智深为众人演练器械时，一声喝彩，引起大家注意，出现在众人眼里的。除了先刻画从上到下的穿着打扮外，小说还这样交代："那官人生的豹头环眼，燕颔虎须，八尺长短身材，三十四五年纪。"这番交代抓住了人物的基本特征，初步树起了一个英武儒雅的武将形象。(第 7 回)再如宋江出场时的描写："眼如丹凤，眉似卧蚕。滴溜溜两耳垂珠，明皎皎双睛点漆。唇方口正，髭须地阁轻盈；额阔顶平，皮肉天仓饱满。坐定时浑如虎相，走动时有若狼形。年及三旬，有养济万人之度量；身躯六尺，怀扫除四海之心机……志气轩昂，胸襟秀丽。刀笔敢欺萧相国，声名不让孟尝君。"虽然下文也写到他"面黑身矮"(第 18 回)，但有了上面的描写，外貌上的缺陷便被层层铺垫的赞美遮盖了。像这样在《水浒传》中刻画的许多英雄，尽管不少年龄相仿，经历略同，但绝无千人一面的感觉，这都得益于作者能够抓住特征，既写人物的静态，也写人物的动态，为下文展开描写人物活动定下了基调。

三是善用各种衬托。第 35 回从燕顺的见闻写起。燕顺在酒店遇到一个汉子，这汉子口称："天下只认得两个人，其余的都把来做脚底下的泥！""除了这两个，便是大宋皇帝，也不怕他！"并称这两人的姓名："我说与你，惊得你呆了！"他说的这两人中，便有一个是山东及时雨宋江。这汉子名叫石勇，口中言语对宋江充满了敬仰之情。像这种未曾谋面就已崇敬尤加的远非石勇一人。在柴进处，武松把宋江劈胸揪住，大喝道："你是什么鸟人？敢来消遣我？"当柴进问他可认得宋押司时，他说："我虽不曾认的，江湖上久闻他是个及时雨宋公明，且又仗义疏财，扶危济困，是个天下闻名的好汉。"宋江发配江州时遇到的李立、张横、戴宗等人都在冒犯宋江以后听说宋江姓名，便十二分地敬重，连那鲁莽的李逵也口称"若真个是宋公明，我便下拜”。当听到宋江说“我正是山东黑宋江”时，李逵拍手叫道：“我那爷，你可不早说些个，也叫铁牛欢喜！”扑翻身便拜。这些情节虽是写见面情景，却有力地烘托了宋江的美名早就在天下英雄中传扬的情景。这是他后来能够成为梁山义军首领的舆论基础。这样写也省去了不少笔墨，不必一一追叙宋江此前的许多仗义疏财、济人危难的经历和事迹。

当然，《水浒传》中的衬托远非只有这一类。其他如两军阵前的较量、好汉之间的比武等场面描写，以及林冲上梁山前的风雪和晁盖等人智取生辰纲时黄泥冈上的酷热等景物描写，无不起到衬托作用，或以人衬人，或以景衬人。另有一种反衬，如用镇关西的可恨衬鲁提辖的可敬等等。这里不再一一细述。

四是运用浪漫主义手法。《水浒传》在塑造英雄人物时，没有拘泥于历史的真实，作者运用现实主义和浪漫主义相结合的方法，加强了人物塑造上的理想色彩和主观情感色彩。

试举这样几个例子：

作者在介绍晁盖的生平和为人时，插入了一个传说，即将镇鬼的青石宝塔由西溪村夺来，又到东溪村放下，人皆称他为托塔天王。这一传说，表现了梁山事业的奠基人晁盖力大无比，英雄气概早已不同凡响。

第 42 回写宋江遇九天玄女，受三卷天书，令人顿生神秘之感。第 71 回写忠义堂石碣受天文，天门开处，“毫光射人眼目，霞彩缭绕”，那情景的确令人神往。这些描写虽然有故弄玄虚之嫌，颇多迷信色彩，却也从封建皇帝那里为起义英雄分得一份“受命于天”的专利。这样写表现了作者对农民起义的肯定和对起义英雄的推崇。

全传结尾处写道：“后来宋公明累累显灵，百姓四时享祭不绝。梁山泊内祈风得风，祷雨得雨。”这一理想化的结尾尽管带着明显的迷信印痕，但从创作的角度说，总算给了敬仰英雄的读者一点感情上的慰藉。

与小说的描写不同的是，前些年拍摄的电视剧《水浒传》，在后半部极力丑化宋江，将他刻画成一个行为猥琐、面目可憎的可怜虫，给人的印象是十足的朝廷的鹰犬、走狗，这引起了梁山地区的群众以及广大《水浒传》的爱好者的反感和抗议。这一事实从反面说明，《水浒传》原著的倾向性和古今劳动人民群众的情感是相通的，小说的情感化描写是成功的。

二、典型性——艺术地再现典型环境里个性鲜明的典型人物

现代作家姚雪垠在《继承和发扬祖国文学的光荣传统》一文中指出："文学作品总是表现人的生活、思想、感情，而人总是生活于特定社会环境、特定历史条件中的，没有一个超越时空的人。"他还在另一篇论文中提到恩格斯的名言："典型环境中的典型性格。"姚雪垠先生以其丰富的写作理论和成功的创作实践告诉我们，小说家的任何描写，应当不脱离人生成长的具体环境，来刻画人物的典型性格。《水浒传》突出体现了以下两点：

（一）在典型的环境中表现人物的思想倾向和性格。北宋末年，朝政腐败，奸臣当权。一方面是统治阶级的骄奢淫逸，另一方面是广大百姓民不聊生。《水浒传》中的"三阮"，听说夺取生辰纲之类的不义之财，当即"大喜"，欣然参与聚义，后又义无反顾地走在斗争的前列。而那个"三代将门之后"的杨志，投身义军队伍则费了相当一番周折。他既为将门之后，又是武举出身，做到殿司制使官。因失陷了花石纲，避难期间遇林冲到梁山，任王伦怎样挽留，他一味要辞别下山。后因穷极卖刀，杀死泼皮牛二，发配北京大名府，比武争功得授提辖，一心想博得封妻荫子。又因黄泥冈上失落了生辰纲，不得已才落草为寇。杨志的经历尽管带有一定的偶然性，但加入起义队伍的动机，可以说与秦明、呼延灼、关胜、董平等人的思想基础是一致的，那就是暂借水泊安身，只待日后招安。

在上梁山的过程中最为曲折、最为典型的要数卢俊义了。用他自己的话说，“我自是北京财主”，“身无罪累，颇有些家私”。因此他的立场十分明确：“生为大宋人，死为大宋鬼。”他宁死不愿加入义军队伍，并且声言：“我如常有心要来拿你这伙强盗，今日特地到此，快教宋江那厮下山投拜！倘或执迷，我片时间教你人人皆死，个个不留！”(第61回)爱憎何等鲜明！直到两次被官府捕获，梁山大军兵临大名府，他才不得已上了梁山。后经多番征战，仍记挂的是“衣锦还乡，图个封妻荫子”。小说这样刻画梁山的“二把手”，正是按照“小说中的生活逻辑”来写的，这一典型人物和小说中的其他富有生命力的人物一样，不能不受到封建社会的具体生活环境的制约。

(二)通过细节描写展现典型人物的鲜明个性。著名作家姚雪垠在《论当前的通俗文学》一文中指出：“文学是语言的艺术，这含义包括形象化的语言，对于小说来说，不仅是指词句的形象化，更重要的是指细节描写。只有成功的细节描写才能表现更深刻更生动的形象。典型环境中的典型人物，是现实主义小说美学的重要课题。没有成功的细节描写就不可能有成功的典型环境，没有成功的细节描写就没有典型的人物形象。有了许多光彩的细节描写，才有辉煌的小说艺术。”他还进一步指出，从宋代的“说话”到明初的《水浒传》，“开始有了细节描写”。(姚雪垠《创作理论与创作实践》，第90—91页)这是对《水浒传》艺术成就的一大肯定。

《水浒传》的前71回给人的印象深刻，而后49回则比较平淡，林冲、鲁智深、武松、李逵、刘唐、三阮、宋江、吴用、石秀、燕青、张顺等20多人个性比较鲜明，而其余的80多条好汉却没能给人留下更深印象，有的甚至只是搬来弄去的几个姓名，究其原因，还是前者运用了细节描写，而后者往往只有叙述。

试举两例：鲁达在潘家酒楼听了金氏父女字字血声声泪的控诉，便“呸”地一声并大骂郑屠这个腌臜泼皮欺负人，回头看李忠、史进道:“你两个且在这里,等洒家去打死了那厮便来。”这是何等的疾恶如仇。接着又赠银,又相送,甚至为了金氏父女的安全,在鲁家客店门口“掇了条凳子,直坐了两个时辰”,这又是何等的侠义心肠。到了郑屠肉铺,他先叫“郑屠”,灭镇关西的威风;再让郑屠亲自动手切臊子,扫这恶霸的脸面;接着一阵肉雨,激起这泼皮的火气。这“三激”是用智,跟下来的“三拳”则见其勇。看到郑屠面皮变色,动弹不得,鲁达指着郑屠道:“你诈死,洒家和你慢慢理会。”这又显示出他处乱不惊,粗中有细。(第3回)一连串的细节描写,生动地刻画了鲁达见义勇为、智勇双全的英雄形象。

再如写武松景阳岗打虎一节,先写那大虫一扑、一掀、一剪之后,“气性先自没了一半”。读到此,正要为武松庆幸,不料“哨棒折做两截”,局势又见紧张。后来武松干脆扔掉半截哨棒,一揪、一按、一捺,一阵脚踢拳打,使猛虎七窍出血,动弹不得,“却似躺着一个锦皮袋”。这才令人长出一口气。打虎过程一波三折,赤手空拳打死猛虎的细节,使打虎的过程锦上添花,更显武松的神勇和武艺高强。

三、阶段性——忠于生活的真实和艺术的真实

《水浒传》写的是历史题材,梁山起义最终失败的结局是无法用“大团圆”来替代的,作家必须受这一生活真实的制约。作家塑造出的人物形象出身各异,经历不同,他们的性格也各不一样。当小说人物有了生命以后,他不但要按照作家预先设置的方向发展,同时也按照生活的逻辑发展。《水浒传》的人物刻画和事件的发生发展让人感到真实可信,我认为正是作者遵循了人物刻画的阶段性,即注意描绘出人物性格的发展阶段,才描绘出梁山事业从兴到衰的各阶段上的人物性格。

(一)分阶段有层次地刻画人物性格。《水浒传》围绕“官逼民反”这条总线索来展开情节,围绕某一个人物单线发展,环环相扣,带出其他人物并交互会合,人物性格随着情节的发展逐步展现其发展变化。在诸多主要人物中，林冲和武松的性格发展轨迹最具代表性。

林冲原是八十万禁军教头，有优厚的待遇、舒适的家庭、美丽贤淑的妻子，虽有“空有一身本事，不遇明主，屈沉小人之下”的闷气，但当时他的性格主流仍是安分守己，怯于反抗。当高衙内调戏他妻子时，他虽感到屈辱，但是因事关自己的顶头上司而不敢得罪，只是冲散了事。受高俅陷害被发配充军，虽感到含冤负屈，仍一忍再忍，未能起而反抗。被贬到大军草料场，还想着修葺房屋苟安下来。直到陆谦、富安等人赶来谋害，又烧了草料场，他才下决心杀死仇人，被逼上梁山。初到梁山，受王伦排挤，只是在心头积压一股怨气而已。晁盖等人上梁山后，他出于义气才火并王伦，为梁山事业的发展开辟了道路，成为功勋卓著的英雄。由“忍”到“反”是林冲在不同阶段上的性格发展轨迹。

武松出身下层，因酒后与人争斗出事，投奔柴大官人处躲灾避难，景阳冈打虎后当了阳谷县都头，一心想为统治阶级效劳。后来哥哥被害，告状不准，杀死了潘金莲和西门庆，但因封建伦理意识强，对官府还有一定幻想，主动到官府自首。在牢城营里为报答施恩的知遇之恩醉打蒋门神，被张都监收为心腹后，为小恩小惠所惑，差点吃了大亏，几乎送命。血的教训终于使他擦亮眼睛，大闹飞云浦，血溅鸳鸯楼，走上起义道路。在梁山他是能征善战的猛将，农民起义军的中坚，成为坚决反对招安的英雄之一，这与他的出身、经历不无关系。

由于人物性格是随情节的发展而发展变化的，所以这些人物的性格都很丰满且真实可信。

（二）根据起义事业的发展阶段，刻画人物性格。宋江是梁山起义的核心人物，梁山起义事业的发展、高潮、结局都与宋江的性格发展有直接联系。梁山起义事业兴起之初，是他义字当先，“担着血海似的干系”，为晁盖等人通风报信，又为维护和梁山的关系杀了自己的老婆阎婆惜。他好济人贫苦，急人所急，扶人之困，博得了江湖好汉们的敬重，人送外号“及时雨”。在大闹清风寨之后，他正要带一帮弟兄上梁山，一封父亲病故的假书信便使他抛下大批人马，“飞也似”地回去奔丧，并服服帖帖地接受官府的断配。这时他的“义”让位于“孝”。这正如他的另一外号“孝义黑三郎”，“孝”在“义”前。晁盖逝世以后，他急不可待地将“聚义厅”改为“忠义堂”，明明白白地将“义”置于“忠”的后面。从他当上“一把手”后，就着手招降纳叛，罗致能为招安尽力的人才，扩大投降派的队伍，逐步改变了起义军的成分。浓厚的忠君思想，严重的动摇性、妥协性使他由起初的“只反贪官，不反皇帝”，发展为既不反皇帝，也不反贪官，甚至还将被捕获的大贪官和起义将士的死对头高俅奉为座上宾。由于他的主导作用，终使梁山这只起义队伍蜕变成了镇压农民起义的武装力量。在南征北战之后，功成名就之时，自己被奸臣毒酒暗害，临死还拉了李逵垫背，亲自用毒酒害死李逵，还振振有词，说什么“我为人一世，只主张‘忠义’二字，不肯半点欺心”，“宁可朝廷负我，我忠心不负朝廷，我死之后，恐怕你造反，坏了我梁山泊替天行道忠义之名”。至此哪还有半点“义”字可言！以“义”开始，到“孝”在“义”先，“忠”在“义”前，再到亲手毒死自家弟兄，最后被皇上褒为“靖忠”。宋江的思想性格就是这样阶段分明地发展变化的。一部梁山起义盛衰史，又是一部宋江性格发展史。人物性格的发展有阶段性，是渐变而不是突变，梁山的农民起义事业由小到大又由盛到衰，与其领袖人物的思想倾向息息相关。这就使得小说真实可信，经得起推敲。

《水浒传》的艺术成就是多方面的，就人物描写艺术来说，还有许多方面值得我们研究借鉴。读《水浒传》，不能只停留在“看热闹”上，要边读边想，生疑解疑，学会“看门道”。《水浒传》靠什么吸引人？答案可能很多。我认为最基本的是施耐庵先生注重了人物性格刻画，在刻画人物时注重了倾向性、典型性和阶段性。

诸葛亮的语言艺术

出自《三国志》的《草庐对》(教材中多为《隆中对》)和《出师表》,是两篇与“智圣”诸葛亮有关的名文。前者突出表现了诸葛亮的雄才大略和刘备对诸葛亮的信任,后者通篇洋溢着诸葛亮对刘氏父子的赤胆忠心和兴复汉室的殷殷之情;前者主要记述诸葛亮在刘备问计时的分析和对策,后者则是诸葛亮精心撰写的奏章,内容有申请、嘱咐和建议。无论是口头语言还是书面语言,从中都能领略到诸葛亮巧妙的语言艺术。

胸怀大志的刘备在战火中历练、摔打多年之后,只落个“将不过关张,兵不满千员”、不得不寄人篱下的局面。他求贤若渴,三顾茅庐,得见卧龙先生,诚恳询问治国安邦大计。诸葛亮虽“躬耕于南阳”,却胸怀天下。他分析了当时曹操势大、孙权难图的形势之后,立足现实,为刘备谋划发展出路。要想“兴复汉室”,首先得有立足之地。而发展一途,非荆州益州莫属。然而荆州刘表、益州刘璋均为刘备同宗,诸葛亮不能明劝刘备夺同宗之基业。况且夺荆州,抢益州,刘备也怕担上恶名,心有顾虑。在晤对中,诸葛亮巧妙暗示,使刘备既心领神会,又解除了顾虑,一番入情入理的分析,将一个谋略家的才干发挥到了极致。

请看他是怎样说的。在分析荆州的情况时,他指出这里既有经济之利,又是兵家必争之地,可是在豪杰并起的时代里“其主不能守”,将军现在就在这个地盘上,这不是上天有意赐给的吗?这是暗示刘备:天意不可违,良机不可失!在分析益州的情况时,他指出四川是天府之国,帝王之基,而刘璋又昏庸懦弱,汉中张鲁早就对这个地方垂涎三尺,虎视眈眈,那里的“智能之士”又“思得明君”。谁是明君?将军既是帝室之胄,又“信义著于四海”,这个地方非将军莫属。话里话外他要让刘皇叔相信,夺取荆州益州上顺天意,下得民心。有了这两个地方作为根据地,退可守,与孙、曹成鼎足之势；进可攻，两路出兵，直捣许洛，兴复汉室。在群雄并起的形势下，如果没有地盘，想有所作为无异于痴人说梦。那么趁势占之、夺之，何乐而不为呢？这些话丝丝入扣，雄辩得体，意思很明白，但又没一句是直白教唆，他这些话，说到刘备心窝里去了。刘备听了，茅塞顿开，顾虑全消，连连称善。诸葛亮这一番话深得心理学、语言学的奥妙，算得上“能说会道”。

说话写文章要看对象。几句暗示，刘备便能心领神会，并逐步实行，最终使“天下三分”。在荆州得而复失、“派一上将将荆州之军以向宛洛”和“将军身率益州之从众出于秦川”两大设想均已落空的情况下，诸葛丞相鞠躬尽瘁，一心匡扶汉室，决计率师北伐，以完成刘备的遗愿。临出征之前，他对朝廷大事又极不放心，因此不得不周到安排、百般提醒，因为后主跟先帝实在有天壤之别。诸葛亮深知这阿斗皇帝有执法不公、亲近小人、疏远贤臣的毛病，再加上他身边确有一些一有机会就蛊惑人心的奸佞。在精心斟酌字句的《出师表》里，他从分析形势入手，警示后主居安思危，劝诫后主“不宜偏私，使内外异法”，向后主推荐一批可以信赖的文臣武将，有针对性地重提西汉初期兴旺的经验，总结记取桓帝、灵帝时宦官弄权误国的沉痛教训，给后主打了防止宦官乱政的预防针。对阿斗这样的昏庸主子，直言怕他听不进，暗示又怕他看不懂，不得不千叮咛，万嘱咐，费尽了心思。此外《出师表》还极有分寸地把握了臣对君、长辈对晚辈的语气。结尾处的“临表涕零”，想来恐怕不是套话，而是动了真情。情动于衷，语重心长，言辞得体，不卑不亢。一篇雄文，足见诸葛亮慎思善写的本领。

以情动人，以理服人，明确对象，突出重点，是这一“对”一“表”共同的语言特点。有诗句称赞诸葛亮“三顾频烦天下计，两朝开济老臣心”，“出师一表真名世，千载谁堪伯仲间”，当然包含对他语言艺术的叹服。愿我们能从阅读中细心揣摩领悟，在日常说话写文章中参考借鉴。

感受《感受真诚》

——读《作文指导报》的一篇习作

李苗同学的《感受真诚》是一篇真诚的“忏悔录”。她从陌生的“兵哥”那里感受到了真诚，我们也从文中读到了她的真诚。如果说这篇文章有一些感人的力量的话，这力量就来自——真诚！

做人需要真诚。在陌生人聚集的列车上，两个当兵的真诚地关心别人，真诚地诉说生活，表白志趣，寻求沟通。他们是坦荡的。而一个接受了交际“古训”的中学生，却为起初的一句谎话和后来的虚荣，忍受着分手前不得不“瞎编”、分手后无时不追悔的痛苦煎熬。好在作者最终找到了一条弥补过失的途径：努力进取，让谎言变成现实，来回报两位“兵哥”的真诚。愿我们曾经有过虚伪的人，都能从作者的真实经历中吸取教训，这大概就是《感受真诚》的立意吧。

文亦贵真：真实，真切，见真功夫。记叙文要写真人真事，写实实在在的所见所闻、所历、所感。《感受真诚》的前两段，若无切身体验，断难写出那初上火车的环境、气氛和自己的情感、反应；正文部分的交谈和交谈中的种种描写读来如见其人，如闻其声；结尾坦露自己的内心世界。这一切，没有改头换面的组装，没有板着面孔的说教，没有无病呻吟的矫情，没有华丽辞藻的堆砌。一句话，以生活化的语言反映生活，再现生活。文章是精神产品，精神产品需要独创，而独创恰恰需要的是“我手写我心”，叙事尽量具体，交代尽量明白，抒情尽量自然。这需要一定的语言功夫，这功夫得是能擒拿格斗的真本领，而不能是中看不中用的“花拳绣腿”。

作者从乘车外出的经历中感受到了真诚，我们从作者的文章中感受到了“兵哥”和作者本人的真诚，我也希望同学们能从我这篇文章中感受到我发自内心的呼唤：“真诚——”

附：

感受真诚

河南省邓州市文渠乡一初中三二班　李苗

盛夏的一天，我来到火车站，打算从这里外出旅行。在霓虹灯的沐浴下，我踏上了北去的列车。望着那些晃动的身影，陌生的面孔，清一色的男同胞，我不禁有些紧张。车厢里小贩的叫卖声，乘客的谈话声，无一遗漏地传入我的耳中。忽然一阵热浪卷来，其中夹杂着香烟味、奶油味、啤酒味、汗臭味……我不禁皱了眉头，真后悔没有听父亲的话，独自一个人乘车远行。

“哐唧、哐唧”，列车像一匹野狼在苍茫的夜幕中奔驰。上车不久，我便分明地感受到长时间无言的寂寞。邻座的两位已趴在小茶几上酣然大睡。颠簸中，倦意向我袭来。我也顾不了保持在公共场合里淑女的风度，蜷缩在暂时属于自己的狭小的角落里。朦胧中，一个洪亮的声音传入耳膜：

“小妹妹，来这边睡吧！天凉会感冒的。”

“不啦，谢谢！”我半睁着眼低声回答。

“你带有什么书吗？能不能借给我看看？”另一个声音传入耳际。

“对不起，没有。”我看了他一眼，话语显得有点生冷。

“你要去哪儿？怎么一个人？”那声音让我想起长辈的关怀。

“郑州。”我随口说了一句，说完又警惕地看他们有什么反应。这时我忽然想起平时家长的叮嘱，亲友的告诫，索性不再答理他们。

“你在哪儿上学？”一个高个子当兵的关切地问道。我想到了“逢人只说三句话，未可全抛一片心”的古训，便随口诌了一个省城颇有名气的学校。

“呀，原来是个高材生啊！”他俩异口同声地用极羡慕的口吻赞叹道，那神情就像追星族遇见了心目中的偶像。

短暂的搭讪拉开了交谈的帷幕。他们谈军旅生活之乐，军训之苦，军纪之严。他们为没有接受高等教育而遗憾，也为能当一回兵而骄傲。听着听着，我对他们的戒备逐渐放松了许多。我顺着刚才的谎话，把我从书本中看到过、从别人口里得到的一些省城的情况，回赠给他们，我那不标准的普通话，伴着两个“兵哥”浑厚的男高音，构成了不甚和谐的二重唱。

就在我们正交谈得投机时，响起了报站的播音。在一个陌生的小站，他俩准备下车，开始收拾东西。忽然，其中的一个拿出笔和本，对我说：“可以留下你的地址吗？”我的笑容顿时僵住了，怎么办呢？是给他一个真实的地址，还是瞎编个地址呢？交谈中他的那一脸真诚，使我不忍心继续欺骗。于是我喃喃地说：“对不起。”那声音小得我自己都听不清。见我这样，他连忙尴尬地收了笔。

望着他们离去的背影，我真想大声对他们说：“我说的是谎话，我不是什么大学生，我只是一名普通的中学生。”然而几次动了动嘴唇，却没有勇气说出口。等他们身影消失的时候，我明白我犯了一个致命的错误：虚荣！我在想，今后不知能否再见到两位“兵哥”，不知他们是否原谅我第一次见面的谎言。

漫漫人生路，匆匆过客缘。也许今生我和两位“兵哥”仅有这一面之缘，然而这一次交往，他们给我留下了真诚，而我却编造了一个虚假的自己。我在想，要对得起生活中遇到的真诚，只有努力进取，让自己在火车上的谎言变成现实，只有这样，我才能回报他们给我的真诚。

（发表于《作文指导报》，获姚雪垠作文奖一等奖）

换个角度看《向沙漠进军》

竺可桢先生写的《向沙漠进军》是一篇传统课文，也是一篇有定论的典范说明文。教学中老师常常引导学生从中领会说明方法的运用，学习说明语言的准确性，年年如是，习以为常。应该说这无可厚非。最近，在一次听课活动中，我偶发奇想，觉得跳出常规，换个角度看这篇文章，倒也能读出一些新的味道，得到一些新的教益。

我思考了这样两个问题。

第一，文章是写给谁看的？以往都认为这是篇科普文章，那当然是写给广大群众看的了。我却从《卓越的科学家竺可桢》一文中受到启示，我想，作者当年是和李四光、钱学森等几个受到毛泽东主席重视并能经常被毛泽东主席接见的科学家，毛泽东主席也经常向他们咨询治国方略。这会不会是一篇向领袖建言献策的文章呢？题目“向沙漠进军”和正文中的军事术语使我相信，这完全是有可能的。毛泽东主席是从战火中走出来的领袖，他也是一个有着“与天奋斗，其乐无穷，与地奋斗，其乐无穷”这样信念的开拓者，用他喜欢的术语，建议他采纳一个致力于生物科学研究的科学家的建议——进军沙漠，治理沙荒，造福人民与后代，这应该是一个很不错的选择。于是，我大胆假设：这篇文章是写给毛泽东主席等中央领导人看的。作者要用自己的知识和调查研究成果，使这些决策者相信，治沙是必要的，也是可能的。

第二，文章的体裁是什么？恐怕有人会说，这还用怀疑？不是说明文还能是什么？其实，说明文这个名称还是后来才有的，在写作本文时，即 20 世纪 60 年代有一个体裁名称叫论说文，包括议论和说明，涵盖表明见解阐述主张和介绍方法解决问题两大内容。从这个意义上说，称它为论说文也许才是最恰当的。实在要套用现在通行的体裁名称，我觉得说它是议论文并非说不出一点道理。大家想，现在有许多科技方面的研究和调查分析文章，不都称为科技论文吗？按这个思路考虑，《向沙漠进军》有观点，即沙漠是可以征服的；也有主张：要防御沙漠扩张，进而向沙漠收复失地，征服沙漠。开头的一段文字可以看做查摆事实，提出问题；接下来分析敌情我情；最后展示美好的远景。文中的例子可以看做事实论据，文中的分类可以看做总分论证。至于语言，议论文不也要求准确严密吗？跳出说明文的格式来领会这篇文章，又有何不可呢？

其实，弄清文章的体裁和读者对象并非什么大不了的问题。这些年来，不少有识之士一直倡导淡化体裁意识，按照阅读一般文章的规律进行阅读。问题的关键在于，如何迅速找到一把解读文章的钥匙，并且不受局限地从文中吸取更多的营养。

正确解读文章的第一把钥匙是语言。《向沙漠进军》中的"进军"是题眼。这个军事术语告诉我们，不妨以军事眼光来解读这篇文章。这场旷日持久的战争的双方是人与自然，而两千多年的斗争史表明，在沙漠面前，人类一直是受害方，失败方。沙漠肆虐，不断扩展地盘，致使世界上著名的文明发祥地沦为荒无人烟的沙漠。中国的情形也大致如此。陕西榆林地区在康乾盛世人口激增时过度垦荒，教训深刻。战争需要知己知彼，"彼"即沙漠，它是凭什么逞凶的？怎样逞凶的？武器是风和沙，方式是游击战（风沙袭击）和阵地战（沙丘推进）。正因为遏制不了沙漠的攻势，所以人类一直在防御，并且防不胜防，屡战屡败。与沙漠斗争仅靠防守是不行的，必须发动攻势。我们假定这篇文章是写给中国领导人看的，所以接下来的内容是分析在我们中国进军沙漠的可能性：我们有党的领导和社会主义制度，有还算充沛的水源，有对付沙漠的办法，有沙坡头治沙和新疆沙漠变绿洲的成功实例，我们完全有理由相信，沙漠是有可能治理的。作者就是这样有理有据地分析，从而得到了不容置疑的结论。

正确解读文章的另一把钥匙是“知人论世”。知人就要了解作者的情况。作者是一个有爱国之心和报国之志的生物科学家，他对沙漠危害人类痛心疾首，热望治沙问题能引起高层领导的重视。他以自己的眼光和学识，主动建言献策，又以科学家的严谨，斟酌情理和词句。从文中我们可以看出，作者以天下为己任，有为国为民的满腔热忱。但他也非常清楚，这一伟大的事业，决不是只靠少数人的努力可以奏效的。加之在解放初期的十多年里，几亿人民搞饭吃，“大跃进”时期及以后很长一段时间内，大规模毁坏森林树木，破坏农田草原生态的现象还相当严重。此时建议进军沙漠，要被接受谈何容易！所以他说“沙漠是有可能治理的”。请注意“可能”二字，为什么他不说有把握治理呢？一是财力的问题，二是国家领导人重视与否的问题。当然还有广大人民群众参与程度的问题。从这里，我们才能更深刻地理解作者的焦虑和担忧，才能更正确地领会他写这篇文章的本来意图。

至此，我们从文中不但学了语言，接受了作者的观点，增进了认识，而且感受到一个爱国者、科学家为国为民的拳拳之心，产生了对老一辈科学工作者的敬仰之情。更进一步，还可加深对当今党中央推行的一些方针政策的理解：实施科学的可持续发展方针，大力推进西部开发，退耕还林，退耕还草，治理沙荒，保护生态。这些导向与措施非常正确，很得民心。在党的领导下，集中人力、物力、财力，把这件事办好，就能告慰九泉之下的竺可桢先生。读出这样的认识，生发出这样的情感，绝不是守着“科普说明文”所能达到的。

少点框框，多点自由；少点因袭，多点创意，文章就能常读常新。这是我变换角度阅读《向沙漠进军》的一点体会。

一则教学案例的启示

我在《江苏教育》上读到一则教学案例，感到颇有意思，仔细想想，这则案例给了我们不少有益的启示。

案例说的是一位小学数学教师，在一节有关估计与测量的新课临近结束时，给学生布置了一个实践性的家庭作业：回家后测量一下自己的腰围是多少，记下来。本来很正常的一个教学环节，因一个同学的插话而生出若干枝节。这个学生问："老师，那你的腰围是多少？"要知道，这位女教师结婚才几个月，按照一般情况，认为该生乱说，给予批评或不予理睬，都很正常。而这位女教师很自然地笑笑说："是啊，我的腰围是多少呢？大家先估计一下。"学生们顿时情绪高涨，七嘴八舌说出自己的估计。其中有一个同学还提出了一个刁钻的问题，他说："老师，我想知道你怀孕了没有，如果怀孕了，我就多估点。"女教师如实地回答了学生的问题。那个学生也说了自己的估计。这时女教师因势利导，说："大家的估计有多有少，究竟谁估计得准确呢？我们还是要量一量。可是，教室里没有软尺，大家都动动脑筋，看用什么量，怎样量。谁想出办法了，就到我跟前来量。"接下来有用拃的，有用短尺的，有用纸条粘贴起来，标上刻度做成软尺来量的，也有先用细绳比出长短，再用直尺量出长度的。更绝妙的是有人说，如果老师把裤带解下来，一量就知道腰围是多少。在探究解决问题的方法的过程中，同学们兴致极高，大家轻松愉快地复习了本节学习的内容。自始至终，教室里气氛异常活跃。

我非常赞赏这位女教师的大度和宽容。她笑对学生看起来"出格"的发言，显示出博大的爱心。而我们不少教师至今仍抱着"师道尊严"不放，课堂上无丝毫平等可言，学生稍有"冒犯"，就大加挞伐，结果打击了学生的积极性，也违背了教书育人的初衷。案例中那位女教师深知“童言无忌”的道理，珍视学生的学习热情，绝不给学生泼冷水，她不露痕迹地将学生的调皮话甚至是恶作剧，引到教学活动的正确轨道上。她的言行真正实践了平等对待学生，爱学生胜过爱自己。在她那里，高尚的师德不是空洞的教条，而是身体力行地落实在教学中的言行和细节。

我尤其赞赏这位女教师能把先进的教育理念化为自己的自觉行动。她善于发现并利用有益的教育资源，不失时机地组织相关教学活动。人们常说计划没有变化快。她不像我们有些人那样，守着教学计划和预定环节不知变通，而是果断抓住机会，利用学生的调皮话作为切入点，巧妙地组织复习，让学生巩固所学内容并加以延伸。她还注意把知识与生活实际相联系，引导学生运用知识解决实际问题。她布置的家庭作业就极具实践性。更可贵的是她能结合实例，将估计与测量有机联系，让学生动脑动手，解决实际问题，并不惜拿自己作为活教具。从这一点可以看出，她深知教师要教给学生活的知识，要把知识教活的道理。在培养实践能力的同时，她不忘激发学生的创新精神，营造能相互启发、争先创优的学习环境，使学生在学习过程中增强创新的信心，发展创新能力。

这则教学案例还启示我们，教师应适当地发挥自己的作用。教师是课堂教学的组织者，在课堂上出现特殊情况时，有责任适当加以调控，使其回到正确方向上来，保证教学正常地进行。教学固然要有预设，但预设不是不变的教条，而要适应不断变化的情况调整教学进程。那位女教师在调控时做到了“导而弗牵”，既满足了学生的需求，又不忘自己的责任。她根据当时的情况，巧妙地添加一个实践性复习环节。在由估计到测量的转换处，显得那样简捷、自然，显示了极强的驾驭课堂的能力。教师又是学生学习的引导者，让学生“学会”，不仅靠讲解，也不依赖示范。她所做的是创设适宜学生发挥的情境，引导学生动脑筋想办法，激励学生充分“表现自我”，在相互启发中共同进步，通过比较发现最优方案。我们要仔细体会并学习这位教师的组织和引导艺术。教师还是教学资源的开发者，这资源包括环境、条件、机会，其实有时自身也是很好的教育资源。教师固然有评价的责任，但在这则案例中，教师没有过多地对学生的表现评头品足，她知道学生在有些情况下，自会从比较中辨识是非优劣。在新课程理念下，评价是必要的，但绝不可滥用，以致扼杀了学生的创造性。现实中我们有些教师，总是想显示自己的权威，过分强调教师的评价作用，往往打击了学生的积极性。还是应当敢于放手，尽可能不做评价或让学生自我评价，相信学生具有鉴别能力。由此看来，有意识减少与削弱教师评价，对于充分发挥学生的主体作用是很有必要的。

一个与时俱进的教师，首先应当是善于学习的教师。在新课程改革的学习和实践中，需要走出去请进来，但自学书籍报刊上的理论与经验更便捷、更经济。学习别人的经验，不光要学形式，学套路，更要学实质，学精髓。不光是知道别人做了什么，怎么做的，更要想想人家为什么要那样做，道理何在。另外，除了借鉴别人的教法之外，尤其要想一想人家是怎样让学生掌握学法的。那位课堂教学案例中的教师，不仅让学生学知识，而且让学生用知识，根据具体情况探究解决问题的办法。她还善于发现学生的兴趣点，调动学生积极思维，推动发散思维，通过比较寻求最优方案，在探究中发展个性，在活动中展示自我，创造性地解决问题，总结规律。这些经验值得我们学习借鉴。

以博大的爱心，先进的理念，面对我们的学生，面对教学中的问题，与时俱进，重新认识教师的责任，最大限度地调动学生的学习积极性，追求最优化的教学效果。这些就是这则教学案例的精髓，也应是我们从中领会的重要启示。

读《岳阳楼记》五题

一、作者与读者

《岳阳楼记》的作者范仲淹是个多才多艺的人。他文能安邦，曾作为当时的“副总理”（参知政事）推行过庆历新政；他武能定国，出任边帅，镇守延州（今延安），抗击西夏，令敌人闻风丧胆，人誉之“胸中自有数万甲兵”。他诗文俱佳，边塞词《渔家傲》读来荡气回肠，散文《岳阳楼记》更见其深厚的文学造诣。他被贬做邓州知州，在河南邓州当了两年的父母官，他也是个“迁客骚人”。

《岳阳楼记》的第一读者当是滕子京，他是范仲淹志同道合的朋友，有过与范仲淹相同的守边、参与改革、贬谪地方官的经历。作为岳州的“一把手”，他理政有方，任职不久，就能使当地“政通人和，百废具兴”，足见其才干。而据说他爱发牢骚，有点想不开。作为“迁客”，对干正事而遭贬谪，有些耿耿于怀。他任岳州知州一年多，就干了一件大事：重修了岳阳楼这一名胜。他派人致书范仲淹，请求老友为重修的岳阳楼作记。范仲淹写好《岳阳楼记》，理当派人将这篇文稿送岳州交滕子京。因此滕子京应该是较早较细地读到《岳阳楼记》的人。

其他的读者当包括众多的游人，从古到今“到此一游”的人都能看到在岳阳楼上悬挂的《岳阳楼记》。后来经人传抄或版印，使得更多的人能读到这篇文章，从中受到教益。那位用一道圣旨把范仲淹、滕子京等人贬出汴京的大宋皇帝，如果能读到这篇文章，不知该做何感想。

二、文章的特色之一

——借题发挥

《岳阳楼记》的第一个特点是“借题发挥”。为重修的岳阳楼作记，这是滕子京给出的题目。“记”的相关解释是这样的：记载、描写事物的文章（常用作书名或篇名）。这就是说，这篇文章少不了要记事，应记下与这楼的建造和重修有关的事；更少不了写景，楼的整体和局部，楼所处的环境，在楼上看到的景色；还需直接或间接地抒发一下感情，连带表明一个什么见解。这些都是题中应有之意。范仲淹当然知道“属予作文以记之”该写些什么。可是他不是那种肯随大流的人，他不会放过这样一个绝好的机会。

干什么呢？劝说、勉励并表明心迹。范先生要借作记这个“题”，发挥文字表达的本领，劝一劝滕贤弟，也借此表表自己的胸怀抱负。

先说劝说。既是好友，范仲淹知道滕子京在干什么、想什么，知道滕子京的长处和短处。同是遭贬之人，同病相怜，声气相通。在文章开头部分，范仲淹先借着叙事，不露形迹地称颂滕子京的政绩和才干，你老弟干得不错嘛。这类话谁都爱听。第二段“衔远山，吞长江”的描写，不单是写洞庭湖，也是写人的胸怀：要能装，要心胸阔大，这意思滕子京准能体会得出来。咱不都是“迁客骚人”吗？那么你滕子京也许会有第三、四段所写的那种“览物之情”，这不要紧，人之常情嘛。但是，咱不能停留在这上面。范仲淹知道，在滕子京的心目中，也一定有许多值得仿效的“古仁人”，他也准不安于做凡夫俗子。既然要效法“古仁人”，就应当“居庙堂之高则忧其民，处江湖之远则忧其君”，忧国忧民，这是做臣子的本分。既如此，还何必为遭贬而愤愤不平，何必为抱负不能顺利施展而耿耿于怀呢？

再说勉励。探求“古仁人之心”，范仲淹得到一个结论：那就是无论是大臣小吏，做仁人志士就应当超脱出“迁客骚人”的思想感情，“进亦忧，退亦忧”，“先天下之忧而忧，后天下之乐而乐”。我范仲淹是打算为之实践的，那么滕子京你呢？希望你能和我一样，做个有高尚追求的人。不然的话，“吾与谁归？”希望你滕子京会跟我一样，做这样的人。因此说那句千古名言既是自勉，是心迹的表白，更是对好友的勉励和期待。

三、文章的特色之二

——扬长避短

查阅资料得知，范仲淹的《岳阳楼记》写于邓州，写作时参照的是随信捎来的一幅画——《洞庭秋景图》。未亲临现场而作记是写作上的大忌。有人说写此文之前，范仲淹从未去过岳阳，过去交通不便，没有飞机、火车、小轿车之类，去一趟颇需费些时日。也有人说范仲淹可能去过，却难以举出史料佐证。总之不能面对实物实景，而要写出以描写为主的“记”来，确应算是一“短”。而范仲淹不愧是范仲淹，他充分发挥善抒情议论之长，在不违背作记“大体”的前提下，扬长避短，虚则实之，实则虚之，充分展示了自己的智慧。

“庆历四年春，滕子京谪守巴陵郡”，“越明年”“重修岳阳楼”。“增其旧制，刻唐贤今人诗赋于其上”。经济的笔墨完成了叙事，也捎带完成了对楼本身的描写。“予观夫巴陵胜状，在洞庭一湖。”他巧转笔锋，将读者的视野聚焦在洞庭湖上。面对摊在眼前的《洞庭秋景图》，这描写便有了着落。但图画毕竟不是眼前实景，于是他仅用 22 个字，写出湖宽阔无边、富于变化两大特点，便就此打住：“此则岳阳楼之大观也。”接着交代“打住”的原因：“前人之述备矣。”因为是重修，周围景物、登楼所见，前人的描写已很详尽，是实情，也是托辞。但再怎样“备”，你这“记”总不能就此交卷吧。范仲淹的高明之处是他转而由洞庭湖在交通上的便利，引出迁客骚人在此楼观景时的“览物之情”，这便有了“扬长”的机会。以物喜，以己悲，这是人之常情。触景生情，景异而情不同。作者为我们描绘了“霪雨霏霏”和“春和景明”两幅图景，这景都是虚景，但写得很实。没有亲身体验写不出来。登楼观景的心情则是揣度，人同此心，心同此理。这里的景物描写弥补了前文写景的不足。因是虚写，调动的是平日的积累，因此不必担心言多有失。

忧谗畏讥也好，宠辱偕忘也好，根源在于有一己之私。一声“嗟夫”，无尽味道。归根结底是作者感到，要是所有的人都陷入上面描写的思想感情，那是可悲的。古有仁人，“今人”为何不应成为仁人？尤其是你滕子京，还有我，更应成为尽责的官，高尚的士。

四、说“异”

在行文的关键点上，《岳阳楼记》用了两个“异”。

“览物之情，得无异乎”引出了下面两个写景抒情的段落。两种截然不同的湖上风景，一种惊心动魄，一种赏心悦目，不能不佩服范文正公写景的功力。两种不同的心情，一喜一悲，极合“迁客骚人”的身份、心理。“二者之为”，异是现象，同是实质，即“以物喜，以己悲”。

“予尝求古仁人之心，或异二者之为。”这“异”才是真异。见晴天美景生乐情，迎风则落泪，黯然则神伤，这“二者”是每一个平凡的人，尤其是善感的“骚人”的正常反应。在范仲淹的心目中，有高尚情操和人生追求的人，应从中超脱出来，要有别于一般的迁客骚人，去追求“不以物喜，不以己悲”的思想境界。这后一个“异”字，使所在的这个议论段和前面两段构成了一个鲜明的对比，将情感上升到做人的操守、做官的追求这样的思想道德层面。如果没有前面的对比，“先天下之忧而忧，后天下之乐而乐”这千古名句就会显得空洞、空泛。

五、“忧”与“乐”

忧乐天下是《岳阳楼记》一文的思想核心。重点是“忧”。“居庙堂之高则忧其民，处江湖之远则忧其君”，“进亦忧，退亦忧”。按现在的话说就是要忧国忧民，有责任感，事业心。在皇帝身边做官时，心里想着天下苍生，时不时要为民请命，甚至有时还要犯颜直谏，这恐怕也正是范仲淹他们得罪皇上而遭贬的原因。为此遭贬，无愧良心，无怨无悔。虽然被贬，但仍然是官，是一方的青天父母，是朝廷意志的代表。范仲淹认为作为地方官，稳定一方，使“政通人和”，才能上对得起朝廷，下对得起良心。而不能是处处从自身出发，为自己打算。的确在封建社会里有不少当官的，在朝时阿谀奉迎，挖空心思讨皇上的欢心；任地方官时又高踞于人民头上，搜刮百姓。这样的人应为正直的“士”所不齿。

怎样理解范公的“后天下之乐而乐”呢？与《岳阳楼记》大约同时，有一篇同样著名的《醉翁亭记》，作者欧阳修也同时遭贬，同样是出任知州。那篇文中有几处写到了“乐”。一处是“四时之景不同，而乐亦无穷也”，另一处是“宴酣之乐”。前一处的前提是百姓生活和乐，表现是“负者歌于途”，干着活还唱着歌，“前者呼，后者应，伛偻提携，往来而不绝”，老人孩子大家有心情、有工夫游山观景，那必然先得衣食丰足。看到治下的百姓安居乐业，为百姓乐而乐；后一处是在自己这个长官面前，下属无拘无束，随意“起坐而喧哗”为下属乐而乐。这就是欧阳修与民同乐的“天下之乐”。追求这样的盛世景象，需要勤政爱民。一个封建社会的官吏能把百姓的福祉放在心上，是十分可贵的。范仲淹进一步把个人的享乐放在百姓生活幸福之后，这境界又高了一层。这种思想观点、政治抱负的确是令人钦佩的。

学习《岳阳楼记》，领会范公的忧乐精神，做德行高尚的人，这正是学习《岳阳楼记》的主旨所在。

《岳阳楼记》的营养是丰富的，愿我们都能常读常新。

梦中有情情亦真

——读《夜梦记》二则

《夜梦记》五则是五首散文诗。说是写梦，其实是借梦写作者的人生体验。《故乡》、《蔷薇和荆棘》是五则中比较容易品出些“味儿”来，又耐仔细品味的两篇。

“知人论世”是阅读文学作品的重要经验。《夜梦记》的作者林清玄，台湾高雄人，生于1953年，1973年开始散文创作。曾任报刊编辑、记者、主编，当代著名散文家。笔名秦情、林漓、林大悲等，多少透露出作者是一个性格外向、情感丰富的人。

自古以来，写梦的文章很多。记“梦”是作者艺术表现的形式和手段，也给写散文诗带来了便利。既是写梦，梦中必然有一些不合常理的成分。正是在合理与不合理、合情与不合情混杂的意象变幻中，含蓄而深刻地传达了作者的情与意。意象即作者刻画的借以传达作者情感的人或事物。阅读此类文章最简捷的方法是辨识意象、组合画面、探寻意境。

《故乡》旨在传情，传达作者对故园难回的怅惘之情。写的是自己乘“故乡”号火车回故乡，结果却离故乡越来越远了。这火车的奇特处不少：一是速度，“以不可名状的速度狂奔”；二是名称和作用，名为“故乡号”，据说是“一坐上就可以回到故乡”，因此也特别诱人；三是人物，车长竟是一个搭车的乘客，在车上的青年人胡子长得特别快，不久就变成老人；四是到站情况，“不断地靠站，但没有人下车，只有不断上车的人潮”；五是乘车的结果，“急着要下车，却找不到出口”，要回乡却“离故乡愈来愈远了”。如果将这乘车回故乡往台湾同胞盼统一方面“代入”一下，从这梦里就可以读出众多华夏儿女的赤子之情，读出对台湾当局倒行逆施的愤怒与失望。

《蔷薇和荆棘》则是既抒情又借事明理。文章写不同的人对一株植物的辨识。这辨识共有三次。第一次，甲说："这是一株蔷薇。"乙说："它是一团荆棘。"两人各执一辞，还算平分秋色。第二次，甲说："这里有一团荆棘。"乙说："它像一株蔷薇。"两人意见尽管不一致，但"蔷薇说"已处下风，有点理不直，气不壮。第三次，甲乙异口同声："这里有一团干枯的荆棘。"意见倒一致了，但却都远离了事实。作者巧妙地告诉人们，"我"的化身——这株浑身都长满刺的植物的确是蔷薇而不是荆棘。根据是在雨后它的确开过花，只是没有人看到而已。这株植物，确切地说是这株蔷薇，就这样始终未能得到人们的公认。它的一生是孤独的一生，可悲的一生。作者借悲剧性的蔷薇抒发了自己的苦闷，也道出了若干道理：众口一辞，不见得就是真理；走马观花，眼见也未必是实；要让人认识自己，就应该尽量展示自己的特征、长处。

古人说"诗无达诂"。我的理解是，读诗，读包括诗在内的文学作品，不一定非要寻到统一的、公认的理解。个性化的阅读完全可以凭自己的感觉、经验作出自己独特的诠释。何况是写梦境的散文诗，更多了一层朦胧，因此也更多了些发挥读者的理解力、想象力的余地。

《故乡》的结尾写"我"流下了两行清泪，这情感绝对是真实的，因为"我"起初就"不太相信这车可以到我的故乡"。登车后久盼故乡而不至，直到"胡子已长到了胸前"，"却离故乡愈来愈远了"，这情景叫人怎能不失望、愤懑呢？和《故乡》比起来，《蔷薇和荆棘》这个梦则要清醒得多，只需依照物（沙漠上的一株浑身长满刺的植物）我（作者）合一的视角，透过现象看本质，往自身价值与他人评价方面去思考作者因何而"大悲"，文章寓含什么道理，大概能猜个八九不离十来。

阅读文章特别是文学作品，揣摩作者的本来意图是必要的，放出眼光，创造性地领会其话中话、画外音，哪怕是曲解它，只要言之成理，持之有据，不但是允许的，而且是值得提倡的。

附：

故　乡

火车以不可名状的速度狂奔，我坐在车中，那火车是“故乡号”，听说一坐上就可以回到故乡，我在最后一刻登上了火车。

车长是个老人，胡子垂到胸前，他要查我的票。

我说：“我不太相信这车可以到我的故乡，到的时候我再补票。”

老人微笑颔首而去。

火车不断地靠站，但没有人下车，只有不断上车的人潮，最后我被挤得喘不过气，跑去问车长：“我的故乡到底几时到？”

他抚着胡子笑起来。说：“我搭这班车要回故乡时，还是个青年，现在胡子白了，故乡还没到呢！”

我着急着要下车，却找不到出口，发现全车都是陌生的脸。突然有一个青年叫住我问：“老先生，我的故乡到底几时到？”

我发现自己的胡子已长到了胸前。

望着窗外飞逝的景物，想起我的青年时代为了回乡，却离故乡愈来愈远了。我流下两行清泪。

蔷薇和荆棘

我是一株植物，长在沙漠上，浑身都长满了刺。这是一片空旷的沙漠，我独自站立。

一天，来了两个人。

甲说："这是一株蔷薇，马上就要开花了。"

乙说："它是一团荆棘，不会开花，是完全无用的。"

两人在那里争吵半天，走了。

有一天大雨来了，我看到自己开出花来，高兴地叫喊："我是一株蔷薇。"可是只有几天，花谢了。

不久又来了两个人。

甲说："呀！这里有一团荆棘。"

乙说："不，它像一株蔷薇。"

两人争吵了一阵，又走了。

我叫着："我是蔷薇，不是荆棘。"可是没有人听到我的声音，也再没有人来了。

到我枯萎的时候，终于有两个人来了：

甲乙异口同声地说："呀！这里有一团干枯的荆棘。"

（选自《中学生课外阅读与欣赏〈中国当代散文卷〉》）

一曲凡人美德的颂歌

——简评散文《洁白的木槿花》

《洁白的木槿花》，没有气壮山河的豪言壮语，没有大起大落的故事情节，但读来令人心头发热，鼻子发酸，心灵受到强烈的震撼。它以如话家常的语言，娓娓道来的叙事方式，回顾了发生在一个乡村医生和一个穷困农家之间的一段故事，唱出了一曲人性美的颂歌。

文章的主角当然是廖医生。他“医术好，心也善，啥病都能治”。诊断后对患病的“我”的母亲发火，体现了他治病救人的高度责任心。面对不能如数拿出医药费的病人家属，他慷慨表态：“没钱，你记着就是，啥时有钱啥时给。”当母亲送去鸡蛋和下蛋母鸡表示感谢和歉意时，他一面表示“欠我的钱，一点也不急，十年二十年还都行”，一面在药包里放上超值的钱以回报。当他意识到母亲因欠钱无颜再带儿子去诊所时，便亲自登门治病，并谎称木槿花能治病，出高价收购木槿花。正是这一举动使病家相信了他的话：“你再不欠我的钱了。”这味“神药”一举治好了母亲的心病，有效地保障了对“我”腿病的治疗。廖医生以人为本，施恩不图报，处处为别人着想的高尚职业道德，通过他善意的批评、善意的举动、善意的表态和善意的“谎言”，得到了完美的体现。

母亲是文中的另一个重要人物。她爱儿子，倾其所有，生尽千方百计为儿子治病。她知恩必报，因欠了廖医生的钱而深感不安，又因那句“木槿花是味中药”的谎话而一度安下心来，知道真相后又追悔莫及。她的言行中透着坚强，透着无私，透着农村妇女的自尊与善良。

“言为心声”，本文最出彩的是人物的语言。开头便是母亲的自责“我那时好糊涂，好糊涂”，“那时”是何时？“糊涂”又指什么？着实引人入胜。廖医生责怪，发火，生气，训斥，那话却让人感到可亲可敬，围绕药钱的话句句朴实厚道，就连看到木槿花时说的假话也充满了真诚。而廖医生死后，廖医生的儿子道破秘密的一句“木槿花根本不能做中药”，无疑是点燃情感爆发的导火索。

尊重人，理解人，待人接物心存善意，始终保持人格的底线、职业道德的底线，这是做人的根本，也是本文要告诉给我们的道理。结尾处，“母亲的坟墓周围就开满洁白的木槿花，成群的蝴蝶在木槿花上翩翩起舞，美如梦境”，这优美的境界寄托了作者对人性美的呼唤，昭示人们透过这洁白的木槿花，去发现文章中和现实里诸多美好的东西，并以此净化我们的心灵。

附：

洁白的木槿花

陈永林

一到夏天，院子里的木槿就开花。母亲一见洁白的木槿花，眼里便蓄满泪水，嘴里哆嗦着说：“我那时好糊涂，好糊涂。”母亲的声音抖个不停，泪水从眼眶里溢出来，爬满了她坑坑洼洼的脸。这里面有个与我相关的故事。

我五岁那年，右腿忽然肿了一块，痛得我成天哭。母亲就驮着我去了廖医生家，廖医生是一个老中医，退了休，在家里开了一个小诊所。廖医生的医术好，心也善，啥病都能治。

廖医生看了我的腿，责怪母亲说：“你真憨，再晚来两天，你儿子的腿就废了。”

母亲就自责：“我原以为娃儿的腿不要紧。”廖医生发了火：“还不要紧？你儿子得了骨髓炎，骨头一发霉，就得截肢。”母亲不敢出声了，眼圈却红了。其实不能怪母亲，父亲去世后，母亲终日为一日三餐发愁，哪再有闲钱为我治腿？母亲担心地问："廖医生，我娃儿的腿能治好吗？"母亲在得到肯定的回答后，脸色晴朗许多，可片刻后，母亲又一脸的阴云。母亲口袋里只有两块多钱。

廖医生在我腿上敷了草药，拿纱布缠了，又拿出两副中药，对母亲说："这中药，每天煎三次，两天后再来换药。"母亲颤声问："廖医生，多少钱？"廖医生说："五元钱。"母亲的脸红了，局促不安地说："廖医生，我，我身上的钱不够。"廖医生说："你有多少就拿多少吧。"母亲掏出一个塑料袋，把里面的钱全倒在桌子上，说："这只有两块六角五分钱，下回再补上。"廖医生爽快地说："行！没钱，你记着就是，啥时有钱啥时给，不急。"

母亲在村里四处借钱，但没借到一分钱。那时村里人的肚子都填不饱。母亲实在没办法。可那时鸡蛋很便宜，八分钱一个，廖医生见了母亲拎的鸡蛋，很生气地说："你这是做啥？拎回去。"母亲鼻子一酸，眼泪就掉下来了："廖医生，我实在没有办法——"

廖医生的眼睛也湿了，安慰母亲："好，你这鸡蛋，我收下就是。钱的事，不用急，我不缺钱用。"

去了廖医生家里几次，母亲已欠了廖医生 28 元钱了。这可是一笔不小的数目。

再去廖医生家里，母亲把家里唯一的一只母鸡带到廖医生家里了。可廖医生说啥也不肯收："你这只鸡我哪能收？你家的盐钱都是从这只鸡的屁股里抠出来的。"母亲苦苦哀求："廖医生，你就收下吧，你收下了，我心里好受些。"母亲说着声音又变了调，泪水也滴下来了。廖医生拗不过，说："那好，我收下就是，但这鸡我不能白要，就算我买你的，十元钱，怎么样？"那时一只母鸡最多只卖四五元钱。母亲说："这鸡不算钱，是我送你补身子的。"可廖医生拿出十元钱，说："这钱你拿着，我知道你用钱的地方多的是，欠我的钱，一点也不急，十年二十年还都行。"母亲说啥都不接廖医生的钱。

母亲回到家，拆纸包给我煎药时，纸包里竟放着十元钱。母亲当晚去了廖医生家里，把十元钱从门缝里塞进去了。两天后，按廖医生的吩咐，又该去他家了。可母亲不想去，母亲问我："你的腿好些了吗?"我说："好多了，已能走路了。"我说着下了地，腿钻心地痛，额上也沁出汗了。但我忍着。母亲说："菩萨会保佑我们这样的苦命人。"

可这天，廖医生竟找上门了。廖医生见了我的腿，把母亲狠狠训了一顿："你是拿儿子的腿开玩笑。如果你儿子的腿废了，有你后悔的!"母亲不出声，只默默地流泪。母亲烧了火，要给廖医生下面条。廖医生说他已吃了饭。

后来廖医生见了我家门前的木槿花，惊喜地喊："啊，你这里有这么多的木槿花!"廖医生对母亲说："这些木槿花都是钱，一两木槿花值两元钱。木槿花是味中药，能治病。"

母亲不相信："木槿花都是钱?"廖医生望着一脸惊喜的母亲说："还骗你不成? 你摘了这些花卖给我。"母亲高兴地答应了。拿了篮子，把木槿花全摘下来了。廖医生拿秤一称，竟有一斤。廖医生说："好，你再不欠我的钱了。"以后，母亲驮着我去廖医生家时，就带一点木槿花去。

母亲不但不给廖医生钱，廖医生反而给母亲点钱。

不久，我的腿好了。第二年，廖医生去世了。母亲很伤心，买了冥纸冥香去了廖医生家，母亲哭得很伤心。廖医生的儿子告诉了母亲一个天大的秘密：木槿花根本不能做中药!

母亲哇的一声哭起来：

"我的大恩人呀——"

后来母亲也去世了。母亲合眼前拉着我的手说："儿呀，我死后，在我的坟墓周围栽一圈木槿。"

如今，每到夏天，母亲的坟墓周围就开满洁白的木槿花，成群的蝴蝶在木槿花上翩翩起舞，美如梦境。

独特的角度　独到的感悟

——贾平凹散文《未名湖》赏析

人们常用“耳闻目睹”表明消息的来源，用“百闻不如一见”来强调视角对观察了解的重要性。按常理，写景状物的好文章，更需依赖“目睹”来感知形形色色的事物。可有人偏不循这个常理，让“眼睛成为多余”，竟也写出了一篇游记类美文——《未名湖》。

《未名湖》写得独特，首先在于作者选择了独特的时间，在一个刚下过雨、没星没月的黑夜，造访北大校园里的未名湖。由于天黑异常，“眼睛完全地无用了”，因此便顺理成章地找到了一个独特的角度：靠身心口鼻耳的感觉代替视角的功能，为读者展现出一片全新的天地。

凭感觉引领，作者来到了湖边，省去了方位的交代和沿途景色的描写。在这夜集中的地方，领会了夜的本色，感应了黑的极致——漆光。因为到处漆黑，眼睛派不上用场。用手触摸桥栏，这便是湖的边界；细心体会，加上丰富的联想，认做是汉白玉的建筑；描绘它细腻的程度，脸贴玻璃般平滑，少女肌肤般润白。听觉也出奇的灵敏，竟捕捉到了从长长垂柳枝上滴雨滑下的声音，微妙的声音。声音极小谓之微，无法言传谓之妙，尽够人体会去。

作者来湖边干什么？“窃喜”一句透露了些信息：他原是要享受这里的静寂。静利于思。面朝着湖的方向，回忆着读来的旁人的描述，虽然塔啊岛啊“认识不出”，漆光中仅能觉出湖大，但丝毫没有影响作者的兴致。踏着硬硬的路，踩着软软的草，流连于未名湖畔，潮润的小草竟让只此一人的游客感到了温柔，这是何等的惬意！

文章的高潮处是对“一种难得的气息”的感受。这由湖水、雨水、青草、树木等酝酿出来的气息，让身上每一处皮肤、每一根汗毛受用，心口鼻耳也共同受活。在这沁人心脾、妙不可言的气息中，作者为“这一夜眼睛是多余的”而感动，生怕会出现一点灯火破坏了这美妙的意境。至此，人与湖、人与环境、人与自然已融为一体了。

结尾之巧，一在总结照应，二在画龙点睛。作者用“恋爱”一词写对湖的印象，照应了前文中的多处铺陈与描写，触摸汉白玉建筑，照应了刚到时的举动；“满足”概括了触摸未名湖、倾听未名湖的内心感受，两个“悄悄”概括了黑夜游览未名湖的特征。全文一气呵成，既浑然一体，又层次清晰。

文中有一句话值得玩味：“世上的事物都不该用名分固定，它留给人的就是更多的体验吗？”这是由“未名湖”引发的感慨。前一个农历甲子年对应的是1984年，那时作者正如自己所说是未名的人。没有“著名作家”的名分，没有“盛名”之累，多好！在远离了“静寂”以后，怀念那晚的感受，回味“当眼睛成为多余的时候”的欣喜，不是十分自然的吗？

附：

未 名 湖

贾平凹

夜本来黑得沉重，刚刚下过雨，夜就全集中到了这里；我已说不清我是从哪一个丘后来的，记得当时进了北大校门往东走，又往南，又往东，凭我的感觉，有如狗凭借了嗅觉，在这里站住了。我第一次领会了夜的真正本色，先是隐隐约约看见一层微亮，后又不可复辨，眼睛完全地无用了，这种坠入深渊般的境界仅过了一刻，便出现了一种漆光，眼睛依然无用，心身却感应了。我明白这是黑的极致，黑是无光的，黑得发亮却有了光泽。湖的边沿在哪里，是圆形的，还是方形的，触摸着身边的桥栏，认做是一座汉白玉的建筑，腻得有如人脸和玻璃的紧贴，或者是少女的肌肤。身后的滴雨滑动下来，声响微妙，想象得见这滑动了很长的路线，无疑是从垂柳上下来的。夜原是为情人准备的。但今夜里没有星月，丘后的树丛里也没有绰约的路灯，幻不出天的朦胧水的朦胧，又等不及漆光，爱情也觉不宜，所以已经没有一个人在这里。这倒恰好，窃喜我来的是时候。我面朝着湖的方向，回忆着某杂志上一篇关于介绍此湖的文章，说湖中是有一个岛的，湖东是有一座塔的，但现在岛上的树和东边的塔认识不出，全在漆光里。这漆光似乎很低，又似乎很高，离我很远，离我又很近，湖显得非常大。在黑色里往前走，硬硬的，就是路，软软的就是路边的草，草也潮润得温柔，踏着没一点儿声音。一种难得的气息拂过来，其实并不可称为拂，是散发着的，口鼻受用了，身上每一处皮肤，每一根汗毛也在受用。我真感动着这一夜眼睛是多余的，心、口、鼻、耳却生生动动地受活，倒担心突然间丘的树丛某一处亮一点灯，或远远的地方谁划着了一根火柴。我度过了三十个年头的夜，也到过许许多多的湖，却全没有今夜如此让我恋爱这湖。未名湖，多好的湖，名儿也起得好，是为夜而起的，夜才使它体现了好处。世上的事物都不该用名分固定，它留给人的就是更多的体验吗？我轻轻地又返回到汉白玉建筑上，再做一番细腻的触摸，在沉静里让感觉愈发饱溢；十分地满足了，就退身而去。穿过校园，北大的门口灯火辉煌，我谁也不认识，谁也不认识我，悄悄地来了，悄悄地走了。这一夜是甲子年的七月十六日，未名的人游了未名的湖。

多味的《向日葵》

——冯亦代散文《向日葵》赏析

清晰的线索，丰富的联想，如话家常的语言——读冯亦代先生的散文《向日葵》，你会觉得仿佛是在听一个慈祥的老爷爷娓娓而谈。

题目“向日葵”即本文的线索。由凡·高的名画被拍卖的消息引出回忆，忆起抗战胜利后曾买过这幅名画的复制品，于是有了对这画儿画面的描绘和意境的揭示，进而联想到凡·高的生平和作者自己的经历。由农家篱笆里的向日葵，又勾起了对复制画《向日葵》的回忆和对画面意境的联想：父女团聚时的欢欣和天各一方时的凄凉。结尾回到凡·高的名画《向日葵》和记忆中的复制品，由画的主旨迁移到散文的主旨。全文撒得开，收得拢，文如行云流水，朴实而又隽永。

隽永的作品需要细品。品读散文《向日葵》，欣赏画作《向日葵》，联系生活领略艺术，你会进一步感到，艺术，无论是文学艺术还是绘画艺术，都能给人以美好的享受。借助冯先生记忆中画的复制品，我们有幸间接地对凡·高的名画有了一些理解。“朵朵将凋的黄花有如明亮的珍珠，耀人眼目，孤零零地插在花瓶里，配着耀眼的黄色背景，给人以凄凉的感觉，似乎是盛宴散后，灯烛未灭的那种空荡荡的光景，令人为之心沉。”冯先生懂画，又擅长描述，寥寥几笔，就将画的布局、色彩、景物的状态，画面的背景和气氛，描摹得真真切切。他和凡·高的心是相通的。在读了凡·高的生平后，这种理解又加深了一层；画家笔下的那个独特的向日葵，能给人以一半欢欣一半寂寞的情感体验。而这体验又正是下文回忆部分的文眼。

因为它的寂寞与解放初期的欢乐气氛不相合，它被搁置在别处，又因为“曾几何时”的变故而被“怀恋”，且有了悟出的感触：“似乎人就像这株向日葵。”

是冯先生自己的命运像这株向日葵。谪放到劳改农场，服力不能及的劳役，岂只是孤清、寂寞？那农家篱笆里充满生机的向日葵，再次勾起对画作《向日葵》的回忆，还勾起了对远在北国的女儿的思念，对自己眼下处境的感叹。就在此时，冯亦代先生更深刻地领会了凡·高那幅《向日葵》的内涵；插入花瓶里将凋的黄花，仿佛在呼喊，我渴望阳光，渴望生活！

读画、读人、读文，引起我对艺术与人生的思考。冯亦代的《向日葵》解读了凡·高的《向日葵》，这篇《向日葵》告诉我们，人生因艺术而精彩，艺术因人生而深邃。

附：

向日葵

冯亦代

在外国报纸上看到凡·高的一幅《向日葵》被高价拍卖，还登载了该画的照片。这久已不见的画面，唤起了我心底的许多记忆。

我曾有过这幅画的复制品，是抗战胜利后花了四分之一的月薪在上海买的，我特别喜欢这幅《向日葵》，朵朵将凋的黄花有如明亮的珍珠，耀人眼目，孤零零地插在花瓶里，配着耀眼的黄色背景，给人以凄凉的感觉，似乎是盛宴散后，灯烛未灭的那种空荡荡的光景，令人为之心沉。我为它装上镜框，挂在寓所的餐室里。向日葵衬托在一片明亮的黄色阳光里，挂在墨绿色的墙壁上，宛如亭亭玉立在一望无际的原野中，特别悦目，但又显得孤清。每天我就这样坐在这幅画的对面，看到了欢欣，也感到了寂寞。以后我读的欧文·斯通《生活的渴望》是关于凡·高短暂一生的传记。他只活了三十七岁，半生在探索色彩的疯狂中生活，最后自杀了，他不善谋生，但在艺术上却走出了自己的道路，虽然到死后很久，才为人们所承认。我读了这本书，为他的执著所感动，因此更珍视他画的含蓄多姿的向日葵。我似乎懂得他的画为什么一半欢欣、一半寂寞的道理了。

解放后，我到北京工作，这幅画却没有带来，总觉得这幅画与当时四周的气氛不相合拍似的。周围已没有落寞之感。一切都沉浸在节日的欢乐之中，但是曾几何时，我又怀恋起这幅画来了。似乎人就像这株向日葵，即使在落日的余辉里，都拼命要抓住逐渐远去的夕阳。

十年动乱中，我被谪放到劳改农场，每天做着我力所不及的劳役，心情惨淡得连自己都害怕。有一天我推着粪车，走过一家农民的茅房，发现从篱笆里探出头来的是几朵嫩黄的向日葵，衬托在一抹碧蓝的天空里。我忽然想起我的那幅《向日葵》来了。我记起那时家庭的欢欣；三岁的女儿学着大人腔说话，她也发觉自己学得不像便嘻嘻笑了起来，爬上桌子指着我在念的书，说："等我大了，我也要念这个。"而现在眼前只有几朵向日葵招呼着我，我的心不禁沉落又漂浮，没个去处。以后每天拾粪，即使要走不少路，我也宁愿到这里来兜个圈。我只是想多看一眼，多记起一些旧时的快乐，一直到有一天农民把熟透了的果实收藏进去。我记得那一天我走到这家农户时，篱笆里的孩子们正在争夺丰收的果实，一片笑声里夹着尖叫；我想到了远在北国的女儿，她现在如果就夹在这群喧哗的孩子中，该多幸福啊！可如果她看见自己的父亲衣衫褴褛，推着沉重的粪车，又会作何感想？我噙着眼里的泪水往回走，心头正经历着更大的人生凄凉。

凡·高的《向日葵》已被卖入富人之家，可那幅复制品，却永远陪着我的记忆，让我想起作画者对生活的疯狂渴望。阳光的金黄色不断出现在我的眼前，凡·高的《向日葵》说出我未能一表的心绪。

（摘自《中学课堂》）

巧妙的暗示　细密的描绘

——简评《老师的用意》

这是一个历史故事。故事写的是“高山流水”这一历史名曲是如何创作和修改完善的。这个故事生动地说明了一个重要的道理：生活实践是艺术的源泉，大自然是创作者最好的老师。

故事叙述之妙，首先在于事件中的人物和作者都善用暗示。面对虚心求教的弟子，成连先生听了俞伯牙精心献上的“汇报演出”，未置褒贬，出人意料地给弟子推荐了一个比自己高明得多的“老师”。当成连带伯牙到海岛后，既未引见，也没明言，只暗示伯牙独自在海岛上寻师。而文章也始终没有点明“老师的用意”是什么，没有指出这“高明的琴师”是谁，更没有交代写作本文的主旨意趣。正是通篇采用了暗示的手法，本文才有了广阔的思维空间，丰富的想象余地，才显得耐人寻味。成连先生不愧是音乐大师，也是深得育人精髓的教育家，他的确是个高明的老师。《老师的用意》的作者也不愧是写文章的才俊，讲故事的能手。聪明的读者，你是不是成连先生的知音？是不是故事作者的知音呢？

故事叙述之妙，还表现在刻画的细致与结构的周密。成连先生初次听完俞伯牙的演奏，“笑了笑”，这一神态描写意味深长：有“基础不错”的欣赏肯定，有“孺子可教”的鼓励安慰，更有指点迷津的匠心和智慧。结尾写听完伯牙改进后的演奏，成连先生“连连夸奖”，喜悦之情溢于言表，赞扬了伯牙演奏的成功，更赞扬了他的聪明灵性和艺术潜质。“好，好，好极了！”这一赞语，也呼应了第一段中的预言：“你一定会有收获的。”再次演奏的巨大成功，不正是这次海岛之行的收获吗？这样的呼应还有一例：“十天以后，我再来接你。”“十天以后，成连先生真的来了。”这一照应，显示出成连先生处事的严谨，两处“十天以后”也揭示了这样一个道理：在艺术上要有所成就，必须付出艰辛的代价。

阅读故事类文章，不可只注意情节，不能只看“热闹”，更要细心咀嚼语言，揣摩行文的“门道”。边阅读，边思考，边品味，你就能领会作者的用意，长此以往，正如成连先生所说：“你一定会有收获的。”

（发表于《作文指导报》）

附：

老师的用意

春秋时代有个琴师叫俞伯牙，拜成连先生为师。他苦学了三年，创作了一部乐曲，名叫“高山流水”。他非常高兴地把这部乐曲演奏给老师听。成连先生听完笑了笑说：“我有个老师比我高明得多。明天，我带你去拜访他。你一定会有收获的。”

第二天清晨，成连先生带着俞伯牙划着船来到一个海岛上，并告诉他说：“老师就在海岛上，你自己去找吧，十天以后，我再来接你。”

成连先生走后，俞伯牙怎么也找不到那位高明的琴师。他累得气喘吁吁，心情烦躁地坐在海滩上。前面是一望无际的大海，身后是高耸入云的山峰。那惊涛骇浪拍击岩石的“哗哗”声，那扣人心弦的阵阵松涛声，使俞伯牙激动得欢呼起来。他忽然明白了老师的用意，立刻面对大海弹起琴来。

十天以后，成连先生真的来了。当俞伯牙把修改过的乐曲再弹给他听时，老师连连夸奖说：“好，好，好极了！”

巧妙蓄势　平中见奇

——评《躬耕》校园版第一期的两篇文章

一个“相貌平平，衣着平平，气质平平”的女孩，既不能在文艺演出时轻歌曼舞，又不能在体育场上奔跑驰骋，也不能在演讲时口若悬河，还不能用画笔描绘多彩人生。这样的人有什么写头？写出来又有什么看头？

一个学生借了另一个学生的钢笔忘了归还，于是就有了提醒和催要的纸条，借笔的同学看完纸条，归还了钢笔。这故事岂只是平常，简直是平淡！

且莫急于下结论。读了《做个女孩》和《女生传来的纸条》，你会被其语言打动，被其情节吸引，你会情不自禁地赞其巧，叹其奇。为什么会有如此巨大的反差呢？我们以为这两篇文章成功的诀窍在于巧妙蓄势，平中见奇。

《做个女孩》中的平凡女孩就是作者自己。镜子中的自己“好平凡”，而有特色的同伴更是能照出自己缺点的“镜子”。面对“能歌善舞”、“英姿飒爽”、“口若悬河”、“能写会画”的女孩，“我”只能是鼓掌、加油的看客，发呆、自惭的听众。一串排比，尽显别的女孩的能耐，也写足了自己的卑微。这些是“抑”。

接下来是“扬”。写耐心讲题时受到的赞扬。虽然是第一次，但这赞扬足以使“我”自信并感悟到生活的真谛：待人以诚比得过艺术“天赋”和天生丽质，而真诚是每个人都可拥有的品质。由此又引发了一连串的联想：什么样的女孩可爱？深沉的，活泼的，豪爽的，温柔的，清新的，漂亮的，聪明的……多姿多彩的她们，像水，橡柳，像风，像星……共同构成了靓丽的风景。人，不需要模仿别人的优势，牡丹诚美，小野菊也能装点世界。做个本色的、真诚的自己！一个平凡的女孩，从平凡的生活中得到了这样不平凡的感悟。这感悟是自信自尊的宣言，对于其他自卑者又是情真意切的劝慰。

初如山涧溪流，继有柳暗花明，终似滔滔的江河——《做个女孩》，以流畅的语言，引领着同样平凡的你我他从现实流向理想。

文章不同，读来感受也不同。读《女生传来的纸条》，则如同观看先表演后揭秘的魔术，令你开怀一笑，让你笑后思索。

《女生传来的纸条》以情节取胜。作者很善于制造悬念。开端——收到纸条。一个女生交给一个男生一张纸条，有戏！无怪乎收到纸条的"我""心里却老静不下来"。发展——偷看纸条。装、低下、舒展、摆、挡、扫描，一连串动作，大有神秘的味道。初看纸条，"抽出一点"，娟秀的字体，就令"我"的心急跳，一句问候，一句开场白，更使读纸条的人"紧张得厉害"。忆及这女孩帮助擦黑板，冲着自己笑，更加强化了男主人公的定向思维。再读纸条，"鼓起勇气"，"不好意思"，撩人的字眼使"我"的脸"狂热发烧"，将情节推向了高潮。怀着胆颤心惊的心情看完纸条，戏剧性的结局出现了：纸条的意思不过是催还钢笔，与一开头就生出的爱情期待完全是两码事。那就还钢笔吧，可为什么要"低着头，红着脸"呢？

本来十分简单的一件事，因为添加上了"想当然"的因素，把问题复杂化了。这就是这个校园小插曲告诉我们的道理。反复造势，大落差收束，使这篇文章增添了可读性。

生活中本没有太多的伟业壮举，也没有多少险象环生的拍案惊奇，司空见惯的倒是普通人、平常事。两篇短文除了给我们以欣赏和愉悦外，还为我们提供了化平淡为神奇的范例。尽管表现不同，但文章抑扬造势的手法是值得我们回味、仿效的。

附：

做个女孩

站在镜前，打量着镜中那个女孩，相貌平平，衣着平平，气质平平，作为女孩的我好平凡。

文艺汇演时能歌善舞的女孩可以在台上大出风头，我却只能在台下拼命鼓掌；运动会上，英姿飒爽的女孩可以在体育场上奔跑驰骋，我却只能在场外大喊“加油”；演讲比赛时，口若悬河的女孩可以一展才华，我却只能做听众；办板报时，能写会画的女生可以在黑板上描绘多彩人生，我却只能在黑板前发呆。

我埋怨上帝为什么不肯赐给我一点点天赋。我似乎对一切都失去兴趣。

一次，一位同学拿一道英语题来问我，我耐心地讲给她听。“你真棒！”我笑了，第一次听到这样的赞美。她又说：“你笑起来的样子真可爱。”忽然间，我发现要得到别人的赞美，不一定要有所谓的“天赋”和天生丽质，只要以诚待人就会获得别人的真诚回报。

做个女孩很平凡，却也很真诚，我真诚对待周围的人和事，热情洋溢地面对生活。我不再羡慕别人，更不刻意模仿别人。

其实这世上的女孩本来就是多种多样的，深沉的女孩是一潭好深好静的水；活泼的女孩是一眼好亮好亮的泉；豪爽的女孩是一阵好爽好爽的夏日的雨；温柔的女孩是一棵好柔好柔的多姿的柳；清新的女孩是一股好轻好轻的可人的风；漂亮的女孩是一道好靓好靓的优美的风景；聪明的女孩是颗好明好明的天上的星……这世界的女孩之所以可爱，正是因为她们多姿多彩。既然如此，我又何必去羡慕和刻意模仿别人的优势呢？

做个女孩，我平凡得如同路边的小野菊。我做不了牡丹，也可以用我的真诚装点世界。

女生传来的纸条

上课铃一响，同学们便都在座位上静待老师的到来，而晟涛心里却老静不下来，他在想着手里紧攥着的那张上课前同班的一位女生交给他的纸条。

讲台上，语文老师正在讲述包身工苦难的遭遇，他装作认真看书的样子，低下头，以最快的速度将纸条舒展开，摆在课桌上，并用语文书挡住，眼睛像小偷般地四处扫瞄，还好，没人注意！晟涛将纸条向上抽出一点，露出两行娟秀的字体，他看着纸条，心不由得急跳起来。

“晟涛，你好！有一件事我早就想跟你说了……”看到这里，他心里紧张得厉害，赶紧用书遮住纸条，假装打了个大大的哈欠，用余光扫视了四周一遍，幸好没有人注意。他忍不住向递条的女生望去，她正在认真听课，好像什么事也没发生。晟涛敲了一下自己的脑袋，埋怨自己道：嗨！她一个女孩子家都不怕，我这个男子汉怕什么呢？他想起今天早上，她帮自己擦黑板，还傻傻地冲自己笑呢。晟涛定了定神，不由得将纸条抽出一大截。

“可我老是找不到机会说，今天我不由得鼓起勇气向你坦白，真是不好意思……”看到这儿，晟涛的脸开始狂热发烧。他不由自主地又瞅了瞅四周，一片宁静。大家都在认真体会包身工的苦难生活，而晟涛心情却比“芦柴棒”更胆颤心惊。他搔搔头，迫不及待地接着往下看：“上次考试我借给你的钢笔还用吗？如果不用的话，请还给我吧！”

晟涛一口气看完了纸条，脑袋不禁一怔，好久没有缓过神来，最后狠狠地拍了下脑袋，顿时满脸通红。他把那支漂亮且带有体温的钢笔慢慢掏出来。

下课铃响了，晟涛低着头，红着脸朝那女孩走去……

好孩子是夸出来的

平常喜欢读报，作为一名《关心下一代报》的特约记者，我又特别留意如何教育孩子方面的报道。最近就收集到这样几条：

《新快报》报道，一个上四年级的男孩，由于感到老师和同学都不喜欢自己，回到家宣布："我不上学了。"他的家长向作家毕淑敏请教，毕淑敏给开了个"方子"："这孩子有病，需要表扬，表扬一个星期。"班主任和家长照"方"办理；每天表扬这个孩子，一周之后，孩子变得特别爱学习，再不提退学的事了。

《北京日报》刊登过这样一则故事：一个女孩初学拉小提琴，琴声如同锯木。父母不愿听，孩子一气之下跑到幽静的树林中学练。忽然，她听到一位老年妇人的赞许："我感觉你拉得不错！"小女孩受到鼓励，于是每天都到树林里为老人拉琴。每奏完一曲，老人都鼓励说："谢谢，拉得真不错！"终于，家长惊奇地发现，女儿的琴声变得优美了，问是哪位名师指点的。后来，女孩才知道，林中的老人是一位著名的音乐家。

时下我们大多数的老师和家长，并不缺少对孩子的爱心，但实在太吝啬给孩子以夸奖。原因是对孩子的期望值太高。孩子尽了努力，取得了不错的成绩，生怕给一两句夸奖，孩子听了会翘尾巴，还要再敲打敲打；孩子某一方面不尽人意，更是没好气，没好脸色，没好言语。我们是恨铁不成钢，孩子们就只好天天面对冷面孔了。该如何看待孩子的失误，如何生方设法给学生以夸奖？美国电影《师生情》中的情节，作出了比较圆满的回答。

一位优秀的白人教师，在给一名长期受到种族歧视的黑人孩子上课时，曾这样鼓励说："孩子，老师相信你是天下最好的孩子，是顶天立地的男子汉！你不要紧张，仔细数数老师这只手究竟有几个手指？"那孩子缓缓抬起头，涨红了脸，盯着老师的手数了半天，终于鼓起勇气说："3个。""太好了，你简直太了不起了！一共就少了两个。"听了老师的鼓励，像久旱的土地遇上甘霖，孩子的眼睛一下子就亮了。

我们中国的孩子可没有黑人孩子那样幸运。"笨蛋，5个手指头你就少数两个！""朽木不可雕也。"这样训斥恐怕是我们家常便饭式的评价。不要说像黑人孩子那样了，我们的孩子得了99分，也会听到这样的敲打："怎么不是100分，那1分哪去了？为什么不细心一点呢？"对照那位白人老师，我们的老师和家长该明白些道理吧。

赏识教育倡导者周弘这样说过："没有赏识就没有教育。人性中本质需求就是渴望得到尊重和欣赏。……赏识导致成功，抱怨导致失败。不是好孩子需要赏识，而是赏识使他们变得越来越好。"写出过《夏令营中的较量》的儿童教育专家孙云晓也说："好孩子是夸出来的。"他给家长们布置了一项作业：回家后发现孩子的十大优点，"如果你能说出孩子的10个优点，那你是个优秀的父母，如果说出5个，那你是个合格的父母，如果一个都说不出，那你就该'下岗'了"。

至此，我想呼吁老师和家长们：少一点苛求，多一点宽容；少一点浮躁，多一点耐心；少一点训斥，多一些夸奖。让孩子们少一点自卑，多一些自信；少一点抑郁，多一些快乐吧。

我们都应该记住，好孩子是夸出来的。

（发表于《关心下一代报》）

帮助孩子养成好习惯

教育家叶圣陶有一篇文章，叫做《两种习惯养成不得》。他所说的两种习惯，一个是妨害他人的习惯，另一个是不养成什么习惯的习惯。显而易见，叶老是赞成并提倡养成好习惯的。

什么是好习惯？那些有助于自己发展、上进，而不妨害他人的习惯，都是好习惯。比如语言文明，不说粗鲁话、下流话；遇事先替别人着想，讲公德，克己为人，见义勇为。再比如“黎明即起，洒扫庭除”，“今日事，今日毕”，干事情有计划，生活有规律，以及不沾染嗜烟、酗酒、赌博等不良习气等等。长此以往，形成定势，遇事就自然而然地那样想、那样说、那样做了，这就是养成了好习惯。

好习惯受益终身。它可以催人向上，帮助人排除干扰，克服阻力，达到预想的目标。欧阳修养成了珍惜时间、善于利用零星时间的习惯，枕上、厕上、马上也用以观察、思考，这对他成为宋代文坛领袖，开一代文风起到了重要作用。清代的戴震，养成了对问题刨根究底的习惯，即使是权威的观点也要看是否有道理，因此而成为大学问家。生物学家竺可桢养成了随时观测记录气象资料的习惯，为撰写专著《物候学》积累了大量第一手资料。更不必说，养成卫生习惯，就可以减少疾病；养成勤俭习惯就可以丰衣足食、俭以养德；养成制订计划，按计划学习、生活、工作的习惯就可以避免忙乱，提高效率。如果没有好的习惯，往往会节外生枝，甚至半途而废，在各种各样的诱惑面前左右摇摆，在事业上也会少有建树。

养成好习惯非一朝一夕之功。从明辨是非、分清利弊开始，沿着“是”和“利”的一方走下去，点滴积累，并不断排除干扰，积以时日，就会大见成效。养成好习惯关键在内因，在自己。但这决不是说不需要外界的帮助，外因毕竟还是变化的条件嘛。中小学生正处在思想、性格、世界观逐步形成阶段，养成了好习惯，就可保证朝正确方向发展。因为他们还很幼稚，缺乏稳定性，更需要老师和家长的正确诱导，热情扶持，严格要求，帮他们养成好习惯。平时学生在学校，老师的责任大一些；假期里，孩子回到家长身边，与家长朝夕相处，给家长观察了解教育帮助孩子提供了绝好的机会，每个家长要抓住这个机会，尽到自己的责任。

帮孩子养成好习惯，首先，要通过多种途径了解他们，有针对性地确定主攻方向。不能指望一下子就能养成一种好习惯，更不能奢望一下子把各种好习惯都养成。贪多嚼不烂，应避免因方面过多而使孩子顾此失彼。其次，对养成每一种好习惯都要讲清意义，告知做法，及时检查，随时纠正，要根据情况给予表扬与批评，强化孩子的养成意识。再次，养成习惯的长期性决定了在养成过程中可能出现反复，对此要有充分的思想准备，不要一遇反复就恨铁不成钢，认为“朽木不可雕也”而放弃好习惯的培养。

责无旁贷，机不可失。希望每个家长都能利用好假期这个机会帮孩子养成好习惯，使之受益终身。

（发表于《家教指南》）

还给孩子自由的天地

读了报刊披露的过分严厉要求子女，导致子女产生逆反心理，以致伤害家长以求解脱的报导，心理很不是滋味，有些话不吐不快。

父母是孩子的第一任老师，对子女的成长负有特殊的责任。为了当好这第一任老师，不少家长心系孩子，尽心竭力为孩子提供优越的条件，当然也对孩子严加管教，生怕越“雷池”一步。结果使孩子依赖性增强，看父母脸色行事，失去了独立性、主动性、创造性。为了孩子真能“成器”，还是应当还给孩子自由的天地。

鲁迅先生曾以生动的笔触分析对孩子管得过严的危害。他说，对孩子“终日给以冷遇或呵斥，甚至于打扑，使他畏葸退缩，仿佛一个奴才，一个傀儡，然而父母却美其名曰‘听话’，自以为是教育的成功。待到放他到外面来，则如暂出樊笼的山禽，他决不会飞鸣，也不会跳跃”。我们一心为孩子着想的家长们，不知可想到这一层？

还给孩子自由的天地，就要敢于放手。对孩子的生活学习不要处处包办，让孩子自己动手，以培养自理能力；对孩子正当的兴趣爱好要适当鼓励引导，但不应过多干预；对孩子不正当的行为固然要指正，但应充分说理，讲究批评的方式方法。要鼓励孩子走出家庭小院，走向社会，体会人生。当孩子不能按自己的设计发展时，不应“赶鸭子上架”，要尊重孩子自己的选择。

家长对子女有抚育的责任，但不能把孩子当成鱼缸里的金鱼、温室里的花朵。家长对子女有管教的责任，但不能把孩子当奴隶，当木偶。父母应当成为子女可信赖的朋友，不能是动辄呵斥、打骂的监禁卒。有的家长私拆子女的信件，偷看子女的日记，生怕子女“误入歧途”，结果只能是两代人更加隔膜。有的家长死抱封建社会的伦理关系不放，只准“老子”放火，不准儿子点灯，往往压而不服，造成逆反心理。父母要努力造成家庭内的民主气氛，使子女敢想、敢说、敢做；善于动脑分析问题，多想想“怎么样”、“为什么”、“怎么办”；有勇气跟家长争论，坦陈己见；勤于动手，大胆实践；不怕失败，从失败中吸取教训，增长才干。此外，还要舍得让子女到艰苦的环境中去锻炼，在风雨中成长。

当然，宽松不是放纵。还是聂荣臻元帅说得好：“我们教育子女的方法应是两点论，既放又管。放而不管成了放任自流，或近乎溺爱；管而不放成了家长专制，使孩子谨小慎微，无所作为。”“放就是鼓励支持，引导孩子善于思考，敢于想和做一些事情，从自己实践中获得真知。管也要循循善诱，看见孩子有什么品德上的毛病及时教导。放和管都要亲切热情，重在启发诱导，这才能使小树苗茁壮成长。”

还给孩子自由的天地吧，因为庭院里养不出千里马，花盆里长不成万年松。放开爱的绳索，让孩子在生活中经受磨炼，在风浪中增长才干，这样我们望子成龙的愿望才不会落空。

（发表于《家长日报》）

向子女认错又何妨

有篇作文说的是一个学生出于好奇，做一项用磁铁吸转电扇叶片的实验，不小心磁铁被吸进了电扇罩里，致使电扇无法启动。他母亲见他害怕的样子，就笑着说："我知道你喜欢摆弄东西，也算智力开发吧，上次为弄坏闹钟打你，是我的错，以后你看我的行动好了。"妈妈认错的精神使孩子感动了。这位学生写道，这种教育方法比打骂强多了，以前对妈妈的惧怕荡然无存。这件事告诉我们一个道理：做父母的必要时向子女认错，不仅无损于自己的威信，而且有以下几方面的好处。

一、有利于子女确立是非观念。明辨是非对做人处事都是很重要的问题。而我们有些家长在与子女相处中，明明自己错了，或明知"冤枉"了子女，却硬要撑架子，顾面子，文过饰非，结果"上梁不正下梁歪"，影响到子女也是非不分。相反，如果父母能以实事求是的态度对待自己的失误，敢于向子女认错，就能为子女树立"明理"的榜样。

二、有利于培养子女的自主意识。敢想敢说敢做，勤于动脑动手，是爆出智慧火花的必要前提，可也常常带来一些错误。对此如果一味训斥以至责打"惹祸"的子女，只会扼杀天才，使他们成为唯唯诺诺、看父母脸色行事的庸人。向子女认错，让子女尝到坚持真理的甜头，可以减少盲从，形成主见，培养开拓精神。

三、有利于建立平等和谐的家庭关系。尽管"父为子纲"之类的封建礼教早被摒弃，但不少家长仍抱着"家法"不放。也有的反过来将子女捧为小皇帝、小太阳。大人与孩子之间总有一条不可逾越的代沟。其实两者的关系也应是平等的，需要相互尊重，难做到的就是父母尊重子女。向子女认错是尊重子女的表现，它能换来子女的理解和信任，让孩子在宽松和谐的气氛中成长，使家庭充满欢乐的气氛。

当然向子女认错不是无原则地迁就子女，也不是故作姿态说说了事，而应当身体力行。身教重于言教，为子女做出好样子，鼓励子女向正确方向发展才更有说服力。

要做一个称职的家长，请树立起这样的观念：向子女认错又何妨。

（发表于《家教指南》）

作文里的成功家教

《考试的滋味》是一篇以反映学校生活为主的记叙文。文中仅有两处写到家庭，但就从这几句话中，就可看出小作者的家长成功的家教因素。

一、适时鼓励。李创兴高采烈地回到家，言谈中对考试充满了自信，个性得到充分的展示，他妈妈适时地送上一句夸奖的话："小创真聪明。""良言一句三冬暖"，一句肯定的评价，拉近了母子感情的距离，孩子从这一表扬中得到鼓励，会增添向上的力量。不少家长却不是这样。他们可以滔滔不绝地数落指责孩子，却舍不得说一句对孩子的表扬话，压抑了孩子个性的发展，隔膜了两代人之间的感情，孩子对家长敬而远之，不情愿向家长汇报在校情况。为了孩子健康成长，家长不应吝啬几句夸奖话。

二、善察苗头。李创考试完毕提前回家，他妈妈就关切地询问提前离校的原因，当她从言谈话语中捕捉到孩子有骄傲自满的苗头时，就及时地提醒："可得防止骄傲翻车哟。"尽管当时无直接收效，但毕竟为后来的教育奠定了基础。发现思想苗头一靠了解情况，二靠观察分析。善察苗头，防微杜渐，家长要做这样的有心人。

三、慎用批评。批评是教育的常规手段，但绝不是唯一手段。尤其是当孩子已经意识到自己的错误时，一定要慎用批评。即使是要批评，也不应是一味地“倾盆大雨”，有时应是“和风细雨”，以收“润物细无声”之效。李创的家长发现孩子考试失误后，没有埋怨，没有没完没了的数落，没有劈头盖脸的训斥，而是语重心长的开导，并就事论理，由此及彼，帮助孩子总结教训，让孩子感受到家长是自己的良师益友，是在真心帮助自己，从而产生改正缺点错误的内动力。这一点非常值得那些信奉“打是亲，骂是爱，不打不骂要变坏”的观点的“恨铁不成钢”的家长们借鉴。

鲁迅先生有句名言：“种牡丹者得花，种蒺藜者得刺。”为了我们的孩子，我们要从点滴做起，多种牡丹，少撒蒺藜。这就是一篇小学生作文在家教方面给我们的启示。

（发表于《家长日报》，文中《考试的滋味》一文参见《作文新视角》）

精美句段赏读

一

〔原文〕第二天传来噩耗，你妈妈拉响手榴弹跟敌人同归于尽了。同志们伤心地痛哭起来，你却把脚一跺，嘴角抽动着，恨恨地说："妈妈，这个仇我一定要报！"小金花，你是多么刚强呀！可是今天，跟志愿军叔叔分别的今天，你怎么落泪了呢？

（选自《再见了，亲人》）

〔赏析〕两处衬托，衬出无限深情。小金花的妈妈壮烈牺牲了，同志们伤心地痛哭，而小金花却表现出对敌人的深仇大恨，表现出刚强的性格。在这里，同志们的表现是"绿叶"。小金花母亲死了，她没有哭泣，志愿军叔叔要走了，她却泪流不止。就这样，以小金花为代表的朝鲜人民对志愿军战士的感情这朵"红花"，被衬得更加娇艳，让人动情！

二

〔原文〕1860 年 10 月 6 日，英法联军侵入北京，闯进圆明园。他们把园内凡是能拿走的东西统统掠走，拿不动的就用大车或牲口搬运。实在运不走的，就任意破坏、毁掉。

（选自《圆明园的毁灭》）

〔赏析〕学习这段文字，要盯紧几个动词。"侵入"点明了战争的侵略性质，"闯"表现出侵略者的蛮横，为所欲为；能"拿"的金银细软一点不剩地抢劫私吞（"掠"），拿不动的古董摆设，也要车拉马驮，"搬运"回国；运不走的宁肯毁掉，也不给中国人留下。就是这样一些杀人越货的强盗，毁了我们中国的也是世界的绚丽瑰宝。

三

〔原文〕忽然，像被一阵风吹来的，远处的小丘上出现了一群马，马上的男女老少穿着各色的衣裳，群马疾驰，襟飘带舞，像一条彩虹向我们飞过来。这是主人来到几十里外欢迎远客。

（选自《草原》）

〔赏析〕这是一处传情的动态比喻。作者把突然出现在小丘上迎客的主人比做彩虹，本体和喻体之间有如下共同点：一群马争先向前，散开在小丘的顶端，看上去呈圆弧形，状如虹；骑在马上的人穿着各色的衣服，且襟飘带舞，色似彩虹；迎客的主人们看到远客到了，“群马疾驰”，感觉是势如彩虹飞来。在这个比喻里，主人的热情好客，客人的感动，交融在一起。作者生动地描绘出了那一瞬间的动人场面，巧妙地传达了主人和远客双方的心情。

四

〔原文〕吃苹果也要作一番动员。我说：“同志们，我们能够赶走敌人，夺回阵地，难道我们就不能吃掉这个苹果吗？来，一人一口！”说完，我先咬了一口，把苹果传给步话机员小李。小李放到嘴边，咬了一小口，交给了身边的小胡。

（选自《一个苹果》）

〔赏析〕这段话中有三处小亮点。“也”字用得巧妙。动员一般是领导口气、战斗内容，用“也”字把吃苹果与打仗连了起来，自然地引出了动员的内容，另外还有点出乎意料的意味。“放”字用得贴切。不信，你换个“塞”字试试。“一小口”虽然只比“一口”多了个“小”字，可那是小李等人舍己为战友的一份心啊！要不然，为什么会“转了一圈”，苹果还剩下大半个呢？

五

〔原文〕在这个长满了红锈的鱼钩上，闪烁着灿烂的金色的光芒！

（选自《金色的鱼钩》）

〔赏析〕“长满红锈”是说这鱼钩经历了漫长的岁月，“灿烂的金色”是说这鱼钩见证了伟大的精神。“金色”绝不是“红”的，正是这一处看似矛盾的话才引人深思，回味无穷。

六

〔原文〕本来清澈的湖水静静地淌着，一到陡崖，突然下跌，顿时抛撒万斛珍珠，溅起千朵银花，水雾弥漫，势如千军万马，声闻数里，同幽静的镜泊湖形成鲜明的对照。

（选自《镜泊湖奇观》）

〔赏析〕这是一处动静相间的景物描写。幽静的镜泊湖衬出银花飞溅的瀑布，有声（声闻数里）有数（千朵）有色（银花），远看水雾弥漫，近看如珍珠万斛，好一幅赏心悦目的飞瀑图。那势如千军万马的气势能使人心潮澎湃，“一到陡崖，突然下跌”，则交代了瀑布的成因。

七

〔原文〕我们继续拍掌，树上就变得热闹了，到处都是鸟声，到处都是鸟影。大的，小的，花的，黑的，有的站在树枝上叫，有的飞起来，有的在扑翅膀。

（选自《鸟的天堂》）

〔赏析〕这两句话是典型的动态描写。前一句承接上文，交代“树上变得热闹”的原因和表现。表现一是声音，二是形象。由形象引出第二句具体描写：体形有大有小；颜色有花有黑；动作有站有飞，站着的则有的叫着，有的扑翅膀。“到处都是”可见鸟多，三处“有的”则使“热闹”具体化了。就这样，作者为我们描绘了一幅飞鸟翔集图。动态画面栩栩如生，给人以身临其境之感。

八

〔原文〕我国捕获过一头 4 万公斤重的鲸，有 17 米长，一条舌头就有十几头大肥猪那么重。它要是张开嘴，人站在它嘴里，举起手来还摸不到它的上腭；四个人围着桌子坐在它的嘴里看书，还显得很宽敞。

（选自《鲸》）

〔赏析〕读了这几句，你不能不赞叹：鲸可真大！这还不是最大的，最大的鲸有16万公斤重呢。作者的巧妙之处是用了具体的数字和形象的比较，尤其是后者。比较要选择好比较点和比较对象。知道了鲸的舌头和嘴有多大，你尽可去发挥想象鲸该有多大。你没见过鲸的舌头不要紧，尽可想象把十几头大肥猪合在一起有多大。“人站在它嘴里，举起手来还摸不到它的上腭”，是从“高”上说的；“四个人围着桌子坐在它的嘴里看书，还显得很宽敞”，是从“阔”即容积主要是底面积方面说的。这比较还是“三维立体”的呢。

九

〔原文〕有的说：“等会儿他就固执不了啦，事实是无情的，会让他丢尽了脸！”

一会儿，斜塔周围的人都忍不住惊讶地呼喊起来，因为大家看见两个铁球同时着地了，正跟伽俐略说的一个样。

(选自《两个铁球同时着地》)

〔赏析〕把文中两处对比着读，特别有意思。起初说那话的人颇有点预言家的派头，顽固派的脑袋。正如他说的“事实是无情的”，两个铁球同时着地的事实，给了那些顽固的家伙一记响亮的耳光，究竟是谁固执，谁丢尽了脸？想象一下吧，在那惊讶的呼喊声中，这位预言者心里是什么滋味？他们又该说些什么？

十

〔原文〕马克思逝世的时候，他的伟大著作《资本论》还没最后完成。恩格斯毅然放下自己的研究工作，竭尽全力从事《资本论》最后两卷的出版工作。

(选自《伟大的友谊》)

〔赏析〕这两句话体现了恩格斯对马克思事业的帮助。请留意这两句中形容和限制的词语。“没最后完成”和“最后两卷”互相照应，显示了恩格斯投入了巨大的精力，为《资本论》的完成作出了巨大的贡献。而“毅然”则表现了他态度之坚决。放下“自己的”工作，让人感受到恩格斯的无私精神和两人亲密无间的友谊。

十一

〔原文〕圆明园中，有金碧辉煌的殿堂，也有玲珑剔透的亭台楼阁；有象征着热闹街市的“买卖街”，也有象征着田园风光的山乡村野。园中许多景物都是仿照各地名胜建造的。如，杭州西湖的平湖秋月、雷峰夕照，海宁的安澜园，苏州的狮子林。还有很多景物是根据古代诗情画意建造的。如蓬莱瑶台、武陵春色。园内不仅有民族建筑，还有西洋景观。漫步园内，有如漫游在天南海北，饱览着中外风景名胜；流连其间，仿佛置身在幻想境界里。

（选自《圆明园的毁灭》）

〔赏析〕悲剧是“把美好的东西撕毁给人看”。圆明园的毁灭就是这样的悲剧。尽展圆明园的美好之处，做好这悲剧的铺垫是选段所承担的表现任务。

先说有什么：有民族建筑，有西洋景观，最突出的当推民族建筑。殿堂“金碧辉煌”显其华贵壮观；亭台楼阁“玲珑剔透”显其有很高的艺术价值；“买卖街”和山村乡野景观足见这是个具有民族风情的大观园。次说建造时不同的构想方式：一是仿造，把各地名胜景致“克隆”到园里；二是写意，将古人的诗情画意直观地再现出来。最后写感觉：“有如”“仿佛”两句极易勾起读者无尽的遐想，“漫游”“饱览”“流连”写出了观赏这园林的美感与满足，注入了作者对这“天上人间诸景备”的皇家园林的欣赏与赞叹。

这一段的后面写圆明园的珍藏之多、之奇、之珍贵，与本段一起表现出这园林是世界文化的瑰宝。既然如此，那么谁损坏、毁坏、毁灭这园林一定是禽兽行为，他们就是中华民族和世界人民的罪人，是历史的罪人。

十二

〔原文〕伫立在壶口瀑布前，不知不觉一个小时过去了，又一个小时过去了。目睹瞬息万变的奇观，耳闻震耳欲聋的轰鸣，我深深地被壶口瀑布那动人心魄的力量所震撼，为她那一往无前的大无畏精神所折服，为她那前赴后继的献身壮举所感染，为她那无坚不摧所向无敌的气概所激动……我的整个身心已经融化进壶口瀑布中去了。

（选自《黄河魂》）

〔**赏析**〕这是《黄河魂》一文的归结段、主题提示段和感情升华段。言简意赅，气势磅礴，情动于衷。如果说课文是一条龙，这一段便是龙睛所在，最后一句可称得上点睛之笔。

“伫立”是长时间地站着。站了一个又一个小时而又“不知不觉”，说明这里的景致太迷人，也说明看景致的人太忘情。“目睹”是对二、三段的总结，“耳闻”是对四、五段的总结。“瞬息万变”和“震耳欲聋”抓住了视听两方面的突出特征。为什么将本文题目拟为《黄河魂》呢？因为这里集聚并突出表现了黄河的主要特征。那么，什么是黄河魂呢？请读那个含有“被（为）……所……”的排比句吧。句中写出了伫立瀑布前的感悟和思考，包含了作者丰富而又合理的联想和想象。作者透过眼前之景，感悟到了黄河所代表的伟大的民族精神，并为之震撼、折服、感染、激动……喷发的感情归结成一句话：我的整个身心已经融化进壶口瀑布中去了。换句话说，耳闻目睹到的壶口瀑布的所有感受已化为民族魂，注入了作者，不，包括每一个读者的血液之中、灵魂之中了。

十三

〔**原文**〕海里的动物，已经知道的大约有三万种。它们各有各的活动方法。海参靠肌肉伸缩爬行，每小时只能前进四米。有一种鱼身体像梭子，每小时能游几十公里，攻击其他动物的时候，比普通的火车还快。乌贼和章鱼能突然向前方喷水，利用水的反推力迅速后退。还有些贝类自己不动，能巴在轮船底下做免费的长途旅行。

（选自《海底世界》）

〔**赏析**〕这段话写海里动物的种类和活动方法。“大约”限制种类的数量，使介绍避免了绝对化，更符合客观实际。第二句总领下文，以下各句举了四种有代表性的动物作例子，既显示海里的动物种类繁多形形色色，更展示这些动物活动的方法多种多样富有情趣。举例充分注意到了海里动物的代表性：有活动慢的，“每小时只能前进四米”；有活动快的，“比普通的火车还快”；有向前的，也有后退的；有自己运动的，也有“巴”着轮船长途旅行的。列数据准确有分寸，作比较直观、形象可感，用动词准确传神。这样以点代面的介绍，避免了雷同和重复，省去了许多笔墨，紧扣住了“景色奇异”这个中心语，让人在了解知识的同时，也感受到海底世界的无限趣味。

十四

〔**原文**〕我忽然觉得自己仿佛就是一朵荷花，穿着雪白的衣裳，站在阳光里。一阵微风吹来，我就翩翩起舞，雪白的衣裳随风飘动。不光是我一朵，一池的荷花都在舞蹈。风过了，我停止舞蹈，静静地站在那儿。蜻蜓飞过来，告诉我清早飞行的快乐。小鱼在脚下游过，告诉我昨夜做的好梦……

过了好一会儿，我才记起我不是荷花，我是在看荷花呢。

（选自《荷花》）

〔**赏析**〕荷花美，看荷花是美的享受，把自己感受到的美写出来跟大家分享，使我们每个读到这优美语段的人，打内心深处感谢写出这美文的叶圣陶爷爷。

看荷花看得入了神，自己也仿佛走进了荷池，成了一池白荷中的一朵，随风跳舞，静立观景：看蜻蜓，看游鱼。拟人化的蜻蜓、游鱼衬托着荷的欢乐，而荷就是“我”，荷的欢乐就是“我”的欢乐。这情景如诗如梦，一池荷花和赏荷的人一同营造出一个人间仙境。

从沉醉中醒来，回到现实中才明白：我是在看荷花呢。“看荷花”三字扣住了问题的实质，虚实结合、景中有情是这两段文字写法上的主要特征。

十五

〔原文〕

给儿子的信(节选)

你走了,但你种下的那些花却留在这里,并在继续生长。我望着它们,不由得愉快地想到,我的小儿子给卡普里留下了一件美好的东西——鲜花。

要是你随时随地,在你整个的一生中,给人们留下的全是美好的东西——鲜花、思想和对你的亲切回忆,那么你的生活就会变得轻松愉快。

那时,你会感到大家都需要你,而这种感觉将会赋予你一颗充实的心。应该懂得,给予别人永远要比向别人索取更为愉快。

(选自《给儿子的信》课后自主阅读园地)

〔赏析〕

节选这三段文字,通俗地揭示了一个道理:"给"永远比"拿"更愉快。

请注意三段话的层次:

第一段是交代感想的缘起。儿子去了别处,而留下了他培植的鲜花。它能给人愉快,是美好的东西。语句亲切而富含情感。

第二段展开联想。由鲜花联想到思想、亲切回忆以至一切美好的东西,由给予别人,联想到自己的感受,顺畅而自然。

第三段进一步议论,揭示给别人以好处的同时,自己的内心也得到了充实,因"感到大家都需要你"而愉快。这就是助人为乐的道理。

高尔基的信的主旨在于教育儿子要乐于奉献,从日常小事做起。大道理讲得实在,讲得恳切,得益于这道理是从实实在在的小事谈起的,意思层层加深,因而是顺理成章的。

十六

〔原文〕

水滴石穿

下雨的时候，雨水滴滴答答地从屋檐上落下来，掉在石阶上。

石阶笑着问："你这是给我洗澡呢，还是替我搔痒？如果你是给我洗澡，我嫌这水太少；如果是替我搔痒，我嫌你的力气太小。"

水滴说："我既不是给你洗澡，也不是替你搔痒，我是想把你滴穿。"

石阶听后，一阵大笑："哈哈，把我滴穿？我还从来没有听说过水能把石头滴穿。"

水滴没有说话，只是一滴又一滴地往下落。

一年又一年，不知多少年过去了，雨滴终于把石阶滴穿了。

（选自《水滴石穿》）

〔赏析〕

寓言的突出特征之一就是拟人化手法的运用。

《水滴石穿》中的石阶和水滴是一组对立的形象。石阶对水滴先是轻蔑。"笑着问"，"笑"是轻蔑的流露，"问"是轻蔑的表现。话里话外，十足地显示出它打心眼里瞧不起水滴。当听到水滴"想把你滴穿"的誓言后，它又"大笑"："哈哈，把我滴穿？"高傲自负的语气神态跃然纸上。"从来没有听说过"，更是凭经验主义把自负和狂妄推向了极致。石阶是个顽固派。

水滴不动声色地回奉了石阶的轻蔑，低调地表明自己的志向，默默无闻地应对石阶的狂妄。它只是"一滴又一滴地往下落"，一个实足的实干家形象。

寓言最终让事实说话了：水滴石穿的结果告诉人们，要踏踏实实做事，目标专一，持之以恒，要耐得住寂寞，不怕困难，不管别人对自己的态度如何。

胜利属于有志者、坚韧者、奋斗者。这就是寓含在故事中的道理。同时寓含在字里行间的，还有鲜明的褒贬情感。细致的情感化的描写，使寓言的形象感人，以理服人。

十七

〔原文〕

宇宙飞船还发现，火星是一个非常干燥的星球，在它的大气中虽然找到了水汽，但含量极少，只有地球上沙漠地区的百分之一；火星的大气层非常稀薄，百分之九十六是二氧化碳，氧气含量极少；火星表面温度很低；火星上没有磁场，它的大气层中又没有臭氧层，因而不能抵御紫外线和各种宇宙线的照射。所有这些因素都说明，在火星上生命难以生存。

为了对火星作进一步的考察，1976 年，美国发射了两艘飞船在火星上着陆，进行了一系列的分析和测试，取得两项重要成果，一是在火星的土壤中未检测到有机分子；二是在火星表面取样的培养中，未发现微小生物的存在。这两项成果证明，在飞船着陆的地区，火星表面没有生命存在。科学家又提出，生命物质是否会存在于火星的岩层之中呢？这有待进一步进行研究。

（选自《宇宙生命之谜》）

〔赏析〕

用事实说话和不说没根据的话，是选段的突出特点。

火星上有没有生命存在？作者的回答是十分审慎的。

第一个回答是“在火星上生命难以生存”。“难以”不是“不能”，用词很有分寸。况且这个结论的根据是宇宙飞船的发现：火星上一是水汽含量极少，二是氧气含量极少，三是表面温度很低，四是大气层没有臭氧层。而它所不具备的四个方面，正是生命存在的必要条件。

第二个回答是“在飞船着陆的地区，火星表面没有生命存在”。请注意“表面”二字，它限制了判断的范围，不是指火星全部，为岩层中可能会存在生命留下了余地。再注意“在飞船着陆的地区”，它进一步限制了判断的范围，就是火星表面，也不一定其他地方没有生命存在，因为取样分析的只是“海盗号”着陆地的样本，不可以偏概全，一概而论。

做到了用词准确，用语准确，判断准确，这样有根有据的介绍才能使人明白、信服。

十八

〔原文〕

回到家，还没容我从书包里掏出荔枝，母亲先端出一盘沙果。这是一种比海棠大不了多少的小果子，居然每个都长着疤，有的还烂了皮，只是让母亲一一剜去了疤，洗得干干净净。每个沙果都显得晶光透亮，沾着晶莹的水珠，果皮上红的纹络显得格外清晰。不知老人家洗了几遍才洗成这般模样。我知道这一定是母亲买的处理水果，每斤顶多一分或者1角。居家过日子，老人就这样一辈子过来了。不知怎么搞的，我一时竟不敢掏出荔枝，生怕母亲骂我大手大脚，毕竟这是那一年里我买的最昂贵的东西了。

我拿了一个沙果塞进嘴里，连声说真好吃，又明知故问多少钱一斤，然后不住口地说真便宜——其实，母亲知道那是我在安慰她而已，但这样的把戏每次依然让她高兴。趁着她高兴的劲儿，我掏出荔枝："妈！今儿我给您也买了好东西。"母亲一见荔枝，脸立刻沉了下来："你财主了怎么着？这么贵的东西，你……"我打断母亲的话："这么贵的东西，不兴咱们尝尝鲜！"母亲扑哧一声笑了，筋脉突兀的手不停地抚摸着荔枝，然后用小拇指甲盖划破荔枝皮，小心翼翼地剥开皮又不让皮掉下，手心托着荔枝，像是托着一只刚刚啄破蛋壳的小鸡，那样爱抚地望着舍不得吞下，嘴里不住地对我说："你说它是怎么长的？怎么红皮里就长着这么白的肉？"毕竟是第一次吃，毕竟是好吃！母亲竟像孩子一样高兴。

（选自《荔枝》）

〔赏析〕

读了这段话，你不得不佩服作者动作、神态、语言描写的细致和真切。

母亲看到荔枝后先是“不停地抚摸着荔枝”，“抚摸”已见珍爱；然后是“用小拇指甲盖划破荔枝皮”、“小心翼翼地剥”更显细心，尤其是那个“托”字，托出了荔枝在心目中的分量；“望着舍不得吞下”，将复杂的心理附着在动作上：好吃的东西本该急于吃到，用“吞”透出急切，又因这荔枝太珍贵，“舍不得”，而只是“望”。这样，就把母亲当时的矛盾心理表现得淋漓尽致。

母亲初见荔枝的反应是“脸立刻沉了下来”。她不高兴是因为花钱多而心痛。当意识到不该拂了儿子的好意时，尽管听到的话不怎么好笑，她还是“扑哧一声笑了”，用理解代替了不快。当吃到荔枝的时侯，“母亲竟像孩子一样高兴”。母亲神态的变化显示出她的本色性情，洋溢着家庭亲情。

言为心声。“妈！今儿我给您也买了好东西。”呼唤中有亲切，也有激动。一个“也”字，巧妙地肯定了母亲准备沙果的举动，显示了高超的语言艺术。“你财主了怎么着?”虽然有点不合语法，但这是原汁原味的语言，表意也十分明白，意思是发财，财大气粗。“这么贵的东西，你……”虽然话被打断，但“这么贵”几个字就已透露了要说的潜台词：太浪费了！更妙的是临吃荔枝前的一连两个问句，既显示了剥荔枝时观察的细致，又表现了母亲的确是“第一次吃”荔枝，不然怎么会这样新奇。

古诗词曲导读

送　别

无名氏

本诗选自《中国历代诗歌选》。

阅读文学作品，一个重要的经验是“知人论世”。这首诗作者姓名身世均不可考，不便“知人”，所幸我们知道本诗为隋末人所作，还可“论世”。隋是一个只经二帝、经营37年的短命朝代。隋以前是多年战乱的南北朝。从公元589年灭陈到公元605年隋炀帝即位，人民只过了十多年的太平日子。隋炀帝的骄奢淫逸即又引发了轰轰烈烈的农民大起义，正如《隋唐演义》所写的“三十六家反王，七十二路烟尘”。在战乱年代里生活的人们，送别、分别大概是家常便饭，亲人离别、送友人出征更会多出些牵挂、伤心。

我们不妨推测一下，诗人和要别离出征的为何人，他们是什么关系：

也许他们是同窗苦读的书生，其中一人要投笔从戎，分手在即；

也许像是花木兰的姐姐送妹出征或远行；

也许他们是共同经营的商人，结伴耕田的农人，在一个作坊劳作的雇工，他们情同手足，一朝分离；

也许他们是战友，诗人负伤返乡，征人安顿好战友要重返战场；

也许他们是一对恩爱的夫妻，丈夫出征，妻子送行，分手时相对无语，情切切，意绵绵……

选择一个假定，让我们一同走进诗的意境，走近诗人的心灵。

我的理解

杨柳青青著[①]地垂，

青青的杨柳低垂着接近地面，

杨花漫漫[2]搅天飞。

漫天飞舞的杨花搅得人心烦。

[前两句写景，景中有情：柳丝低垂，杨花满天，送行人心情沉重，心烦意乱。]

柳条折尽[3]花飞尽，

把路旁的柳条折完，看漫天的杨花飞远，

借问行人[4]归不归。

请问出征离去的人，能否返回家园？

[不忍分离，依依惜别，珍惜分别前的相聚，担心此一别难以再见。]

注释

①著(zhuó)：接触，贴近。

②漫漫：到处都有，遍布的样子。

③柳条折尽："柳"谐音"留"，古人有折柳送别的习惯，以表达挽留、恋恋不舍之意。借问：敬辞，用于向人打听事情。

④行人：出征的人。

尝试欣赏

这是一首情味深长的送别诗，形式为七言绝句。

首联是一个对偶句，除首字相同外，词性、结构、意思严格对仗，整齐别致。杨柳青青，杨花飘飞，暗示了送别在春季。季节虽好，但映入主人公眼中的景物并不美：柳枝低垂，像沉重的心，像串串的泪；杨花漫天，像不安的心，像令人窒息的尘灰。两句诗刻画了一个典型的送别环境，暗示了出征的人特别是送行的人的心情。

末联写送别时的动作、景物变化和送别人的心理，由实到虚，给人留下无穷的回味。两个"尽"字道出了分手之难，留连相依之久，倍显双方的友谊之深和对聚首的珍惜。"借问"出征的友人，该是问是否回来，什么时候能够回来。若问"行人"能否归来，这"借问”问谁呢？问天、问地、问自己，透出了对友人的担心和祝福，对再见的期待，对不得不送友人远行和长别离的无奈。

全诗浑然一体，情真意切，传达了友情，也传达了对安居乐业的和平生活的向往之情。虽难说作者是不是名人，但诗句字字珠玑，意味深长。

创新练习

1. 请积累几首古人的送别诗，比较与这首诗的异同。

2. 这首诗在抒情上有什么特点？

比较阅读

送　别

王维

山中相送罢，日暮掩柴扉①。

春草年年绿，王孙②归不归？

［注释］

①柴扉(fēi)：柴门。②王孙：指被送的友人。

［练习］

1. 这两首送别诗中的“归不归”意思有什么不同？

2. “春草年年绿”在诗中起什么作用？

［参考答案］

1. 无名氏的送别诗中的“归不归”意为能否回来，被送的人无法主宰；王维诗中的“归不归”意为回不回来，决定权在被送人自己。

2. 暗示季节，交代规律，希望友人明春能回来。

长相思

纳兰性德

本词选自《纳兰词》。

纳兰性德(1655—1685),原名成德,字容若,号楞伽山人,满洲正黄旗人,康熙时大学士明珠之子。他于康熙十五年中进士,官封一等侍卫,善骑射,好读书,可谓文武全才。他出身公卿之家,却能广泛结交汉族下层读书人,是满族中笃好汉文而卓有成绩的人。他在文学上以小令见长,也能诗。诗词多感伤情调,间有雄浑之作。其艺术风格清新隽秀,自然超逸,哀婉动人,有权威人士评赞他"以自然之眼观物,以自然之舌言情","北宋以来,一人而已"。被誉为清初"词家三绝"之一。他的艺术成就代表了不同民族文化融合、进步的积极观念、意识和文化倾向。著有《通志堂集》、《纳兰词》等。

纳兰性德曾经出使边陲,亲身体验了远离家乡的离情别绪,这首《长相思》词即为出使塞外时所作,表达了魂牵梦绕恋故园的情思。

我的理解

山一程,水一程,

一路上登山涉水,山山水水路难行,

身向榆关[1]那畔[2]行,

我要到榆关之外去完成使命,

夜深千帐[3]灯。

夜深宿营,只见无数座行帐中都亮着灯。

[写行路艰难,路途遥远,营帐中的人们夜不能眠。]

风一更[4],雪一更,

一阵阵的风雪中,挨过了一更又一更,

聒[5]碎乡心梦不成，

夜来风雪声，惊醒了多少思乡梦，

故园无此声。

如果在家乡，很难听到这风雪声。

[写思乡情切，夜难入梦，听到阵阵风声和雪打帐篷声，亲身体味了在外之人的艰苦和思乡之情。]

注释

①榆关：山海关的别称。

②那畔：那边，词中指山海关外。

③千帐：形容营地帐幕之多。

④更(gēng)：旧时一夜分成五更，每更大约两小时。

⑤聒(guō)：声音杂乱，这里用做动词，意为吵闹。

尝试欣赏

这首词在有的版本上词题为“出塞”，表明该词记述的是出塞时的见闻和感受。

上阕写“行”。山高路远，山重水复，跋涉艰难，昼行夜宿，千帐灯未熄，夜深人难眠。“山一程，水一程”给人以山重水复、山高水长的丰富联想。“榆关那畔”直指此行目的地，“身”字表明自己就是远行人，写的是自身体验。夜深的“深”字以时间之久照应了上面的路途之远，兼顾了时间与空间两个方面。“千帐”由己及人，推至同行之人同有此心，共有此情，体现了点与面的统一。

下阕写“宿”。写夜不能寐时的所闻、所思。“风一更，雪一更”，一遍一遍地静听帐外的风雪声，至更深夜定也难做成思乡的好梦。一个“聒”字，写出了词人的烦心。一个“碎”字尽显对家的恋念和风雨惊好梦的遗憾。难眠之夜，更念故园。这乡情乡思多浓、多甜！

通俗的字眼，简约的文字，典型的画面，丰富的感情，视觉感受与听觉感受，外加心理活动，尽在《长相思》中。

比较阅读　　　　**梦江南　山斋夜坐**

（清）陈玉献

因风起，断续远山钟。
半榻[1]幽窗梅影瘦，
一帘疏月[2]茗[3]烟浓，
人语隔墙东。

［注释］

①榻（tà）：狭长而较矮的床。这里泛指床。

②一帘疏月：从帘中透进室内一缕缕月光。

③茗（míng）：原指茶叶，这里指喝的茶。

［练习］

1. 词中写听觉感受的句子有____________________，____________________；写视觉感受的句子有____________________，____________________。

2. 同为清代人所写的词，这首《梦江南　山斋夜坐》和纳兰性德的《长相思》在内容上有哪些不同？

［参考答案］

1. 断续远山钟　人语隔墙东　半榻幽窗梅影瘦　一帘疏月茗烟浓

2.《梦江南　山斋夜坐》：写在家情景，写晴明夜，写平静安乐……

《长相思》：写在外情景，写风雪夜，写烦思愁苦……

浣溪沙

苏　轼

这首词选自《东坡乐府》。

苏轼(1037—1101),字子瞻,号东坡居士,谥文忠,四川眉县人。他于宋仁宗嘉佑二年(公元1057年)中进士,曾任密州、徐州、湖州知州,公元1079年被贬为黄州团练副使,后又迁至翰林学士,出知杭州、颖州,再获罪远谪惠州(广东惠阳)、儋州(海南儋县),遇赦后卒于常州。

苏轼是继欧阳修之后的北宋文坛领袖,诗、词、文均有杰出成就。诗开宋代诗歌新风貌,与黄庭坚并称"苏黄";词与辛弃疾并称"苏辛",为豪放词派创始人之一;散文与欧阳修并称"欧苏",是唐宋八大家之一。他的文学创作反映现实生活,表现自己的政治思想和人生态度,视野广阔,才华横溢,意趣妙生。

苏轼深受儒家思想和佛教、道教的影响,政治上既反对激进,又反对保守,主张稳步进行社会改革,因此在保守派和改革派两方面都受排斥。他长期任地方官,能因时制宜,因法便民,因政绩显著而深得民心。这首词为元丰元年(公元1078年)知徐州时所作,写于当年春旱祈雨如愿后谢神还愿道上。这首词以准确传神的笔触、朴实清新的语言,描绘了一幅夏初农村的明丽图画,透出了作者闲适的心境和对农民的平和态度,洋溢着作者对农村生活的喜爱之情,同时也开创性地把词的内容扩大到农村题材,突破了以往的词单写儿女柔情的樊篱,在词史上具有不容忽视的意义。

我的理解

徐门石潭谢雨,道上作五首。谭在城东二十里,常与泗水增减,清浊相应。

[这两句为词序,介绍石潭情况和出行缘由。"谢雨"即求雨得

雨后敬神还愿。本词是五首之一。]

簌簌衣巾落枣花，

纷纷而下的枣花落在衣服和头巾上，

村南村北响缫车①，

村子里到处可以听到抽丝车发出的声响。

牛衣②古柳卖黄瓜。

衣着简朴的农民在老柳树下叫卖新上市的黄瓜。

[刻画春末夏初时节农村庄稼得雨后的丰收景象。]

酒困路长惟欲睡，

酒后赶路困倦难挨只想蒙眬一下，

日高人渴漫③思茶，

艳阳高照口干舌燥不由自主地想喝口茶，

敲门试问野人家④。

那就敲敲门探问一下村民吧。

[眼看丰收在望，精神稍觉松弛，想歇息喝茶。没官架子，平和对待村民。]

注释

①缫车：缫(sāo)通"缲"；缫车，抽茧成丝的工具。

②牛衣：原指用粗麻或草编成的披在牛背上为牛取暖的东西，这里指农民衣衫简朴。

③漫：不受拘束，不由自主的样子。

④野人：乡野之人，农民。

尝试欣赏

春雨如约而至，干旱解除，夏初农村一派丰收景象。农民欢愉，作为和农民感情相通的地方长官，当然也充满着欢欣愉悦之情。

繁盛的枣花纷纷落下，预兆着秋季的丰收，耳边从农村的四面八方传来春蚕丰收后的缫丝声，和着农民黄瓜上市叫卖的吆喝，一曲丰收的交响乐，声声入耳。枣花打在衣巾上那感觉好舒服，艳阳、绿柳、青翠的黄瓜，连同衣着简朴的农民，构成一幅色彩明丽的农村风俗画。这情景赏心悦目，令人陶醉。

带着丰收在望的心境，松弛一下紧绷了好久的神经，困劲上来了，乏了、渴了，歇歇脚吧，喝口茶吧，到农民家去，敲敲门，征询一下农民：在你家歇歇脚行吗？给点水喝好吗？没有作威作福的举动，没有命令威吓的腔调，身居高位的太守以平和谦恭的姿态对待治下的农民，可亲、可敬。

上片写景，景中有情，声音中可听到带来喜悦的音符，画面上可看到令人愉快的色彩和形象。下片叙事，叙述中见细节，"日高""路长"，足见词人处事躬亲，辛苦为民；"敲门""试问"，尽显长官能平等待人。寥寥数语，刻画了一个率真亲民的官员形象。

当然还可换一个眼光来看农村："村南村北响缫车"，足见农人的忙碌；"牛衣"可显农民的衣着质地很差；"试问"也包含有对青黄不接时，农人可能无茶待客的担心。由此又可体会到，身为地方长官的词人，心中还有着深切的同情农民之心。

写耳闻目睹的农村之景，记亲历亲为的农村之行，抒闲适愉悦的思想感情，爱农村，爱农民，平和待人，那样自然，那样真切，那样朴实。一个封建官吏能如此地走进农村，走近农民，真切表现农村生活，实在难能可贵。

阅读创新

用人物描写（动作、神态、心理、语言）的方法，写一段话，刻画苏轼"欲睡""思茶""敲门""试问"的情景。

比较阅读

浣　溪　沙

（宋）晏　殊

一曲新词[①]酒一杯，
去年天气旧亭台，
夕阳西下几时回？

无可奈何花落去，

似曾相识燕归来，

小园香径[2]独徘徊。

[注释]①新词：即这首《浣溪沙》。

②香径：落花飘香的小路。

[练习]

1. 与“小园香径独徘徊”的“独”字呼应的一句是________________。

2. 这首词和苏轼的《浣溪沙》都写到落花，它们有哪些不同？

3. 晏殊的这首《浣溪沙》的主旨，有人认为是怀念友人，有人则认为是惜春伤时。你认为这首词的主旨是什么？请说明理由、根据。

[参考答案]

1. 一曲新词酒一杯

2. 晏殊写到的落花充满着伤感、无奈，而苏轼写到的落花（枣花）则充满着丰收的喜悦和对农村生活的热爱。

3. 略。（言之成理，持之有据即可）

朝天子 咏喇叭

王 磐

这首散曲选自《散曲丛刊》。

王磐(约 1470—1530),字鸿渐,号西楼,明朝高邮(现在江苏省)人,著名散曲家、画家。

明代中晚期朝政靡烂,宦官专政弄权,特务横行,他们横征暴敛,草菅人命,社会矛盾日益加深。这些太监们有的打着皇帝的旗号,到各地抓丁拉夫,征用宫中所需用品,有的则假借名义,横征暴敛,中饱私囊,鱼肉人民。特别是比较富庶的江浙一带,地方官绅和广大劳动人民更是深受其苦。王磐作为一个视功名富贵如浮云的真名士,对皇室派出爪牙强征丁役骚扰民间非常鄙视、愤慨,于是写了这首小令,揭露宦官的丑态。

王磐的艺术风格以清丽见长,善于讽刺,语言风格尖锐泼辣,清丽之中兼具豪逸本色,其散曲作品有较高的思想艺术成就。

我的理解

喇叭,锁哪①,

吹奏的喇叭和锁哪,

曲儿小②,腔儿大③。

虽吹不出长曲大调,但声音很大。

[宦官出场,先闻其声,刺耳的喇叭声令人生厌。]

官船来往乱如麻,

搜刮民财的官船来来往往,又多又杂。

全仗你抬身价④。

全靠着喇叭的吹奏来抬高船上人的身价。

[写掠夺民财的人多,他们横冲直撞,耀武扬威。]

军听了军愁,民听了民怕。

凡是听到喇叭声的,无论军民等都担惊害怕。

哪里去辨甚么真共⑤假？

谁还敢去分辨来人是真是假？

［写官绅民众知道宦官到来，人人担惊害怕，慑于淫威，只得忍气吞声。］

眼见的吹翻了这家，吹伤了那家。

触目惊心的是喇叭响处倾家荡产的一家又一家。

只吹的水尽鹅飞罢⑥！

喇叭声吹得水干了，连水鸟都飞光了。

［宦官大肆掠夺压榨，苦了人民，也害了国家。］

注释

①锁哪：即唢呐（suǒ nà），与喇叭一样也是管乐器，上有孔。金元时由波斯传入我国中原。

②曲儿小：本意指乐器旋律简单。这里比喻宦官品位、地位低下。

③腔儿大：比喻仗势欺人。

④身价：指人的社会地位。

⑤共：和、同、跟。

⑥水尽鹅飞罢：水干了，鹅也飞光了。比喻民穷财尽，家破人亡。

尝试欣赏

这是一首以形象化的手法抨击时弊，揭露宦官作威作福、横征暴敛的罪恶，寄托对广大人民群众深切同情的散曲。

“朝天子”为曲牌名，仅与曲调和形式有关；“咏喇叭”为曲题。喇叭有两层含义，一为实指，即宦官出行时用来壮声威、抬身价的吹奏乐器。官船出行时喇叭开道，喇叭是耀武扬威的工具。喇叭的另一层含义是象征那些本领不大、地位低下但威风不小的宦官们，他们无德无才，仗着皇权，横行无忌，祸害地方。在各地军民眼里，他们是灾星，是瘟神，是一帮祸国殃民的鹰犬和吸血鬼，是明火执仗的劫掠者。这两层含义也确定了要从象征的角度理解这首小令意义的基本思路。

形象化和通俗化是该曲的基本特色。由喇叭的“曲儿小，腔儿大”，你可以联想到它音量大声响刺耳、单调；由“来往乱如麻”，你可以想见加在人们头上的压迫和盘剥是何等沉重。“辨甚么真共假“一句，当时固然有真假难辨的缘故，更重要的是威势之下谁敢去辨！“吹翻”“吹伤”让人想到宦官所到之处，多少人家家破人亡，“水尽鹅飞罢”则描绘出一幅民穷财尽、“白茫茫大地真干净”的悲惨图景。这都是宦官弄权造成的恶果啊！

比较阅读

水仙子　葬士[①]

陈　铎

寻龙倒水费殷勤，
取向佥穴无定准，
藏风聚气胡谈论。
告山人须自忖：
拣一山葬你先人，
寿又长身又旺，
官又高财又稳，
不强如干谒[②]侯门？

［注释］

①葬士：以选坟地定墓穴为生的阴阳先生。

②干谒：拜访。

［练习］

1. 这首散曲讽刺的是什么人？表明了什么观点？

2. 散曲中哪些话是模拟葬士说的？

［参考答案］

1. 讽刺的是葬士（以看风水选墓穴为生的阴阳先生），认为葬士胡说八道，自欺欺人。

2. 略。

渔　家　傲

李清照

这首词选自《李清照集校注》。

李清照(1084—约1151),字易安,济南(今山东省济南市)人。她是宋词中婉约派代表人物,是我国文学史上不可多得的女性文学家。

李清照出身名门,前期生活优裕,作品多反映少女少妇生活,多写闲情相思,内容比较狭窄。这时期她的代表作品有《醉花阴》等。金兵南下后,她饱受战乱流离之苦,丈夫病死后,精神上受到沉重打击,晚景凄凉。后期的词多写国破、家亡、夫死的悲伤和对往昔生活的怀恋,充满缠绵凄苦之情,词风大变,社会意义较前扩大了。后期代表作品有《声声慢》(寻寻觅觅)、《武陵春》(风住尘香花已尽)、《永遇乐》(落日镕金)等,她的作品散佚很多。流传的有《漱玉词》一卷和近人辑录的《李清照集》。李清照的词,工于造语,创意出奇,擅长用白描手法塑造鲜明动人的形象。她善于用浅近清新的口语写词,不依傍古人,在艺术上有独特的创造。

这首《渔家傲》大约是金人南侵之前在青州夫家故里所作(另有一说为金人南侵之后)。其时她的家庭在政治斗争中连遭打击,她本人也在变乱中饱受折磨。这首词以浪漫主义手法,反映了她对黑暗现实的不满和对理想境界的热烈追求。

我的理解

天接云涛①连晓雾,

梦境中天上时而云涛翻滚,时而大雾弥漫,

星河欲转②千帆③舞。

天亮时分群星闪烁,好像千帆飞扬。

[写梦境所见:云涌、雾漫、群星流转,给人以如在天上之感。]

仿佛梦魂归帝所[4]，
就好像自己的魂魄回到了天帝身旁。
闻天语，
又仿佛听到天帝的声音，
殷勤[5]问我归何处？
[想象天帝关切的问询，引出下文。]
我报[6]路长[7]嗟[8]日暮，
我回答说前途漫漫，自己又年近迟暮，
学诗谩有[9]惊人句。
纵然学诗能锤炼出惊人之语，也没多大用处。
[感叹道路漫长，岁月易逝，满腹才华于世无补。]
九万里风鹏正举[10]。
但愿能像一飞九万里的大鹏乘风飞舞。
风休住[11]，
希望风不要停息，
蓬舟[12]吹取三山[13]去。
吹着飘蓬一样的快船把我送到神话中的仙山上去。
[壮志未泯，决心学大鹏乘长风追寻理想境界。]

注释

①云涛：像波浪一样起伏的云彩。
②星河欲转：天河流转（天快亮了）。
③帆：船，喻指星星。
④帝所：天帝住的地方。
⑤殷勤：关切的样子。
⑥报：回答。
⑦路长：屈原有诗句“路漫漫其修远兮”，这里意为路途远。
⑧嗟：悲叹。
⑨谩有：空有。
⑩九万里风鹏正举：《庄子·逍遥游》里说“鹏之徙于南冥也，

水击三千里，抟扶摇而上者九万里”。表示要学大鹏乘风高飞。举：飞起，飞上天空。

⑪住：停息。

⑫蓬舟：像蓬草飞旋一样的轻舟。

⑬三山：神话中东海里的三座仙山——蓬莱、方丈、瀛洲。

尝试欣赏

渔家傲，词牌名，双调，62字，上下片各五仄韵。有些版本有诗题“记梦”，可围绕“梦”字理解全词。

词人是婉约派代表，而本词却尽现豪放；词人多写现实主义作品，而本词却为浪漫主义之作。因此说它是一篇不可多得的名家名篇。

李清照对污浊的社会现实十分厌恶，她夜里不能安睡，梦魂飘忽升举，破雾穿云，飞渡银河，登上天帝所居殿堂，受到天帝的热情接待和关切询问，作者的灵魂在理想境界里得到慰藉。请注意词中的两个“归”字。前一处意为“回到”，词人自认为“我本天上人”，故认为到天宫为回归；后一处意为“通向”，指心目中的归宿。

下阕的答语更妙。她回答天帝，世道太黑暗，时光又易逝，我空有才华，生不逢时，即学诗如杜甫，也难施展抱负。不过我还要像屈原那样上下求索，学大鹏展翅，驾长风去寻找理想中的仙山。像大鹏、像轻舟这两个比喻和喝令大风不停的口气，显示出词人的豪迈气魄，展示了该词瑰伟雄奇的壮阔意境。

词人本是女子，作品却无一毫脂粉气，体现了李清照艺术风格的多样性特色。

阅读文学作品，时刻不忘读人，从字里行间，读取作者的内心世界，关键是两个字：用心。

创新课堂

反复阅读这首词，发挥你的想象，如果将这首词的内容拍成一幕短剧，你将安排哪些基本情节？试写出几个小节（分镜头）的内容提示。

比较阅读

添字采桑子

李清照

窗前谁种芭蕉①树？
阴满中庭，
阴满中庭，
叶叶心心舒卷有余情。

伤心枕上三更雨，
点滴霖霪②，
点滴霖霪，
愁损北人不惯起来听。

［注释］

①芭蕉：一种阔叶植物，生长于南方，雨打芭蕉声音很响亮。

②霖霪：雨过三日为霖，久雨为霪。词中指雨声连绵不断。

［练习］

1. 这首词写于金人南侵之后，你认为李清照心目中的“余情”会是什么呢？

2. 填空：

①“窗前谁种芭蕉树？”这句中的“谁”应是__________。

②“北人”指__________，“伤心”是因为__________。

③怎样理解“伤心枕上三更雨”这句词？

［参考答案］

1. 心系故园，身受凄苦。

2. 南方人　　李清照自己　国破家亡，前途渺茫

3. 可以理解为伤心难以入睡的人，三更时分听到雨声；也可以理解为深夜里伤心的泪水如同连绵的雨。

（“古诗词曲导读”发表于孟素琴主编的《名师文言课堂》）

阅读方法指要与训练

预　习

预习是学生在新课学习之前，自学课文有关内容，通过先期阅读，初步了解课文，做到心中有数，为课堂上进一步理解、掌握打下良好基础。预习既是一种学习方法，也是一种应当养成的良好的学习习惯。

操作步骤与要领

1. 了解作者、课文出处以及写作背景。

2. 初读课文，完成：

①在各自然段前(后)标上序号。

②认读生字，理解生词。

③找出课文的重点段，试确定文章的主要人物或主要事件、基本观点、对象特征。

3. 参看课文前的训练重点、提示和文后的练习等，明确学习的主要内容。

4. 细读课文，完成：

①将自然段合并成若干意义段，初步了解文章的结构、顺序和行文特点。

②找出主要段落的中心句，画出全篇的重点句。

③试解答文章的主要练习，记下疑难问题。

5. 整理预习结果，完成：

①尝试概括文章主要内容，摘抄文章精粹句段。

②估价自己对课文理解的程度，明确学习重、难点。

③将疑难问题变成提问，以便课堂上请教或质疑。

操作举例与训练

预习内容:《背影》。

步骤及问题设置:

1. 了解作者和作品:作者姓名(包括字、号等称谓),生活与写作年代,籍贯,身份地位,代表作品与课文出处。

2. 通读课文,完成:

①全文共几段?〔7段〕

②文章所写的主要人物是谁?〔父亲〕主要事件是什么?〔车站送别〕重点段落是哪一段?〔第6段〕

3. 参看训练重点、阅读提示,明确学习的主要任务,提出问题:

①结合练习,弄清段落层次。

②结合预习提示第二段和课文最后一段,明确写作缘由是__________〔父亲来信中的话〕,描写重点是__________〔车站送别的情景〕,写作的突出特点是__________〔细节刻画成功〕。

③朗读课文,体会其中包含的感情。

④在文中画出写语言和细节的几句话和第6段中两过铁路的动作(画出动词)。

⑤主要问题:课文为什么要以"背影"为题?文章主要表达了什么感情?

4. 字词:

①读准下面加点字的字音:

差使　奔丧　踌躇　琐屑

②注意下面字的书写:

交卸　簌簌　狼藉　颓唐　不能自已

③理解词语举例:

第2段中"祸不单行"的意思是__________(略),在文中具体指的是________________〔祖母去世,父亲失业〕。

5. 自读理解:

①第 2～6 段，按在家乡、在南京、在车站可分三个层次(2、3/4/5、6)。

②文章的基本顺序是__________〔时间先后顺序〕，行文特点是__________〔虚实结合，重点突出〕。

③全篇的重点句是__________〔第 1 段"我最不能忘记的是他的背影"〕。

④以"背影"为题的作用是__________〔选择新的角度，寄寓父子深情〕。

⑤备问问题：a. 第 2 段的作用是什么？

b. 第 6 段两次写流泪，流露的感情是否相同？

6. 概述本文写到的主要事件。(略)

迁移练习

按操作的步骤与要领，预习下面短文。

机　遇

两个一贫如洗的商人在路边叹息，他们决定去祈求上帝的帮助。

上帝问他们："你们想要得到什么呢？"

其中一个商人说："仁慈的上帝，我需要一笔钱使我的店铺重新开张。"接着另一个也说："仁慈的上帝，我也需要一笔钱，使我的店铺重新开张。"

上帝又问："那你们需要多少呢？"

"恐怕至少要 1000 元，我的上帝。"一个商人答道。

"恐怕至少也要 1000 元，我的上帝。"另一个商人跟着说。

"好吧，"上帝说，"我想我不能完全满足你们的请求，不过我将给你们每人 500 元。"

第一个商人拿着这些钱，一阵冥思苦想之后，决定一切从零开始，做起了小生意；而第二个商人拿着这些钱，不断地报怨着，认为这点钱根本不够使他从前的生意兴隆起来，而整天冲着上帝的背影骂骂咧咧。

几年之后，第一个商人经过努力终于实现了自己的梦想；而第二个商人花光了钱之后，只好沦落街头。

机遇对每个人都是平等的。机遇只是成功的一半，而另一半却完全靠我们自己。

（摘自《东西南北》）

练习

1. 中心段落是第几段？〔第⑨段〕

2. 文章的主要内容是什么？〔通过两个商人的故事，说明了事业的成功主要靠自己的奋斗。〕

3. 解释词语：①一贫如洗（略）　②沦落（略）

4. 将叙事部分划分为两部分或三部分。〔①—⑦/⑧⑨或①/②—⑧/⑨〕

5. 怎样理解文中的“成功的一半”？〔成功的因素中机遇很重要，但个人努力同样重要。〕

找中心句

文章中能够概括一段文字中心意思的句子叫中心句。能迅速准确地找到中心句，有助于培养思维的敏捷性，提高阅读效率。

操作步骤与要领

1. 通读全段，确定段落的基本类型（叙述性、描写性、说明性、议论性、综合性）。

2. 了解中心句在段内的位置及一般规律：

①起领起、概括、总说作用的中心句在段落开头。

②起归纳、强调作用的中心句在段尾。

③既承上又启下的中心句在段中。

④有些段落中心句以不同的句式在开头、结尾同时出现。中

心句可能不止一处。

⑤有些中心意思要用相关的几句话来表达，中心句不只一句。

⑥有些段可能不止一个中心，若是两三个方面并列，可有两三个中心句。

3. 根据段落类型和位置规律寻找中心句：

①记叙性段落、描写性段落的中心句应是概括性的话，常位于段首。

②说明性段落的中心句要点出说明的对象及说明对象的特征，常位于段首或段末。

③议论性段落的中心句往往是一句明确判断的话，位置是不固定的。

④综合性段落的中心句可根据表达方式的变化确定。叙述议论结合的段落中心句多是议论句；描写和抒情结合的段落的中心句多是抒情句；没有议论的段落，中心句是起概括作用的叙述句。

4. 检验找到的中心句是否正确：

①看其他较突出的句子是否围绕它来表述。

②看这句话能否概括全段内容。

③看这句话表述是否完整(如不完整，可从前句或后句中找到有关内容概括后补充)。

操作举例与训练

阅读下面的材料，完成相关练习。

自己的日子

有一次去乡下采风，同去的还有县里的一位宣传部长。在田头我们与一位老农聊开了。聊得正欢，老农问那部长："你是干什么的?"我接过话："这位是部长，每日在办公室看公文的。"老农又问："除了看公文，还干活不干?"我一笑，就说："还要开会，听汇报，迎接检查什么的!"老农一听，唏嘘不已："那日子怎么过！每日里见不到日头，不到野外吸几口新鲜空气，不去地里头舒活舒活一下身体，那日子怎么过！”我一听懵了！我心里正为这一颗汗珠摔八瓣的老农同情着呢！却原来他并不觉得自己的愁苦。

1. 阅读这段文字，它的类型是__________〔以语言描写为主兼有抒情、议论的综合性段落〕。

2. 根据中心句的位置规律和段落类型判断，本段的中心句是__________〔最后一句〕。

3. 检验：

①前面的描述表明__________〔老农了解部长的工作情况后，认为部长那样的日子不好过〕，倒数第二句的抒情表明__________〔我原来不了解老农的情感〕，以上两方面对最后一句起__________（铺垫和反衬）作用。

②最后一句中的“他”指__________〔老农〕。

迁移练习

1. 确定下面段落的类型。

①《最后一课》从“语法课上完了”至“用德国话唱歌吧”。

②《春》从“一切都像……”至“……红起来了”。

③《大自然的语言》从“影响物候的第三个因素……”至“……就是这个道理”。

④《纪念白求恩》最后一段。

2. 指出上面的几段话的中心句所在的位置。

3. 根据操作步骤与要领的第二项内容（了解中心句在段内的位置及一般规律），从课外读物中各找一个例子。（略）

4. 检验你在上面各题中找到的中心句是否正确，并说明理由。

分析段内句子之间的关系

段落是由句子组成的，句与句之间按照一定的关系组合起来，共同表达段落的中心意思。分析段内句子之间的关系，既有助于加深对句意的理解，又有助于准确把握段落大意，了解文章的写作特点。分析段内句子之间关系的方法也叫段内层次分析法，是分析文章的基本方法之一。

操作步骤与要领

1.通读全段，确认段落的基本类型，给每句话标上序号。

2.逐句理解每句话的意思，确认有无中心句。

3.理清句子顺序，分析各句话之间的联系。

4.根据句子之间关系的一般规律，分析和确定句子之间的关系。

段内句子之间的关系大致有以下八个方面：

①总分关系。包括三种类型：先总后分，先分后总，先总后分再总。

②概括与具体的关系（含点面关系、详略关系），可以是先概括后具体，也可以是先具体后概括。

③主次关系（含依附关系和有主次的序列关系）。一般是先主后次，极次的句子对主句是依附关系。也有少量重要性依次加强的，则为先次后主。

④呼应关系（含问答关系）。一般是前呼后应，呼应之间有其他句子隔开；问答关系则先问后答，答紧接着问。

⑤并列关系（含无主次的序列关系）。两个或两个以上内容相关或相对的句子并排起来，并列关系是相互的，前后可互换位置。

⑥启承关系。前句提起某个方面、某种情况，后句接续说下去。

⑦因果关系。有一因一果，也有一因多果或一果多因。可以是先因后果，也可以是先果后因。因果关系常有表示因果的关联词作标志。

⑧转折关系。两句话内容相反，常有表转折或让步的关联词语在后一句子出现。

说明：以上八种关系是就两个句子之间说的。段中一个句子和甲句是这种关系，和乙句是那种关系，和丙句又会有另外的关系，应当具体情况具体分析。

操作训练

阅读材料：

朗诵和吟咏是我国传统的读书方法之一。宋代朱熹的读书六法，第二法是“熟读精思”，第三法是“虚心涵咏”。我国古代在学术方面有一定成就的人，没有不在这方面下过苦功的。俗话说：“读书要会念，种田要会耪。”又说：“三日不练不顺手，三日不念不顺口。”这些都特别强调了念。

操作过程：

第一步，通读。确认本段是以议论为主的叙议结合段，全段共6句话(标上序号)。

第二步，逐句理解。第一句是一个判断，诠释“朗读和吟咏”的归属，指出它们属于传统的读书方法。第二句说朱熹的读书六法中就有这两种方法。第三句说到把握这两条有普遍意义。最后三句是对俗语理解并归纳。

第三步，理句序，找联系。首句是全段论述的中心，核心是“传统”，二、三句是用事例证明，后三句用道理证明，其中第六句是对四、五句的分析和论证。

第四步，确认句与句之间的关系。

1. 第一句与以下各句是总分关系，与第二句有启承关系。

2. 二、三句之间是具体与概括的关系，二、三句和四至六句是并列关系。

3. 四、五句之间是并列关系，第六句对四、五句是总分关系(先具体后概括)，第六句对第一句是呼应关系。

迁移练习

阅读材料：

(一)见《纪念白求恩》最后一段。

(二)杭州位于秀丽的富春江下游，钱塘江的右岸。绵亘不断的山丘，犹如一双手臂，搂抱着轻盈柔媚的西湖。我们伟大的祖国，有许多美丽的山城和江城，也有许多城市有着十分娟秀的湖泊。也有城市有江又有山，也有的城市有湖又有山。但是像杭州这样，江、山、湖那么匀称地组成一起，犹如经过一个伟大的艺术家，故意地结构成的一幅天才作品一样，这的确是罕见的。杭州的美，是我们伟大的祖国江南大自然的美的概括集中。她是秀丽带着无限温柔，又在温柔中蕴涵着挺拔妖娆。

(杜宣《杭州摭忆》)

练习

1.阅读材料(一)属于________段，共________句话。阅读材料(二)属于________段，共________句话。

2.简述两段中几个长句的大意。(略)

3.这两段话哪一段有中心句？中心句是哪一句？

4.阅读材料(一)前三句介绍了________，第四句交代了________，第七句揭示了________。

5.阅读材料(一)中的一、二句之间是________关系，二、三句之间是________关系，六、七句之间是________关系。

6.阅读材料(二)中的一、二句之间是________关系，三、四、五句和六句之间是________关系，七句与以上各句是________关系，八句与七句之间是________关系。

课外练习

试按照操作步骤与要领，分析下面各段中句与句之间的关系。

1.见朱自清的《春》中“春花图”一段。

2.见竺可桢的《大自然的语言》第二段(“几千年来……”)。

3.兰花大体可分为地生兰和附生兰两大类。地生兰就是有地下根生长的，中国兰属于这种。附生兰是产于南洋、南美洲一带的洋兰，它有一种气根，可附生于其他树干或岩石上，因而得名。中国兰的特征是花型较小，花色也不鲜艳，但娴静雅致，绰约多姿。爱兰者除赏花外，也讲究赏叶，很重视叶片上的斑纹，所谓“金边”、“银边”、“金丝马尾”等名称，就是根据叶片的斑纹而定的。洋兰则花形豪华硕大，色彩绚丽鲜艳，香味较浓烈，也有华而不香的。

（据《话兰》改写）

概括段意

概括段意是理解文章思想内容的重要步骤之一。它需要在分段和理解句意、弄清句与句之间关系的基础上，对段落的内容加以概括，用精练的语句表述出来。学会迅速、准确地概括段落大意，可以有效地提高阅读水平。

操作步骤与要领

1. 通读全段，判断段落的基本表达类型；依据段落在全文中的位置和表达方式，判断段落的表达作用。

2. 看本段和前后段的联系，统筹考虑段意的概括和表述方法。具体可参照以下几方面：

①段前有总述或段后有总结，可将总结（总说）内容和分述的方面结合起来概括。

②段的前（后）或段的首（尾）有过渡的句、段，可结合与本段内容有关的部分来概括段意。

③段的前（后）有呼应的段落或句子，可联系起来考虑本段该怎样概括。

3. 根据概括段意的一般形式来概括。

①将找出的中心句直接引用过来作为段意。

②将段中的几个突出的句子加以合并、压缩来表述段意。

③用自己的一句或几句简明的话概括段意。

④用小标题或借用谚语、诗句、歌词及人物语言等现成语句来概括。

4.检验概括是否正确,锤炼表述段意的语言。

正确概括段意的一般标准是:

①符合段落的表达特点。

②能够包括段落中各句的基本意思,无遗漏,无强加。

③尽可能和相关段落表述风格一致。

操作举例

阅读材料:

《济南的冬天》的第三段。

操作步骤:

1.第一步:通读后判断段落类型。第三段为描写性的段落,具体描绘济南冬天山景。

2.第二步:看前后联系。文章前两段写济南的冬天的总特点和整体描写济南冬天的景色,二段提到的"有山有水"中看做对下文的总提,三段分述山的景物特征,后面分述水的特征。

3.第三步:概括。①全段没有可作段意的中心句。②概括段意用小标题形式"雪后的小山景色"或"秀气的小山"、"济南冬天的山景"等。

4.第四步:检验。全段自始至终写小雪,写小山,段意最好能包括写雪和山这两个方面。

操作训练

阅读材料(一):

原　　则

王晓洁

我曾经是一个漫不经心的人,对生活的态度是"不必太认真",凡事过得去就行,无论对人还是对己。我一直把它看成优点,认为可以免生许多闲气。但那短短几分钟经历,竟改变了我的这个看法。

那是1993年的除夕之夜，我在德国的明斯特市参加留学生的春节晚会。晚会结束时，整个城市已经睡熟了，在这个时候，谁不想早点儿到家呢？我和先生走得飞快，只差跑起来了。

刚走到路口，红绿灯就变了。迎向我们的行人灯转成了“止步”：灯里那个小小的人影从绿色的、甩手迈步的形象变成了红色的、双臂悬垂的立正形象。

如果在别的时候，我们肯定停下来等绿灯。可这会儿是深夜了，马路上没有一辆车，即使有车驶来，500米以外就能看见。我们没有犹豫，走向马路……

“站住。”身后飘过来一个苍老的声音，打破了沉寂的黑暗。我的心悚然一惊，原来是对老夫妻。

我们转过身，歉然地望着那对老人。

老先生说：“现在是红灯，不能走，要等绿灯亮了才能走。”

我的脸忽地烧了起来。我喃喃地道：“对不起，我们看现在没车……”

老先生说：“交通规则就是原则，不是看有没有车。在任何情况下，都必须遵守原则。”

从那一刻起，我再没有闯过红灯。我也一直记着老先生的话：“在任何情况下，都必须遵守原则。”

（摘自《知音》）

练习

1.短文第一自然段的作用是__________，最后一段的作用是__________。

2.短文主体部分有没有表达中心意思的句子？这一部分叙述了一件什么事？

3.用一句话概括这一部分的意思。

4. 若给主体部分概括出一个标题式段意，较恰切的一项是 （ ）

A. 除夕之夜的故事 B. 两对夫妇的故事

C. 交通规则就是原则 D. 路口的红绿灯

阅读材料（二）：

我自小住在海滨，却没有看见过海平如镜，这次出了吴淞口，一天的航程，一望无际尽是粼粼的微波。凉风习习，舟如在冰上行。过了高丽界，海水竟似湖光，蓝极绿极，凝成一片。斜阳的金光，长蛇般自天边直接到栏旁人立处。上自苍穹，下至船前的水，自浅红至深翠，幻成几十色，一层层，一片片地漾开了来。——小朋友，恨我不能画，文字竟是世界上最无用的东西，写不出这空灵的妙景！

八月十八日夜，正是双星渡河之夕。晚餐后独倚栏旁，凉风吹衣。银河一片星光，照到深黑的海上。远远听得楼栏下人声笑语，忽然感到家乡渐远。繁星闪烁着，海波吟啸着，凝立悄然，只有惆怅。

（冰心《寄小读者·通讯七》）

练习

分别归纳出两个自然段的段意。

阅读一段文字

文章是由段落构成的。段落可以是自然段，也可以是意义段（由几个自然段组合而成），段落与所处语言环境的其他内容有结构和意义上的联系，但自身的意义是相对独立的，要读好一篇文字，首先要会读一段文字。这就需要掌握阅读一段文字的方法。

操作步骤与要领

1. 整体把握段落的表达类型、构成和在全篇中的位置，具体做法是：

①统观全篇，确认本段最基本的表达方式是什么，附带还用到哪些表达方式，了解本段在全篇中的位置。

②粗读全段，弄清全段由几句话或由几个自然段构成，为表述方便，可将句子(自然段)标上序号。

③看本段在全篇中的具体位置，了解本段的前后联系。

2.细读本段，理解词语和句子，分析句子之间的关系，理清段内层次。具体做法是：

①抓重点词语，弄清重点词语的意思。

②分析句子结构和修辞手法，理解句子的意思。

③分清主次，弄清作者的表达思路和句与句之间的关系，划分段内层次并概括层意。

3.结合层意，概括段落大意；体会段落写法上的特点；确认本段与全文的关系。具体做法是：

①用引中心句、合并层意或拟小标题的方法概括段意。

②从一个或几个方面体会段落的选材、表现手法、层次及语言表达等特点。

③联系文章题目和过渡句、段，分析本段与全文的关系，认识段落在文章结构和表达上的作用。

操作举例

阅读《大自然的语言》第八段：

1.整体把握。①本段和全篇都是以介绍物候知识为目的的，属于说明段，其中的叙述语言是举例。②全段由7句话组成。

2.细读分析。①关键词语："第二个因素"起标识作用，"经度"区别东西方向上的位置，文中主要看提到的地方是沿海还是内陆。②大连偏南、北京在北，但大连离海近，烟台和济南纬度相同，但烟台离海近。③第一句总说，第二、三句解释和过渡，"又如"前后各两句，分别举了两个例子。

3.①本段第一句是中心句，可引为段意，也可稍加调整为"离海洋远近(经度差异)是影响物候的另一因素”。②本段用举例子的方法说明问题,一个例子是两地纬度不相同,另一个例子是两地纬度相同,很能说明问题。③本段从一个方面回答了第六段的设问,说明了经度的差异是决定物候现象来临的重要因素之一。

操作训练

阅读《挑夫颂》选段:

(一)“不慕李白空长啸,应学挑夫担山来”(王英超《登十八盘有感》),人们说,挑夫有四敬:

(二)负重攀行,毅力过人。这是首敬。游人登山是为了观景,担山人攀高是为了负重,只有负重才显示他们的价值,而负重需要的却是坚韧不拔的毅力。据说,泰山的挑夫队自 1982 年组建至今,共往山上运送货物 3000 多万公斤,其中包括 214 微波站的大型发电机组,616 台的五频道设备,山顶中心变电站的机电设备。

(三)脚踏实地,走技高超。俗话说,三百六十行,行行出状元。在华山陡峭的鱼脊道,笔者大汗淋漓,提心吊胆,异常艰难地向上攀登,身前身后,只见挑夫们担着游人或山上宾馆需用的各种物品,在“要命”的鱼脊道上穿行,左右腿配合协调,平衡技巧令人叫绝,蛇线地绕过爬行的游人,他们一路凯歌直上华山顶。这不能不是一敬。

(四)为人服务,持久永恒。我国数十座名山险胜,开发的历史有多长,挑夫的历史就有多长。在张家界的天子山,我曾与号称“周一挑”的挑夫有过对话:“您如此长年累月当挑夫,不累吗?”“唉,我挑了 8 年了,除了大雪封山,只要有游人,就有我周一挑。我们不来挑,哪来你们轻身登山啊。”是呀!游人与挑夫,方构成美妙的风景线。这是挑夫三敬。

(五)①吃苦耐劳,清贫生活。②挑山人信赖他们久经磨炼的脊梁,凭借挑物换来的血汗钱,维系一家人的生活,供养着儿女们读书学艺,而他们自己大都易地劳作,住的是窝棚、山洞,吃的是粗粮，喝的是山泉。③因为整天挑担登山，他们的肩头长满了厚厚的老茧，脚板磨成了黑黑的厚皮。④不义之财，他们一分不取；游人有难，他们鼎力相助；入夜歇脚，他们喝酒下棋，高唱"样板戏"。⑤在泰山，笔者采访了一对"夫妻挑"，丈夫名曰周大礼，媳妇叫做任小惠。⑥任大嫂不光白天当挑夫，傍晚歇挑后，还主动帮一些男士洗衣穿脚泡。⑦她满脸高兴地对我们说："咱挣来的钱，是汗珠子砸在脚背上摔八瓣的实在钱，光荣着哩。"⑧言谈举止，令人起敬。

1. 从表达类型看，本文以________为主，________结合，这个意义段有______个自然段构成。

2.（一）段的__________、（二）段的__________、（三）段的__________、（四）段的________、（五）段的________，这几句话是文章结构层次上的标志。

3. 第（五）段中的第④句运用的修辞手法是______，作用是______________，这一句跟后面的⑤—⑧句的关系是__________。

4. 分别概括（二）至（五）自然段的段（层）意。

第（二）段：

第（三）段：

第（四）段：

第（五）段：

5. 用拟小标题和合并层意的方法概括这个意义段的段意。

6. 所选的五段话从结构上看，其特点是____________；从选材上看，其特点是____________；从语言上看，其特点是____________。

迁移练习

阅读《皇帝的新装》选段（从"过了不久，皇帝又派了另外一位诚实的官员去看工作进行的情况"到"是的，那真是太美了！他对皇帝说”)，按阅读一段文字(意义段)的操作步骤与要领加以体会。

分析句子

句子是由词或短语构成的表达一个完整意思的语言单位，是文章、段落的基本构件。分析句子，包括分析句子的构成、句子的语气、句子的意义、句子在结构和表达上的作用等。分析句子是听懂说话、读懂文章的重要技能之一。

操作步骤与要领

1. 通览全句，兼顾句子所处的语言环境。了解以下内容。

①看句子是单句还是复句。

②根据语气判断说话的目的。

a. 陈述句，句末用句号，告诉别人一件事或某些情况。

b. 疑问句，句末用问号，提出一个问题。

c. 祈使句，句末用句号或感叹号，表示请求、命令或禁止。

d. 感叹句，句末用叹号，抒发某种感情。

③看是否运用了修辞手法，句子有无特别含义。

④看是一般次序还是特殊次序。

⑤看这句话和前后句有何种联系。

2. 朗读句子，发现其表意重点。

①读出节奏，感知句内语法关系。

②读出重音，把握句子的表意重点。

句中着意强调的词语有：

a. 意义和用法发生改变的词语。

b. 感情色彩发生变化的词语。

c. 句序发生改变的词语。

d. 对举、反复和加引号的词语。

e. 起修饰限制作用的词语。

f. 起主要表意作用的词语。

3. 分析句子,全面、准确地领会其意思。

①分析结构,理解句内各部分之间的关系。

a. 单句内的关系主要有:

并列、修饰与被修饰(限止与被限制)、陈述与被陈述、补充与被补充、支配与被支配等。

b. 复句分句间的关系主要有:

并列、选择、递进、转折、因果、假设、条件等。

②分析修辞手法,理解其表达作用。

常见修辞手法的一般作用有:

比喻:使语言浅显、生动、形象。

拟人:增加语言的感情色彩,抒发作者(文中人物)的感情。

排比:加强语言气势。

反复:突出强调某些词语、句子或某个意思。

设问:引起人们对回答部分的内容的注意。

反问:加强语气。

夸张:突出事物的某一性质或某种特征。

对偶:语句工整,读起来上口,易记易懂。

③联系上下文,弄清一些词语的意义,结合生活实际,领会句子的意思。

④由表及里,体会句子的隐含意义;由此及彼,悟出句子的弦外之音。

4. 分析句子间的关系,认识句子在结构上的作用。

突出的句子有下面几种结构作用:

①总领(概括、总结)作用。

②承上启下(只承上或只启下)。

③埋下伏笔或照应前文。

5. 在理解意义的基础上再读全句,综合考虑句子的表达作用。

①整体理解句子表达的意义。

②体会句子表达的思想感情。

6.检验对句子的理解是否准确、全面。

①朗读检验:通过读得是否准确,看对句子的理解。

②代入检验:将理解后的意思放在原语境中,看是否顺畅。

③比较检验:采用更换、变更的方法,看理解是否准确。

操作训练

阅读材料(一):

理解下面句子的意思。

①如今在三亚,极目苍穹,千里碧空净,万里彩云飘,鸟瞰大地,一片片处女地破土开发,一座座高楼如雨后春笋竞相耸立。

②(当老师面向黑板时,我们便看到了老师的脊背。)那是一页书,记录着辛勤园丁的点点滴滴;那是一架梯,让我们一代代攀缘上升。

③河面上依然有风,风如一只无形的巨掌,轻轻揉搓,粼粼的波纹宛如一匹细腻的真丝绸,水下的风景便恍惚朦胧了。

④困难,这是一种愚蠢而又懦弱的东西,它惯于对着惊恐的眼睛,卖弄它的威力。(而只要听见刚健的脚步声,就像老鼠似的,悄悄向后缩去。)

⑤(思索是把奇妙的钥匙。)倘若没有思索,哪能产生爱因斯坦的"相对论"、卢瑟福的"原子学说"等伟大理论呢?

⑥一副手铐能防止失足者继续犯罪,而一本好书却能拯救一个人的灵魂。

阅读材料(二):

理解下面各段中画线的句子。

(甲)纪念孙中山先生(节选)

毛泽东

a 纪念伟大的变革先行者孙中山先生!

纪念他在中国民主革命准备时期,以鲜明的中国革命派立场,同中国改良派作了尖锐的斗争。b 他在这一场斗争中是中国革命民主派的旗帜。

纪念他在辛亥革命时期，领导人民推翻帝制，建立共和国的丰功伟绩。

c 纪念他在第一次国共合作时期，把旧三民主义发展成为新三民主义的丰功伟绩。

（乙）最喜欢的……

闲暇的时候，极喜欢做的一件事便是读古诗。若书是那种黄黄的线装书，字是竖排的，且繁体，那便更好。a 那样，我就是着了长袍的古人了。

最喜欢的一句诗是："野渡无人舟自横。"

b 总觉得那七个字写绝了一种境界，写活了一种幸福，写真了一种人生。这很让我联想起闲云野鹤，梦里看花。

记得很小的时候，父亲带我去过一个渡口。树上的蝉儿叫着，中午就显得特别慵懒。走到渡口边，那艄公却在船上睡了。船自由自在地漂到了小河中心。

c 我张口要喊，父亲止住了我。然后带我悄悄踅回，走了半里地去过一座小桥。

这事儿让我一直纳闷到念高中，后来我就读到了那句"野渡无人舟自横"。d 我就知道父亲的用意了——宽厚的人往往不愿介入和破碎别人的幸福呢。

e 父亲不识字，但父亲心里是有这句诗的。

（选自邓皓《感悟或者心情》）

分析的步骤及练习的设置：

1. 统览全句，完成：

(1)阅读材料(一)中第②⑤句括号里的句子，从结构上看属于________句，其余各句则是________句。

(2)从句子的语气看，阅读材料(二)中(乙)段 c 句是________

句，阅读材料(一)中第⑤句是________句。

(3)从修辞手法看，阅读材料(一)中________句用了比喻；________句用了拟人；________句用了反问；________句用了对偶。

(4)阅读材料(一)中第②句括号内的句子对后面一句所起的作用是____________________。

2.朗读句子，完成：

(1)用“|”标出阅读材料(一)中的第⑥句、阅读材料(二)中(乙)段b句的间隔停顿。

(2)标出阅读材料(二)中几个句子的重音，并说出强调的是哪种词语。

(甲)段c句：

(乙)段b句：

3.分析句子，领会句意：

(1)仿例理解阅读材料(一)的第②—⑤句。

例：阅读材料(一)的第①句是个并列复句，从天上、地下两方面描写三亚的景观，后一分句用比喻生动地表现三亚楼房建设速度很快。

(2)理解阅读材料(二)的几个句子，填空：

(甲)段b句中“这一场斗争”指的是________________，这句话用了________手法，作用是____________________。

(乙)段a句“那样”指的是________________，“是着了长袍的古人”在句中的意思是________________。

(乙)段b句用了________修辞手法，作用是________________。

(乙)段c句中“我张口要喊”，要喊的人是________，“父亲止住”的是____________。

(乙)段d句中“父亲的用意”是________________，“宽厚的人”指________，“别人的幸福”指________。

4.分析句间关系，认识句子在结构上的作用：

(1)阅读材料(二)中(甲)段 a 句对以下三段所起的作用是________；以下三段之间是________________关系，分述的内容是________________。

(2)阅读材料(二)中(乙)段 e 句在结构上的作用是____________。

5.整体理解句子的表达作用：

(1)阅读材料(一)中第⑥句用________和________的作用作比较，突出了____________。

(2)阅读材料(二)中(甲)段 a 句需要突出的词语是________________，因为它是________________，这句话的表达上的作用是____________________，也抒发了________________感情。

6.检验：

(1)朗读阅读材料(一)的第④句括号内外的两句话，体会停顿与重音该如何把握。

(2)将“是着了长袍的古人”的意思代入原句，看表达是否明白、正确。

(3)将阅读材料(一)的第⑤句改成陈述句，看意思是否发生了变化，表达效果有什么不同。

迁移练习

阅读材料：

金色花(选段)

蓝 兮

偶而看见人家阳台上花草缤纷，煞是艳羡，激起我养花的兴致。我从朋友家里陆续弄了一些花草来，海棠，月季，文竹……a 开始还能记着浇花，松土，但到底很难始终不渝。我这才意识到，养花并非什么闲情逸致，完全是勤快人的事情。

b 只有仙人掌活下来了。

c 不论阴晴雨雪，也不论那一小盆泥土如何枯涸龟裂，它总是绿色挺拔，每一根毛刺都伸出渴求的喙，贪婪地啄食着阳光和空气。

d 可这并未给我带来欢欣。它既不美，也不雅。e 我只是不无遗憾地想，为什么美的总是那么娇弱，而不美的却总是那么倔强呢？要是海棠、月季、文竹也是这样易于生活该多好啊。对于它的存在，我却不再关心。

练习

1. b 句是单句还是复句？

2. a 句是什么关系的复句？“到底很难始终不渝”的意思是什么？

3. c 句是什么关系的复句？句子的重点在哪里？把仙人掌比拟成禽鸟的作用是什么？

4. d 句中“这”指代什么？为什么“未给我带来欢欣”？

5. e 句中“不无遗憾”的意思是什么？句中“美的”“不美的”分别指什么？“倔强”呼应的是哪几句？

6. b 句的弦外之音是什么？

概括文章主要内容

我们在阅读一篇文章之后，会产生一种初步的印象和感受，知道作者写了什么，这里的“作者写了什么”，就是文章的主要内容。我们不论阅读什么文章，都有一个概括主要内容的过程。有了对文章内容的深刻理解，才能进一步研究作者为什么这样写。

操作步骤与要领

1. 速读文章，参考课文预习提示、课后练习，初步了解文章主要内容。

2. 先概括文章的段落大意，分清主次，然后将其连缀起来，就是文章的主要内容。

3. 带着问题阅读文章，从中寻找答案，进而概括出主要内容。

4. 通过分辨详写与略写，以详写部分为重点，概括文章的主要内容。

5. 从审解题目入手，根据题目所起的作用，概括文章的主要内容。

以上 5 个方面，前两个方面是基本的，后 3 个方面可根据具体情况，采用其中的一至两项。

操作举例

1. 根据课文的预习提示及课后练习概括主要内容。

以《背影》为例。在预习提示中，引用作者的原话，道出了文章的写作缘由、描写重点和写作特点，进而指出阅读此文要清楚连贯地朗读课文，体会一些关键语句的含义和父亲的一片爱子之心，认识中华民族这种传统美德。这对我们初步感知课文大有益处。而课后练习一、二所提的问题，又从文章的思想内容方面作了提示，据此，我们对文章的主要内容可以进行如下的概括：本文描写了父亲的背影，表现了深深的父爱。

2. 先概括文章的段落大意，然后将其连起来，进而概括出文章的主要内容。

我们仍以《背影》为例。第一部分：思念父亲，最不能忘记他的背影。第二部分：回忆往事，追述在车站与父亲离别的情景，表现了父亲的爱子之情。第三部分：写别后对父亲的思念。把这三部分连起来，就是“回忆父亲的情况，抒发对父亲的深情”。

3. 带着问题阅读文章，从中寻找答案，进而概括出主要内容。

我们以《散步》为例。这篇短文是写家庭亲情的。看了题目和第一段，自然会产生这样的问题：①一家人一起散散步，有什么可写的？②要表现亲情，为什么要写分歧？带着问题读，会发现这一家人上有垂暮老人，下有天真可爱的孩子，这散步就有味了。分歧在于究竟该顺从老人还是照顾孩子。分歧的解决是老人为孩子着想，改变了主意，结果皆大欢喜：既尊重了老人的意愿，又照顾了孩子。分歧像一面镜子，照出了人物内心，集中反射出一家人和谐亲密的关系。问题解决了，主要内容也就概括出来了，即文章通过叙写一家三代四口人散步的情况和解决分歧的过程，反映了尊老爱幼、互相体贴的家庭亲情。

4.通过分辨详写与略写部分，概括文章的主要内容。

仍以《散步》为例，文中详写了分歧产生的原因、解决的过程，略写了散步过程中的其他活动。这样安排详略是因为分歧的解决过程最能表现人物的内心世界，集中表现人物间的关系，最能表现文章的主题，因此要详写。其他如散步的原因，散步过程中的见闻也有必要交代，与中心也有关联，但不很直接，故略写。

5.从审解题目入手，概括文章的主要内容。

比如《挖荠菜》这个题目，我们一看到它是动宾结构，表示一件事，就知道是叙写人物经历、活动和抒发某种情感的。再如《数字杂说》，显然是介绍有关数字的一些知识的。而《纪念白求恩》则会引出怎样纪念、学习白求恩什么精神之类的话题。

总之，概括文章主要内容的方法是多样的，我们应根据不同的文章，有针对性地加以选择、运用，以提高我们的阅读水平。

操作训练

阅读下面文章，概括段落大意并连缀大意概括其主要内容，在同学间交流。

雪　人

肖复兴

①北京今年冬天一共下了两场雪。两场雪下得都很大，时间又紧紧挨着，路上的雪一下子堆得老厚，白皑皑的像铺上一层绒绒的地毯，是北京城难得见到的良辰美景。

②那天清早，我看见路旁一家小餐馆前堆起了一个雪人，是这家餐馆打工的几个外地年轻人冒着严寒堆起来的，年轻人冻得满

脸通红却堆得兴致勃勃。雪人挺漂亮，胡萝卜插成的鼻子，彩纸做成的眼睛，用花花绿绿的挂历叠成的蓓蕾帽，手臂里还夹着一根长长的树枝，枝头上挂着几个彩色布条做成的小旗子……雪人融入了几个外地年轻人尽情的想象，是冬天和他们彼此赠予的最好的礼物了。那时，天上的雪花正在飘飘洒洒，街头一片玉洁冰清宛若童话的世界。那个漂亮的雪人仿佛活了一样，在这飘飞的雪花中轻盈地舞动……

③这个漂亮的雪人引得不少过往行人的注目，它确实堆得挺别致可爱的。有的人还跳下自行车走过来看看它，被逗得开心，或会心地一笑。特别是那些孩子们围着它打雪仗，笑声随着雪花飞扬，溅得四处都是。在雪小些和雪停的时候，许多家长回家拿来照像机，领着孩子和这个漂亮的雪人合影留念。这个在纷纷扬扬大雪中诞生的雪人，给这条街增添了不少的欢乐。

④雪停之后，因为气温依然出奇地低，雪一连许多天不化。缺少了飞舞的雪花的伴随，雪人显得有些寂寞。人们渐渐失去开始见到它时的兴致，走过它的身边连看都不看它一眼，它便显得越发孤零零。关键是缺乏天上飘落的雪花的装点和过滤，来来往往的汽车排放的废气和附近工厂烟囱冒着烟尘的污染，才仅仅几天，雪人就变得灰蒙蒙、黑皴皴的了，仿佛是一个受冷遇又受气的灰姑娘了。

⑤接着，没过两天，雪人手臂中夹着的枝条上的气球破了，彩色布条做成的小旗被人随手扯下来扔在一旁；然后，雪人的胡萝卜鼻子被拔下来狠狠地插在肚子上，漂亮的蓓蕾帽被撕成碎片撒满一地；雪人已经无可奈何地残疾，但还有人不放过它，路过它身旁的时候，狠狠地朝它的身上踩几脚，雪块坍塌下来，雪人的头、胳膊……随着掉落在地上。雪人再不是雪人，成了一堆脏兮兮的垃圾了。

⑥一个漂亮可爱的雪人，就这样在人们的手中被创造、被破坏了。

⑦让我多少感到痛心的是破坏它的人大多是可爱的孩子。我亲眼看见好几个孩子路过它的身旁，毫无缘由地踩它或把它当成靶子拿雪块、石头砸它。而这些孩子里有不少恰恰在前几天还围绕在它身旁欢乐地打雪仗，或者脸上绽开酒窝和它合影留念。我奇怪这些孩子的自私，这样快就健忘了雪人曾经带给他们的欢乐。

⑧我更无法理解的是参与破坏的还有创造它的人们。小餐馆里那几个外地年轻人出来倒脏水就那样毫无顾忌地倒在雪人的身上，尤其当雪人坍塌，剩下的半拉身子更成为他们倒脏水倒污物的垃圾桶了。他们怎么也这样快就健忘了曾经为雪人精心装扮的人就是他们自己，是他们的双手呵！

⑨看来，雪人最好的命运，是在雪天诞生，然后立刻消融在雪后的阳光下，消融得没有一点影子，看见我们人类欢乐的前一半，别去看我们人类那后一半随心所欲的破坏。纷纷飘落的雪花，有时容易掩盖我们的另一半。

迁移练习

阅读《老人与狗》，选用概括文章主要内容的方法，概括文章的主要内容。

老 人 与 狗

我居住的迈阿密，是美国佛罗里达州非常漂亮的一座海滨城市。前些天，这儿来了一个流浪汉。他年纪70，推着一辆超级市场的手推购物车，上面堆着他的衣物，车里还有一只小黑狗。谁也不知道他从哪儿来，只知道他无家可归，夜宿在南方银行的廊沿下。

这儿的男女老少对他都很友好。我的邻居老太，每天清早送他一杯热咖啡。面包店老板也经常送给他卖剩的面包，有些善心的太太，从超级市场购物出来，见到他在门口徘徊，会把刚买的食品，分给他一些。

他把所得的食物都与小黑狗分享。小黑狗长得不漂亮，但它特别乖，在车里伸出个脑袋，见了人从不吠叫。每次，我见他伫立街头，轻轻抚摸小狗时，我总是感动得很。他们犹如父子，相依为命。一次下大雷雨，他和小狗在店前躲雨，脱下终年穿在身上的旧雨衣，盖在小狗身上，我在商店看着，眼圈都红了。

据说，小黑狗流落在街上，他见它头上没有项圈标记，知道是条无主小犬，便对邻居们说，如有人寻找，找他便是了。但好久没有人来领，他就正式收养了它，他叫它“里啼”，我也不知道是什么意思，反正它成了他生命的一部分。白天，他在海滩上看人家扔下的旧报纸，小狗静静地蜷伏在他脚边，晚上，他和它缩在一起，熬过长夜。

小黑狗在它的家——那辆手推车里，虽然它不如我的邻居们的那些狗，它们不但经常坐在奔驰车里同主人一样去旅游，而且还常常上美容院化妆。但小黑狗也满足了，因为主人给了它足够的温馨和爱。

这里的人们往往宁肯收养一只狗、一只猫，甚至一只野鸟，却不愿收留一个人。不是从经济上考虑吧，我想，一定是因为人太复杂了。

如今，秋风乍起，树叶开始飘零，老人与小黑狗还要继续流浪下去。

他收养了小黑狗，可谁在冬天里收留他呢？

划分段落

这里所说的段落，指文章中能独立表达一个完整意思的自然段或段组。划分段落即着眼于全文，将文章分为结构和意义上相对独立的几个意义段。学会划分段落有助于理清文脉，从总体上把握文章结构与内容，也有利于加深对意义段的整体把握。

操作步骤与要领

1. 认真阅读全文，了解全文主要内容，把握文章的基本思路、行文顺序和体裁特点。

2.确认自然段的段落，初步了解各自然段写了些什么。

3.根据文章自身特点，选择适当的分段方法。有些文章从不同的角度去看，有不同的分法。

分段的一般方法有以下几种：

①按时间先后顺序分。包括年代阶段，一年中的四季，一天中的早晚等，采取这种顺序的，多为记叙文和写动植物及事物发展变化的说明文。

②按空间位置的转换和处所变更分。包括内外、远近、上下、左右、东西南北等，采取这种顺序的有复杂的记叙文，写场面的记叙文，写实物的说明文。

③按事情发展的顺序分。小说、戏剧中表现为开端、发展、高潮、结局等情节结构。程序说明文多采用这种顺序，记叙文中它和按时间先后顺序基本一致。

④按逻辑顺序分。表现为并列、主次、因果、概括与具体等，多见于散文、杂感、议论性文章。

4.参照过渡段、中心段等，搞归并，定起止。

操作举例

阅读《背影》，划分段落。

全文一共七个自然段。写父子相爱相怜的感情，突出写父亲为“我”送行买橘子的事。

第一自然段，写“我”与父亲不相见已“二年余”，最不能忘记的是他的背影。领起全文。

第二自然段，写与父亲分手的“那年冬天”，“我”与父亲回家奔丧的事，写父亲的差使交卸了，满院狼藉的情景。

第三自然段，写家中“光景很是惨淡”。“我”与父亲同行到南京。

第四自然段，写在南京父亲安排送“我”。

第五自然段，写父亲送“我”到车站，为“我”照看行李，给“我”选座位，托人照应“我”。

第六自然段，写父亲穿铁路、爬月台，为“我”买橘子，具体细致地描写父亲的背影。

第七自然段，写“近几年来”父亲的情况，表现“我”对父亲的思念，在泪光中再现背影。

通过对七个自然段的分析，可以看出，第二到第六自然段，是集中写背影出现的“车站送别”那件事，即“我”和父亲一起回家奔丧，然后分手，父亲为“我”送行的事。

另外，本文的构思非常精巧，以父亲的背影为线索引文，题目是“背影”，开头说“最不能忘记的是他的背影”，点出“背影”。然后在叙事的过程中描写父亲的背影（第六自然段），最后，以在晶莹的泪光中再现背影作结。

据此，我们可以这样划分意义段。

第一段（第一自然段）：写“我”与父亲离别的时间，点明“最不能忘记的是他的背影”。

第二段（第二至六自然段）：写父亲为“我”送行的事，描绘父亲的背影。

第三段（第七自然段）：写对父亲的思念，在晶莹的泪光中再现父亲的背影。

迁移练习

阅读《普通的人，伟大的心》，按划分段落的操作步骤与要领划分段落。

普通的人，伟大的心

李凤章

我的家住在西郊一个叫挂甲屯的幽静的小村，离我的住宅不远有一处荒废了多年的吴家花园。1959年下半年，吴家花园搬来了一个新住户。不久，人们就常常看到一位老人背着双手在村街的土路上沉思漫步。后来，也不知谁走露了“风声”，小村子里的人们都知道了这个新住户就是被罢了官的彭老总。从此，村里的老年人都亲切地喊他老头子，孩子们则尊敬地称他彭爷爷。

一天黄昏，我和母亲在院子里乘凉，彭老总精神爽逸地来到我家。他穿一身染成了黑色的旧军服，脚上一双旧布军鞋，是再普通不过的。他和蔼可亲地询问我母亲的年龄，母亲告诉了他，他爽朗地笑着说：“你比我大两岁，你是我的老姐姐。”从此，他便一直喊我母亲“老姐姐”，我的母亲也乐意地认下了这个找上门来的“弟弟”。后来，他便常常到村里一些人家去串门，询问人们的生活、队里的生产，拉家常，问疾苦，亲亲热热，无间无隔。谁也不相信终日生活在他们身边的这位如此平易的老人，竟是当年威震敌胆、横扫千军的元帅。

有一回，他在街上碰见了我，问我是否读过《马克思传》这本书，说这是一本好书，要我认真读一读。他还很有兴味地跟我讲起了马克思怎样为共产主义奋斗了一生。末了，他说：“一个人活在世上，如果老想着自己，为自己活着，那他活着就是没有意义的。”从他那自言自语的神态中，我感到他并不是专门讲给我听的，倒像是他内心的严格的自励。

最使我不能忘怀的是我结婚那天，彭老总来我家串门。一进门就嗔怪起我的母亲来，说这样的大事为什么不告诉他。看他那认真的样子，倒真像是我家的一位至亲。他坐了坐，说了些祝福我们的话就走了。不一会，就派人给我们送来了礼物：一套玻璃酒杯和一幅仿制明代唐寅的《听涛图》织锦画。那酒杯一共六只，装在一个精致的小盒子里；六只杯子，六种颜色，六种花纹，透过那不同的色泽，看到里边仿佛永远装满了美酒。那幅画画的是一个老人孤独地坐在松林峡谷中，无限神往地听那松涛，听那山溪的流淌。画上的情景常常引起我对眼前这位老人当时境况的联想，特别是题画的那首诗，更让我体察到了彭老总内心的高洁："参天松色千年志，坐听涛声到黄昏。"这正是彭总一生的写照。他那身躯正像青松一样伟岸，革命意志正像青松一样葱翠！正是他，一生置自己于人民之中，他的心音永远和人民群众的心声交响着。

每逢佳节，我们全家拿出我冒着很大风险珍藏下来的酒杯，斟满芬芳的美酒，一起深情地怀念着：

一个普通的人，一颗伟大的心！

总结中心思想

一篇文章，总有它的主要内容，以及要传达给读者的意图或者思想意义，这就是中心思想。我们阅读一篇文章，不仅要认真领会字、词、句、段的意思，还应通过对字、词、句、段的理解，正确把握文章的中心思想，这样才算是初步读懂了文章。

操作步骤与要领

1.反复阅读全文，反复体会重点句段，认真思考文章写了什么，写这些干什么。

2.弄清文章题目的重点、体裁、关键词句、写作顺序、详略主次、主要内容、写作意图、要表达的观点等。

3.掌握概括中心思想的一般形式：根据题目的重点，根据主要内容与写作意图，根据点明中心的语句，根据总结性的段落，根据文后的练习或揭示的内容等。

4.通常的表述方式：文章记叙（说明、论述）了……的故事（性状、道理等），表现了（揭示了）……

操作举例与训练

概括朱自清的《春》的主题思想。

题目是一个单音节词，提示十分明确，那就是"春是什么样子呢？"从内容看，文章先宏观勾勒，再具体描绘出春天的一幅幅独特的画面，春风在每幅画面间荡漾，人物在每幅画面中活动。结尾部分一连用三个富有特征的比喻赞美春天。从而可以概括出本文通过描绘大地春回、生机勃发的动人景象，赞美春的活力给人以希望和力量。

迁移练习

阅读下文，概括其中心思想。

"老外"夫妻印象记

庞顺泉

春天一到，楼下的草坪全绿了。我的房子后面是外籍人员住宅区，每到傍晚，总有十几个儿童在玩，他们中间有中国的，也有外国的，笑声不时传进房内。

紧对我后门的是一家美国人，全家三口人：丈夫，妻子，女儿。丈夫叫凯勒，是合资企业的部门经理。他个头大，鼻子大，眼睛又蓝又深，典型的西方种子，我父亲在朝鲜战场上和美国鬼子打过仗，尽管凯勒下班回来见到我总要"哈罗"一声，但我对他却泛不起热情，鼻子里勉强哼一声就算回答。

凯勒的妻子是加拿大人，她长着一头金发，有弧度的鼻子镶嵌在鸭蛋形的脸蛋上。她每天起得很早，绷紧屁股甩开四肢绕着房子紧走，以此来消耗她那过分肥胖的身体里的脂肪。我爱人说她长得漂亮，但我一想起她每天什么活也不干，却有大把的票子供她吃喝，就越发觉得她挺不顺眼。

只有他们的女儿，我说不出什么。那天，我到阳台上取东西，发现我的小女儿和他们的小女儿在草坪上玩踢毽子，语言不通，比画得挺认真，两个不时还发出咯咯的笑声。我突然间发现这个"小老外”长得很漂亮，很可爱，长长的金发，深蓝的眼睛，笑得妩媚动人……

凯勒的妻子走出来，她看着两个孩子在玩，脸上现出了慈祥的笑。外国母亲也和中国母亲一样，对女儿充满了慈爱。我回屋里对妻子说：“这加拿大女人比那美国男人顺眼。”妻子笑着说：“你这人太偏见了。”

这天下班回家后，我看妻子还没有回来，便拿出了好久不拉的二胡，拉把椅子坐在阳台上拉了起来。我先拉了一曲《铃儿响叮当》，就见“老外”夫妻俩趴在阳台上认真地听。我突然生出个小恶作剧，就拉起了“雄赳赳，气昂昂，跨过鸭绿江”。拉完后，凯勒竟拍起了巴掌，那加拿大女人朝着我喊了声“OK”。

我来了兴趣，使着劲拉起来，由于力度太强，二胡的一根弦断了，崩到我的眼角上。我顿时扔掉二胡，捂住眼睛，有血流下来。

凯勒夫妻俩跑来了，他们把我扶到汽车上，凯勒开车，加拿大女人护着我。到了医院不久，我妻子也风风火火地赶来了，她得知是凯勒夫妻送我上的医院，很感激，用一知半解的英语说着“谢谢”。

我的伤并不重，只包扎一下就行了。这下是凯勒妻子驾车，他坐在我身边。凯勒用手指指我的眼角，又拍拍我的肩，意思是我很快就会好的。

我的心中泛起一股热潮，觉得凯勒长得也挺英俊，他的大鼻子还挺有男子汉气。

领会文章写作特点

写作特点，指一篇文章在布局、谋篇、选材、语言、表现手法等方面独特的地方。一般说，每篇成功的文章都有多方面的写作特点。阅读过程中，我们要在深刻理解和把握文章内容的基础上，领会最突出的一两个方面的写作特点，从中借鉴写作方面的成功经验，加深理解文章内容，提高鉴赏能力。

操作步骤与要领

1. 弄清文章的写作顺序。看是一种顺序，还是几种顺序综合运用。一般的写作顺序有：

①时间先后；

②空间位置；

③事情发展过程；

④逻辑事理：主次、并列、因果、总分等。

2. 弄清表达方式，是一种为主，还是多种综合运用。

①记叙：具体记叙、概括记叙；

②说明：事物说明、程序说明、事理说明；

③议论：立论、驳论；

④描写：环境描写（社会环境、自然环境）、人物描写（外貌、动作、语言、心理、神态）、正面描写、侧面描写、细节描写等；

⑤抒情：直接抒情、间接抒情等。

3. 弄清文章内容的详略及依据。

4. 弄清文章的语言特色。

①平白朴实或生动形象；

②表达准确、严密；

③运用的修辞手法：比喻、拟人、夸张、排比、对偶、反复、设问、反问等；

④句式的运用；

⑤词语的感情色彩等。

5. 弄清运用的写作手法。写作手法，是着眼于文章整体的写作技巧。一般包括：

①以小见大；

②借物喻人；

③对比衬托；

④伏笔照应；

⑤欲扬先抑（或欲抑先扬）；

⑥误会巧合；

⑦悬念设疑；

⑧讽刺夸张；

⑨拟人象征；

⑩渲染铺陈。

操作举例与训练

（一）阅读朱自清的《春》，领悟其写作特点。

《春》是一篇写景抒情的散文。作者抓住春天的特点，通过准确生动的描绘，抒发了对春天的赞美之情，具有很高的艺术造诣。

首先，从语言上看，第一，用词准确生动。“山朗润起来了”，“朗润”一词，精确地写出了山色由枯黄变嫩绿之时润滋、清新、光泽的特点；“小草偷偷地钻出来”，“偷偷地”形象地展示了小草不知不觉生长的情态；“钻”生动地表现了小草旺盛的活力。这些准确、生动的词语，刻画了春的形象，有力地感染了读者。第二，运用比喻、拟人等修辞手法，富有表现力。“红的像火，粉的像霞，白的像雪”是比喻兼排比，“火”、“霞”、“雪”分别喻桃花、杏花、梨花，生动地表现了它们竞相开放、姹紫嫣红、鲜美可爱的形象。三句排比，增强了语言气势，抒发了对繁盛多彩的春花的赞美之情。“花下成千上百的蜜蜂嗡嗡地闹着”是拟人，一个“闹”字，境界全出，从声响和动态景象烘托了花的繁盛。“吹面不寒杨柳风”是引用，引用名言，表现了春风温柔的特征。这些修辞手法的运用，生动地表现了春天的特点，体现了鲜明的感情色彩。

其次，从表达方式上看，本文在记叙、描写中结合抒情，达到了情景交融的境界。文章起笔，就以奔放的热情迎接春天的到来。“盼望着，盼望着，东风来了，春天的脚步近了。”这几句话把人们急切盼望春天的心情表达得淋漓尽致，唤起了人们对春天的思念。接着，以多彩之笔，描绘了春草、春花、春风、春雨的形象，展示了一幅生机盎然、明丽宜人的春的风景画：写春草，突出了它的勃勃生机；写春花，表现了它五彩缤纷、千娇百媚的形态；写春风，透出了它柔和醉人的气息；写春雨，赞美了它滋润万物的特性。这些景物描写，表达了作者对春的赞美之情，体现了作者对生命的歌颂之意，寄托了作者对理想和美好未来的向往与追求。

再次，从布局谋篇上看，本文构思精巧。开篇，以“盼春”起笔；接着，以“绘春”着墨，描绘春草图、春花图、春风图、春雨图、迎春图，具体展示了春天的可爱；最后，以“赞春”收结，“像刚落地的娃娃”、“像小姑娘”、“像健壮的青年”，三个形象的比喻深化了主题，显得结构严谨，圆合一体。

（二）阅读《蜜意》，运用弄清文章写作特点的方法，分析其写作特点，完成后面各题。

蜜　意

①六月酷暑，烈日当空。风无一丝，闷如蒸笼。韩老七赶集回家走在路上，口干、舌燥、头发懵。

②“老七兄弟，歇歇脚呀！”路边瓜田里传来叫声。

③韩老七眯着眼，看了一阵，有些犹豫，仍站立不动。

④“还晃荡个啥，不敢过来呀？”

⑤“好，就歇歇。”韩老七擦着汗，走了过去。

⑥“老伙计，尝尝咱的新品种！”

⑦“不敢。”

⑧“咋？”

⑨“哼，去年你在瓜田里见了我，把草帽拉低，盖着了面孔！”

⑩“哈……去年，那瓜姓‘公’。现在包给我自己。老伙计，今天算你有口福，来，莫怕撑得肚子痛！”

⑪“嚓嚓嚓”，一刀一弯新月，翠绿，血红。

⑫“你呀,反正都有理,老东西,简直把瓜种成了蜜!”

⑬“哈哈哈!”瓜田上漾起一阵笑声。蜜意正浓!

〔阅读设计〕

1.本文的写作顺序主要是______________。

2.第①段前两句话(六月……如蒸笼),运用的描写方法是________;其表达作用是____________________。

3.第③段刻画韩老七的形象运用的描写方法是__________;第⑤段运用的是________、________。

4.第①段运用的修辞手法是________、________。

5.第⑬段的“蜜意正浓”从句式上看是__________;从表达作用上看是______________。

(三)阅读《人生的标点》,写一篇以领悟写作特点为内容的短评。

人生的标点

我的一生是一句话,母亲最希望我把它推敲得美丽些、生动些。我用我的脚印落成文字,将它书写在时间的稿笺上。后人为我堆起的那座坟墓,想来就是句末的标点了。

那么,我将表达出怎样的意思呢?

我将脚印首先落成“善”字——我觉得它是最不可缺少的。母亲发现后,点了点头,却又说:“这还不够,后人只能在句末给你点成逗号。”

我渴慕一个表示完整的句子,于是我又将脚印落成“信”字——我觉得它是最靠得住的。

母亲发现后,点了点头,却又说:“这还不够,后人只能在句末给你点成逗号。”

于是我将脚印落成“顽强”,落成“进取”,落成“创造”——我觉得它们都是闪闪发光的。母亲睁着昏花的老眼见了,点了点头,却依然说:“这还不够……”

我茫然了。

“任何人都不会得到句号的!”白发苍苍的母亲叹息了一声，补充说，“可贵的，孩子，是你一直在争取句号。这样你将会赢得一个能够竖立起来的感叹号。”

迁移练习

运用领会文章写作特点的方法阅读《游寺耳记》，指出其语言和结构、表现手法等方面的写作特点。

游寺耳记

贾平凹

甲子岁深秋，吾搭车往洛南寺耳，但见山回路转，弯弯有奇崖，崖头必长怪树，皆绿叶白身，横空繁衍，似龙腾跃。奇崖怪树之下，则居有人家，屋山墙高耸，檐面陡峭，有秀目皓齿妙龄女子出入。逆清流上数十里，两岸青峰相挤，电杆平撑，似要随时作缝合状。再深入，梢林莽莽，野菊花开花落，云雾忽聚忽散，樵夫伐木，叮叮声如天降，遥闻寒暄，不知何语，但一团嗡嗡，此谷静之缘故也。到寺耳镇，几簇屋舍，一条石板小街，店家门皆反向而开，入室安桌置椅，后门则为前庭，沿高阶而下。偌大院子，一畦鲜菜。篱笆上生满木耳，吾落坐喝酒，杯未接唇则醉也。饭毕，付钱一元四角，主人惊讶，言只能收二角。吾曰：清静值一角，山明值一角，水秀值一角，空气新鲜值八角，余下一角，买得吾之高兴也。

〔阅读指导〕

本文又题《寺耳》，是作者在街头遇到《教师报》记者索稿，即兴写在一张烟盒纸上的短文。

全文仅 8 句 267 字。

第一至第四句，写游寺耳途中的景物人情。其中第一句，交代游寺耳的时间，并勾勒出途中所见的一幅古朴的秋山图景；第二句，正面写景中人，给秋山图更增一分美色；第三句，再写景，“电杆平撑”一句，使景物涂上现代色彩；第四句，由静景到动景，侧面写人，烘托山后幽静。第五至第八句，写寺耳镇的风物人情。作者从面到点，先总写寺耳镇，然后侧重写“院子”，结尾写主客对话，文笔自然，表现出作者特有的率真和幽默。

阅读整篇文章

阅读过程中，读到的文章内容与形式虽然不同，但是一般的阅读规律却是相同的。我们掌握了阅读的一般方法，就能提高阅读效率。因此，我们应熟练掌握阅读整篇文章的一般方法，提高自己的阅读能力。

操作步骤与要领

1. 审题目，弄清题目的含义和命题特点。

2. 了解提示，明确阅读要求。

3. 浏览全文，查阅工具书，理解字词意义，扫清阅读障碍。

4. 仔细阅读，圈点批画点评。

5. 记下疑点，查阅资料，请教老师或同学。

6. 理清文脉，分清主次，明确详略，把握重点。

7. 划分段落，概括段意，归纳中心。

8. 分析写作特点，以便借鉴学习。体会出感受最深的一两点即可。

9. 完成作业练习。

10. 写出读书笔记。

操作举例与训练

（一）以《七根火柴》为例，按步骤分析文章，掌握阅读整篇文章的一般方法。

第一步，审清题目。“火柴”本是生活中微不足道的事物，何况又只是“七根”，而作者把它放在特定环境中，引出一个动人的故事，题目表明了文章主要写围绕七根火柴发生的事。

第二步，了解阅读提示，明确阅读要求。教材的阅读提示不再先入为主，预先定调，只是介绍背景或提示问题，帮助阅读。本文的重点应放在理解景物描写的作用、体会刻画人物的方法上。

第三步，浏览课文，借助工具书，扫清阅读障碍，结合语境，理解一些生僻或重要词语的意义。如“妄想”、“擎”、“模糊”、“清晰”、“异样的声调”等。

第四步，仔细阅读，批画点评。如从前几段找出写雨大、天冷的语句，从第9段中“很长时间没有挪动”中找原因，理解第19段中“这下子可好办了”的含义等。

第五步，收集疑问，生办法解决。如第19段中：“是，看明白了！”卢进勇是否真的明白了无名战士的意图？第22段的“模糊”和“清晰”是否矛盾？可反复读书揣摩，也可同学间讨论，还可查阅资料，请教老师来解决。

第六步，探求作者思路。作者的思路通过文章的结构、详略来表现，找出文章的重点部分，分析开头结尾的特点，有助于把握中心。《七根火柴》先写卢进勇眼中的景物，突出草地环境恶劣，暗示长征队伍对火的急需，结尾交代结局：卢进勇不负重托，赶上部队，火柴发挥了作用。正文部分则集中表现无名战士的崇高品质和伟大精神。全文重点是正面表现无名战士的部分。

第七步，划分段落，归纳段意和中心。按一般文章分析，《七根火柴》可分为三部分：(一)1—5段，(二)6—22段，(三)23—26段，内容见第五步。第(二)部分“无名战士献出火柴”还可细分三层：6—13段，写无名战士的顽强支撑和焦急等待；14—20段，写无名战士郑重点数并交付火柴；21、22两段，写嘱托战友，心系部队。全文通过记叙红军过草地时发生的这件事，歌颂了红军战士一心为了革命事业、为了战友不惜牺牲自己的崇高品质和伟大精神。

第八步，赏析文章的表达技巧。一是构思与表现手法(景物衬托、侧面烘托、小中见大、形象刻画)；二是线索分明，以象征革命事业和革命思想的"火"贯穿全文；三是语言准确而不失含蓄，余味深长。

第九步，完成相关作业(略)。

第十步，写读书笔记，可长可短，可着眼于全文，也可着眼于某一部分，写出自己的收获、发现等，以养成好的阅读习惯。

(二)按照阅读整篇文章的一般方法，认真阅读《永生的眼睛》，完成相关练习。

永生的眼睛

(美国)琳达·里弗斯

1965年炎夏的一天，母亲被一场突如其来的疾病夺去了生命，年仅36岁。下午，一位警官来访，为医院要取用母亲的眼角膜而征求父亲的意见。我惊呆了，不明白那些医生为什么要将母亲的角膜给予他人，而父亲居然回答"可以"。我痛苦难忍，冲进了自己的房间。

"你怎么能让他们这样对待妈妈！"我冲着父亲哭喊，"妈妈完整地来到世上，也应该完整地离去。""琳达，"父亲平静地搂着我，"你所能给予他人的最珍贵的东西莫过于你自身的一部分。很久以前，你妈妈和我就以为，如果我们的死亡之躯有助于他人健康的恢复，我们的死就是有意义的。"他说，他们早已决定死后捐赠器官了。父亲的话语给我上了一生中最重要的一课。

多少年过去了，我结了婚并有了自己的家。1980年，父亲患严重肺气肿，搬来和我们同住。他愉快地告诉我，他去世后要捐赠所有尚完好的器官，尤其是眼睛。"如果一个盲童能够借助我们的帮助重见光明，并像你大女儿温迪一样画出栩栩如生的马儿，那该有多美妙！"温迪自幼酷爱画马，她的作品屡屡得奖。"想想看，另一对父母如果看到他们的女儿也像温迪一样，将会多么高兴。"父亲说，"当你们得知我的眼睛起了作用，你们将会多么自豪！"

我告诉温迪她外公的心愿。孩子热泪盈眶，过去紧紧地拥抱外公。她 14 岁，恰恰是当年我首次听说捐赠器官的年龄。

1986 年的一天，父亲与世长辞了。我们遵从他的遗愿捐赠了他的眼睛。温迪告诉我：“妈妈，我真为你为外公所做的一切感到骄傲。”“这令你骄傲吗？”我问。“当然！你想什么也看不见是多么痛苦吗！我死后，也学外公将眼睛送给失明的人。”在这一刻，我领悟到父亲所留下的远非一副角膜，他所遗留的是辉映在我女儿眼睛里的一种骄傲！

那天，我紧紧搂着温迪，没想到，仅仅是两周之后，我再一次为器官捐献组织签署了同意书。我的才华横溢的小温迪，在一次车祸中丧生了……当我签字时，她的话儿仍萦绕在我耳际：“你想什么也看不见是多么痛苦吗！”

失去温迪三周后，我收到一封来自奥列根勇敢者角膜中心的信。信上写道：“角膜移植非常成功。现在，两位昔日盲人已重见天日。她仍成为您女儿——一位极其热爱生命的女孩的活的纪念，并有幸分享她的美丽……”

我的金发的温迪手中的画笔仍旧不辍地挥动着，她的碧眼仍然闪烁着骄傲的光芒。

1. 解释下面的词语。

(1)突如其来：

(2)栩栩如生：

(3)才华横溢：

2. 本文采用________人称的写法，运用的记叙顺序是________。

3. 本文捐赠眼角膜的人物依次是____________。

4. 文中标明捐赠眼角膜的人们捐赠的时间的词语依次是________________________。

5. 摘出父亲给琳达深刻启发的两句话，写在下边。

(1)

(2)

6. 文章所用的材料有：A. 母亲病逝；B. 父亲辞世；C. 温迪丧生；D. 父亲对我的影响和教诲；E. 温迪的骄傲和心愿；F. 温迪的眼角膜移植成功。对这些材料的处理，详写的是__________；略写的是__________。

7. 倒数第 2 自然段，引用奥列根勇敢者角膜中心的信的内容，其主要作用是______________________________。

8. 本文的中心思想是什么？

9. 以《读〈永生的眼睛〉有感》为题，写一篇 500 字左右的读后感。

迁移练习

按阅读整篇文章的一般方法，阅读《密西西比河风光》，完成后面的思考与训练。

密西西比河风光

夏多布里昂

密西西比河两岸风光旖旎。西岸，草原一望无际；绿色的波浪逶迤而去，在天际同蓝天连成一片。三四千头成群的野牛在广阔无垠的草原上漫游。有时，一头年迈的野牛劈开波涛，游到河心小岛上，卧在高深的草丛里。看它头上的两弯新月，看它沾满淤泥的飘拂的长髯，你可能把它当成河神。它踌躇满志，望着那壮阔的河流和繁茂而荒野的两岸。

以上是西岸的情景，东岸的风光不同，同西岸形成令人赞叹的对比。河边、山巅、岩石上、幽谷里，各种颜色、各种芳香的树木杂处一堂，茁壮成长；它们高耸入云，为目力所不及。野葡萄、喇叭花、苦苹果在树下交错，在树枝上攀缘，一直爬到顶梢。它们从槭树延伸到鹅掌楸，从鹅掌楸延伸到蜀葵，形成无数洞穴、无数拱顶、无数柱廊，那些在树间攀缘的藤蔓常常迷失方向，它们越过小溪，在水面搭起花桥。木兰树在丛莽之中挺拔而起，耸立着它静止不动的椎形圆顶；它树顶开放的硕大的白花，俯瞰着整个丛林；除了在它身边摇着绿扇的棕榈，没有任何树木可以同它媲美。

被创世主安排在这个偏远的丛莽中的无数动物给这个世界带来魅力和生气。在小径尽头，有几只因为吃饱了葡萄而酩酊大醉的熊，它们在小榆树上的枝丫上蹒跚；鹿群在湖中沐浴；黑松鼠在茂密的树林中嬉戏；麻雀般大小的弗吉尼亚鸽从树上飞下来在长满红草莓的草地上踯躅；黄嘴的绿鹦鹉，映照成红色的绿啄木鸟和火焰般的红雀在柏树顶上飞来飞去；蜂鸟在佛罗尼达茉莉上熠熠发光，而捕鸟为食的毒蛇倒挂在树枝交织而成的穹顶上，像藤蔓一样摇来摆去，同时发出阵阵嘶鸣。

如果说河岸的草原上万籁无声，河这边却是一片骚动的聒噪；鸟喙啄击树干的笃笃声，野兽穿越丛林的沙沙声，动物吞啮食物或咬碎果核的咂咂声；潺潺的流水、啁啾的小鸟、低哞的野牛和咕咕叫的斑鸠使这荒野的世界充满一种亲切而粗犷的和谐。可是，如果一阵微风吹进这深邃的丛林，摇晃这些飘浮的物体，使白色、蓝色、绿色、玫瑰色的生物混杂交错，使所有的色调融为一体，使所有的声音汇成合唱，那是多么奇伟的声音，多么壮观的景象！可是，对于没有亲临其境的人，这一切是无从描绘的。

〔阅读指导〕

本文作者夏多布里昂以其 1801 年发表的小说《阿达拉》开创了法国浪漫主义文学的先河，他也是法国文学史上的优秀散文作家。

《密西西比河风光》选自《美洲游记》，是一篇充满诗情画意的写景散文。本文的结构非常简单明了：西岸——东岸。因为两岸的景致迥然不同，所以作者在描绘两岸时所用的笔墨有很大差异。文章对东岸的种种动物和声响作了大量细致的描写，使全文呈一种不对称的“平面——立体”框架。这篇短短的散文色彩瑰丽，犹如一幅层次丰富的西洋画。

本文显著的特点之一，是景物描摹的精细。作者把西岸“飘拂"着"长髯"的年迈野牛比做"河神",是出于他所受的教育和文化背景的影响。但你不得不承认,作者对东岸丛林中的藤蔓描写,诸如"形成无数洞穴、无数拱顶、无数柱廊"、"在水面搭起花桥"等等,都十分奇特和富有想象力;其他如对各种动物、对众多声响的描绘,都很精细、美丽而逼真。

作者在文末说:"对于没有亲临其境的人,这一切是无从描绘的。"而实际上他只用了不足千字,就把密西西比河两岸的"这一切"惟妙惟肖地呈现在读者的眼前。

寓言的阅读

寓言一般是短小的,是以劝诫或讽刺性的故事为主要内容的文学样式,每个故事中都寄托着深刻的思想意义,了解故事的内容,进而领悟故事中寓含的道理,从中受到教育或启迪,是阅读寓言的基本任务。要读懂、读好寓言,就要掌握阅读寓言的一般方法。

操作步骤与要领

1. 把握寓言的特点。

寓言的三个基本特点:

①故事往往是虚构的,篇幅短小,情节简单,一般不追求完整的故事情节和细致生动的描绘。

②叙述故事常采用拟人、夸张手法。故事的主人公是人或人格化的动物,有些情节夸张,是为了突出某类人的特征。

③故事中有鲜明的寓意,有一部分寓言在开头或篇末明确地点出来。

2. 读懂故事,把握故事的基本内容。

按照"谁"(什么人、什么事物等)、"干了什么"、"结果怎样"这个提纲,从寓言故事中寻找答案。

3.理清故事情节，感受人物（或事物）形象，找到关键句子。

从情节分析入手，通过故事中简要的语言动作、神态、心理等，结合特定环境的交代，把握故事中的人物（人格化事物）的性格特征，从环境、动作、结果中找到起主要作用的语句。

4.前后联系，由事及理，领悟寓言故事的寓意。

联系寓言故事中的环境、过程、结果，参考点明寓意的话，思考故事中的人物（人格化事物）和典型事例跟社会上的哪些（类）人、事有共同之处，明确寓言故事讽喻的是什么人，包含的是什么道理。

5.背诵寓言，向他人讲述寓言，联系个人和社会实际，发挥寓言的教育功能。

6.从新的角度去看寓言故事，发现新的寓意。

操作举例与训练

（一）按操作步骤与要领，阅读《寓言三则》。

1.对照寓言的三个特点，初步感知这三则寓言。

《赫尔墨斯和雕像者》设置了人神对话，《蚊子和狮子》将动物人格化，《浓烟和烟囱》将非生物人格化，但都不脱离各自固有的特征。前两则寓言都在篇末点明了讽喻对象。

2.把握故事基本内容。

《赫尔墨斯和雕像者》写爱慕虚荣的掌管商业的神本想听到世人对他如何尊重的话，结果却从一个从事工商业的凡人口里了解到自己原来一文不值。

《蚊子和狮子》重点写蚊子战胜狮子却被蜘蛛捕获的事。

《浓烟和烟囱》写浓烟看不起烟囱，写了二者的表现和结果。

3.感受形象，找关键词。

《赫尔墨斯和雕像者》刻画了自命不凡的神——赫尔墨斯的形象，关键句是描写他心理活动的句子和雕像者的最后一句话。

《蚊子和狮子》刻画了骄傲的蚊子形象，关键句是蚊子最后的叹息。

《浓烟和烟囱》刻画了埋头实干的烟囱形象和不可一世的浓烟形象，关键要抓住几处对比。

4.领会寓意。

前两则寓言虽点出了讽喻对象，但未点明寓言的道理。前者说明人不可过高地估计自己，后者说明骄兵必败。

《浓烟和烟囱》说明了那些不可一世的人，只是匆匆来去的过客，只有实干谦虚的人，才有永恒的价值。

5.联系对照。

《赫尔墨斯和雕像者》可联系过高估计自己的人（可以联系自己或联系他人）和事。

《蚊子和狮子》可联系骄傲招致失败的人和事。

《浓烟和烟囱》可联系勤劳谦虚和狂妄自大两类人。

6.创造阅读。

例如读了《蚊子和狮子》，可以求异思维，赞扬蚊子不畏强手、善于发现对手的弱点、扬己之长、攻敌所短、战而胜之的精神。

（二）阅读《谬误与真理之门》，完成后面的练习。

谬误与真理之门

余志权

“砰！砰！砰！”一个匆匆而来的路人急切地敲打着一扇神秘的门，不久，门开了。

“你找谁？”门里的人问。

“我找真理。”路人答。“你找错了，我是谬误。”门里的人“砰”地一声把门关上了。

路人只好继续寻找。他蹚过很多条河，翻过很多座山，可就是迟迟找不到真理。后来他想，真理和谬误既是一对冤家，那说不定谬误知道真理在哪儿。

于是他重新找到谬误，谬误却说：“我也正要找它呢。”说毕又关上了门。

路人不死心，转悠了一圈儿后又继续敲开了谬误的门。可谬误留给他的却是一副冰冷的面孔。

就在路人近乎绝望地在谬误门口徘徊的时候，不断的敲门声吵醒了谬误的邻居，随着“吱呀”一声，路人回头一看，天啊，这不正是真理吗？

真理就住在谬误的隔壁。人们寻找到真理，常常是在一次次地敲响谬误的门之后。

（摘自《天津日报》）

1. 简要概括这则故事。

2. 这则故事的主人翁是________，他是一个____________________________________的形象。

3. 怎样理解“真理就住在谬误的隔壁”这句话？

4. 这则寓言的教育对象是________，说明的道理是____________________________________。

迁移练习

1. 按照阅读寓言的步骤与要领阅读《蜈蚣自大》，并比较它和《蚊子和狮子》的异同。

2. 课外找几则寓言，读懂包含的道理并记下来，讲给同学听。

蜈蚣自大

蜈蚣在野外遇见了蝁（è，一种有毒的蛇），蝁抬起头就跑。蜈蚣追它，绕着它转圈儿。蝁迷失了方向，不知道该往哪里去，就停下来张开嘴等着。蜈蚣缩起头，弯曲身体，然后像箭一样的向蝁冲去。钻进蝁的喉咙里，吃了它的心和肠子，然后从它的尾部出来了。蝁到死也不知道怎么死的。

另一天，蜈蚣在灶上遇见了蜒蚰，就想把它逮住。马陆（像蜈蚣，较小）告诉它说："这东西虽小但是有毒，不能碰。"蜈蚣大为生气，说："你太小瞧我啦！天下最毒的莫过于蛇，而最毒的蛇又莫过于虿。虿咬树木，树木就要枯萎；咬人，咬兽，人兽就死。虿的毒就像火一样猛烈，但是我钻进它的喉咙，吃了它的心，吃了它的肠胃，喝尽了它的血，饱餐了它的油；三天后才醒过来，舒服极了。更何况在乎寸把长的蠕动的东西呢！"于是，踮起脚去侵犯蜒蚰。蜒蚰舒展着身体，把头上的两只角一伸一曲，吐着黏液等待着它。蜈蚣刚去到蜒蚰身边，就被粘住了，顿时翻倒在地，想翻身逃跑，谁知所有的脚和须全都粘断，不能动弹了。结果它呆呆地躺在那里，被一群蚂蚁吃掉了。

下　编

探　究　篇

指导揣摩　促进阅读

提高学生的语文素质，重要内容之一是教会学生自能读书。从阅读教学中，我们体会到，抓住揣摩这一关键环节，重视并加强阅读教学中的思维训练，可以快速有效地解决通过阅读教给学生读书方法这一难题。

叶圣陶先生说过："一篇好作品，只读一遍未必能理解得透，要理解得透，必须多揣摩，自己提出问题自己解答。"叶老的话告诉我们，阅读应在初步理解的基础上生疑，带着问题揣摩解疑，再在新的基础上生疑，由浅入深地将阅读引向深入，循序渐进地将知识转化为能力。"揣摩"的具体要求是"在理解的基础上加深，领悟遣词造句、布局谋篇的要旨所在"。领会叶老的有关教育思想，我们觉得指导学生学会揣摩，促进阅读，需要着重从以下三个方面努力。

一、夯实揣摩的基础

揣摩的基础是理解，即理解文章的思想内容，篇章结构和语言。理解常伴随着初读，夯实揣摩的基础，必须抓好初读。

初读一般是先疏通文句，再整体感知，达到基本理解词句以及篇章意义的目的。为达到这一目的，需要培养三种能力，养成三种习惯。

一是培养使用工具书的能力，养成注意了解与阅读材料有关的知识和信息的习惯。字典、词典是无声的老师，要让学生学会查找方法，能快速查到所需内容，正确选择读音和义项。学习每篇课文，还需结合阅读提示、文下注释以及参考类书籍资料，要有选择地了解与理解文章有密切关系的信息。现在仍有少数教师不辞辛苦地给学生抄解词，不厌其烦地向学生介绍作者与背景，这会养成学生懒惰的心理和依赖习惯，应该转变到让学生动手动脑获取知识的路子上来。

二是培养默读和朗读能力，养成认真读书的习惯。教读的基本含义是教学生读书，要通过训练逐步提高默读的速度，强调看清、读懂，默读时避免动唇、指读和回视，帮助学生总结快速捕捉文字信息的规律。要训练学生逐步减少以至消除朗读时拖音、增减颠倒字词和读破现象，学会用普通话有表情地朗读。要结合范例向学生传授有关朗读知识，包括感情、语气、语速、语调、重音、节奏等，指导正确朗读，掌握方法要领。

三是培养结合语境理解语句的能力，养成在具体的语境中分析问题的习惯。割裂句段间的有机联系是造成曲解文意的主要原因。传统语文教育提倡“词不离句，句不离段，段不离篇”，这是很有道理的。阅读教学中要引导学生“瞻前顾后”，注意发现句、段间的关系，用联系的观点来指导阅读理解，避免望文生义，穿凿附会。

运用以上三种能力进行初读，有了对文章语句、结构、段意与中心的初步理解，便为揣摩奠定了坚实的基础。

二、教给揣摩的方法

如果说“理解”是初步读懂文章、了解“写了什么”的话，那么“揣摩”是进一步体会立意、结构、语言的妙处，从中看出“门道”来的更重要的一步。如果用牛吃草比喻阅读，那么“理解”是先吃进去，“揣摩”则是反刍，需要细细咀嚼，才有助于消化、吸收。

学会揣摩，应当遵循阅读规律，边读边想，在阅读与思考的结合上，需要注意以下几点。

（一）从整体着眼，把握文章的要旨。在通读全文的基础上，应当循着文章的脉络去探究作者的写作思路和意图，站在一定的高度观照全文，体会作者构思的匠心，避免被大量的材料淹没，因“身在此山中”而“不识庐山真面目”。

教学《竞选州长》，不少人都曾遇到一个难题：谁是小说的主人公？通常认定是善恶颠倒的竞选群像，可是文中的马克·吐温却不是典型环境中的典型人物，要自圆其说就得另寻解释。从整体着眼，把握要旨，就能较好地解决这一难题。

着眼于题目，“竞选”的含义是候选人在选举前做种种活动争取当选，而文中的“我”却自始至终无所作为，被动挨整；两个竞选对手虽未直接露面，却无处不在，异常活跃，其手段之卑鄙，达到了无以复加的地步，终使黑白颠倒，达到了使“我”退出竞选的目的。着眼于内容，文中虽有多处对“我”的情况介绍和心理刻画，但无不服务于揭露与衬托伍德福和霍夫曼的卑劣无耻。阅读时发动学生透过引文和闹剧，“将隐藏在幕后的黑手揪出来”，集中认识资产阶级政客的丑恶嘴脸，认识资产阶级政治的虚伪、反动，较好地领会作者的写作意图。要让学生从读懂文章的过程中体会出这样的道理：通览全篇把握全局，是使揣摩的方向对路、认识深刻的保证。

（二）从语言入手，培养学生敏锐、正确的语感。写作时作者要选择能准确、恰当表达旨趣的字词语句；阅读时读者则需要通过咬文嚼字、品味句段，体会文句的含义，接近作者的意趣，敏锐、正确地感受语言的深层含义以至弦外之音。学生的这种能力要靠训练来培养。要形成语感，不能囫囵吞枣，必须用心读，按一定的思路熟读精思，抓特点，找联系，多问几个为什么，并结合生活体验，调动知识积累去联想想象，进而达到与作者某种程度上的沟通，产生顿悟和共鸣。

培养语感，教师“导”的作用是非常重要的。原来有一篇课文《看戏》，领会声音描写的妙处是学习这篇文章的重点难点所在。找到写声音的语句，分清正侧面描写是必要的，但又远远不够。指导揣摩就从这里起步。教师先提出：梅兰芳的声音最突出的特征是什么？当学生找出“圆润”时再追问：作者是怎样突出这一特征的？学生又找出把唱出的歌词比做珠子这一比喻。抓住这处比喻，引导学生体会设喻的妙处，由这一连串动词生发联想，学生回答想到了“清晰”“掷地有声”，想到了雨滴的滋润，珠宝的珍奇，甚至会联想到白居易“大珠小珠落玉盘”的名句。在此基础上，引导学生继续深究：既然是写声音，那么写“一笑一颦”、“优雅的水袖”、“婀娜的身段”起什么作用？这较有深度的问题紧扣词语教学，能引导学生结合题目体会到这样写暗合“看戏”这一题目，表现了梅兰芳不仅唱得好听，而且表情、动作与歌唱浑然一体，“优雅”、“婀娜”对歌唱的优美起到了衬托作用。就这样从语言领会入手，逐步深入地将学生带入赏美的意境之中，使学生在心驰神往的状态下感悟到语言描述的巨大魅力。

阅读教学中常见的弊端之一是抛开字句架空分析。老师滔滔不绝地阐发微言大义，或自鸣得意地炫耀自己的口才和学识，丝毫无助于学生语感的形成。

（三）从实际出发，提出并解决问题。善于提出并解决问题是研究学问的重要方法，当然也是促进阅读的重要方法。问题是思考的目标和先导。能够提出问题，阅读和思维便有了方向和动力，通过探究找到问题的答案，既是前次认识的终点，又是进一步深入理解的起点。将阅读引向深入的基本途径是让学生学会生疑、解疑。

生疑要从学生和教材实际出发。初中学生的阅读心理已不再满足于了解“是什么”，强烈的求知欲望使他们总爱提出“为什么”，逐渐成熟的生理、心理特征使他们敢于说出并坚持“我认为”。随着素质教育的深入，会有越来越多的学生敢于向教师、教参以至教材质疑。我们应当顺应并鼓励这一变化，既要发挥教师的主导作用，保证不偏离教学目标，又要敢于放手，保护学生创造思维的热情，珍惜学生的思维成果，鼓励学生积极参与课堂教学活动。

教学《变色龙》一文时我们也曾按照通行的说法，用折线描述警官的多变，重点分析“变”与“不变”。正要顺着这一教路总结，一个同学提出了不同意见。他说，板书的急转式折线未能准确反映警官的最大特点——善变，他还以脱大衣的细节来说明，警官在改口前总是“变”得圆滑、自然。老师肯定了这个同学的意见，引导大家帮他充实、完善这一新的见解。有的指出警官穿大衣脱大衣是要扯开话题，掩饰窘态，赢得寻找适当措词和理由的时间。有的从语言描写中分析出警官第一次表态后，一段话里就有两次自我否定：先是改口“这多半是条疯狗”，免去了为穷首饰匠讨补偿费的麻烦，接着觉得弄死小狗未免太冒失，就忙追问“到底是谁家的狗”。对普洛珂尔大拍将军的哥哥的马屁，也是他善变的表现，意在告诉人们，狗主人虽不是将军，但也非同一般。经过查找分析，大家统一了意见：每次变化都是渐变而不是突变，于是将板书的折线改成波浪式曲线，更好地展示了变色龙善变的形象。紧接着讲警官的善变与主题思想的关系，认识到善变是警官本人的身份地位和思想性格决定的，也是社会环境影响的结果。至此，大家顺理成章地认识了沙皇统治下社会的黑暗。

当然，在学生提不出问题或提不出高质量的问题时，还需要老师帮助他们确立思考方向，教给他们层层深入不断生疑的方法，在他们不会分析、找不到答案时，为他们指点迷津，引导他们披文入情，渐次入境，悟到文章的精髓。

三、训练揣摩的技能

揣摩的方法只是给学生一个门路、程序，而真正会揣摩还得掌握揣摩的技能。叶圣陶先生说过：“凡是技能，唯有在实践中方能练就。”吕叔湘先生也说过：“语文的使用是一种技能，一种习惯，只有通过正确的模仿和反复的实践才能养成。”要使学生掌握揣摩的技能，还需要通过课堂教学这一主渠道，以课文为例子进行模仿和实践。

揣摩的技能主要包括以下几个方面。

比较筛选。俄国教育家乌申斯基说过：“比较是一切理解和思维的基础，我们正是通过比较来理解世界上的一切的。”阅读材料的每一个方面或部件都可找到相关、相对或相反的比较点。通过求同或求异的比较，帮助领会这样写而不那样写的道理，筛选出有用的信息，把握作者在文中的观点、态度。比如领会《春》一文结尾的三个比喻，揣摩时可设想不用比喻该如何表达，然后将用比喻和平实语言表述这两种说法加以比较，就可显现出运用比喻使春天的新、美、壮形象可感，表现生动有力，并传达了作者由衷地赞美春天这一情感。

分析综合。对文章的内容把握与否，检验的办法是看能不能换个说法，即在不改变原意的基础上将具体的加以概括，将抽象的加以阐发，将含蓄的加以说明或用另外的角度、人称、顺序表述出来。通过分析与综合，领会文章的思想内容，结构层次。比如学习莫泊桑的《我的叔叔于勒》，用"举例说明菲利普夫妇对于勒是什么态度"来引导分析，用"为什么会有这样不同的态度"来引导综合，同学们各寻根据，各抒己见，顺利地从盼、赞、骂、躲的表现中发现了金钱对资本主义社会里人们灵魂的腐蚀，进而深刻理解了环境与人物性格的关系，把握了作品主题，理清了结构线索。

评价鉴赏。对初中生来说，这属于较高层次的要求。从实施素质教育，提高学生的文学素养的角度看，通过一些文学作品的学习，初步具备这方面的能力还是很有必要的。评价鉴赏能力应在潜移默化中培养，决不能指望一蹴而就。宁鸿彬老师在执教《分马》一课时，化繁为简，借重点分析老孙头这一人物形象，教给学生评价人物的标准，教给写人物群像的方法。于漪老师在执教《荔枝蜜》时，从语言出发，引导学生设身处地地体会作者对事物的情感，进而理出这篇散文的线索。这些成功的教学实践，都为我们提高评价鉴赏能力树立了典范。

由于揣摩是以大脑活动的内化方式进行的，而要在课堂上训练提高学生的揣摩能力，需要借助语言等方式将思维过程与结果外现出来，以便及时评判、反馈、校正。在多种外显方式中，创造性复述、专题辩论和相互质疑值得提倡。在课堂教学中，教师应当像体育教练那样，全程指导、监控，适时鼓励、纠正。既导读导思，也导说导写，带领学生学会揣摩，尝到领悟的甜头。

训练揣摩技能，除了在课堂上将揣摩转化为语言，在老师指导下进行思维训练以外，还需将课内学到的知识和技能向课外延伸，在课外阅读中指导能力迁移，举一反三，提高揣摩本领。在这方面，活动课和语文第二课堂也是发挥教师作用的重要阵地。

指导揣摩，促进阅读，需要真正确立学生的主体地位，克服讲风太盛的毛病。吕叔湘先生分析过，讲得太多，挤占了学生的练习时间，而且“不知不觉造成学生的错误认识，以为上语文课是学会讲语文，不是为了学会用语文”。我们应该以让学生“学会用语文”为出发点，教给学生揣摩的方法，训练学生揣摩的技能，充分调动学生自觉阅读和积极参与阅读教学活动的积极性，使他们学会阅读，学会思考，学会学习，成为高素质的人才，以适应未来发展的需要。

（本文获全国中语会二等奖、省一等奖，发表于《语文学习》）

实行推断阅读 促进思维训练

“书读百遍，其义自见。”这句读书名言至今仍很流行，可是在书籍浩繁的今天，谁能有工夫去“读百遍”？即使有工夫，又有多少人有兴趣去“读百遍”？

由此想到了语文教师在阅读方面的责任。我们应当让学生掌握快速捕捉文字信息的本领，达到能够每读一遍都能有所发现，从发现中找到乐趣，找到规律，进而达到读三五遍就能使“其义自见”。这样他们走上社会就能乐读善思，不断从阅读中汲取营养。为达到这一目的，我们做了这样的尝试：将美国心理学家布鲁纳的发现法应用到阅读教学之中，教学生学会推断，靠思维求发现，用发现促阅读，姑且称为“推断阅读法”。

推断阅读有以下几方面的基本特征：

一、阅读要有所发现，对阅读材料要有自己的认识和见解。阅读材料是沟通读者与作者感情认识的桥梁，借助对阅读材料的分析揣摩，可以发现作者选材和结构的匠心所在。如学《七根火柴》，学生从小说的第一部分中可以发现，作者擅长写景，寥寥数笔即勾画出红军长征过草地时环境气候的恶劣。读完全文可以发现，卢进勇眼前展示的景象，反映草地之夜经历过暴雨和冰雹，衬托了无名战士保存火柴的不易和部队对火的迫切需要。这样，才算落实了理解景物描写的作用和火柴这一线索如何贯穿材料这两个教学重点。

二、认识和见解以阅读材料为依据，阅读材料是推断的依据。认识和见解不能凭空产生。仍以《七根火柴》为例：有人认定小说的主人公不是卢进勇而是无名战士，理由是因为无名战士的形象比卢进勇高大。这一认识没有从课文本身出发，是强加的结论，很难被学生接受。应该说文中卢进勇的形象同样是高大的，表现在他听到有人求助时不顾自己的伤病饥饿，一心想着救助战友；当他接受了无名战士的重托后，克服难以想象的困难完成了传递火柴的任务。无名战士的形象高大，体现在他用生命为部队保存了火种，从而减少了部队非战斗减员。他俩一个为革命事业献身，一个继承先烈遗志，同是红军长征队伍这一英雄群体的突出代表。这两个形象之间的关系是红花绿叶式的衬托而不是对比。这样的认识不脱离课文情节，有根有据，就富有说服力。从阅读材料中找到根据，用它来支持文章的认识和见解，能引导阅读由表及里向纵深开掘。

三、对阅读材料中的根据要加以分析。支持认识和见解的根据要从文章中寻找，但找到的根据既不是认识和见解本身，也不是简单罗列出来就“由此可见”的观点，必须对它加以分析，“推”而后“断”。比如为证明《卖炭翁》中卖炭老人具有一定的反抗精神，有同学找到了“系向牛头充炭直”这一材料。怎样从中发现老人的反抗精神呢？从语言角度分析“一车炭，千余斤”的价值，远不是“半匹”、“一丈”没有多少使用和交换价值的“绡”、“绫”所能“充”得的。卖炭老人思想上不同意，表现在行动上拒不接受。两个宫使是不得已才把这些无用的东西“系向牛头”的。在两个蛮横的宫使面前，敢于断然拒绝而不是逆来顺受，这不就是反抗吗？经过这样的思考和发言，学生的思维能力和表达能力都得到了训练和发展。

四、已有的认识是前次阅读的成果，又是后次阅读的基础。阅读中有所发现，还不是阅读的终结。“从无疑处生疑，方是进矣。”在已有认识的基础上再生疑，带着问题去思考解疑，问题加深了一步，阅读便深入了一层。循序渐进便能找到一些阅读规律。仍如阅读《七根火柴》，在认识了无名战士是牺牲在长征路上的红军英雄的突出代表之后，可进一步提出：既然无名战士是主要人物之一，为什么会无名呢？从构思角度看，通过党证完全可以显示出无名战士的姓名，而作者不写出姓名，是为了使这一形象具有更普遍的代表性：在红军队伍里，在中国共产党的组织里，这样高尚的英雄比比皆是。这样使小说具有更广泛深刻的思想意义。还可以再进一步提出问题：卢进勇这个人物在文中有什么作用？通过阅读可以作出这样的推断：卢进勇是无名战士在艰难情况下为部队保存火柴这一行为的见证人，也是完成他未竟事业的继承人，还是衬托红花的绿叶。从他的视野里来刻画无名战士，能使人感到文章的典型情节和人物真实可信。这样在阅读教学的过程中从发现"写了什么"入手，进而领会"写这些干什么"，"为什么要这样写"。每读一遍有一两点发现，解决一两个实际问题，就会越读越有兴趣，自觉地去深钻细研，精心揣摩，探求新的发现。

综上所述，推断阅读有这样一个总的特点：在阅读过程中始终伴随着思维与发现，对文章的意义不是消极地等待它"自见"，而是主动去捕捉，去获取。教师不是给学生现成的答案，而是激发学生的探究心理，发挥个人的创造性，自行发现和掌握知识，增长见识，受到感染和熏陶。采用推断阅读，使学生变被动接受为主动发现，有助于调动学生阅读的积极性；变只能浅层理解为可纵深开掘，有助于养成良好的阅读习惯。这是一种操作性强、效果显著的阅读方法和自学方法。

采用推断阅读可按照以下四个步骤进行：

一、设疑激趣。阅读中有疑问，就有了明确的阅读目标，带着问题阅读和思考，从阅读材料中找答案，从材料与材料的联系中求发现，读起来就有兴趣。启动初学阶段，可以由教师提出由浅入深的有思考价值的问题来引导阅读；进而由学生提出深浅不等的散乱的问题由老师整理定向；最后学生掌握了不同体裁的文章的阅读规律，自己会提出问题，去探究解决问题的方法，这样他们便获得了阅读的主动权。阅读一般要先解决常规问题，如：文章写于什么时候？为何而写？写了什么？怎样写的？为什么会这样写？在弄清这些的情况下，就会跳出一些新问题。如学习《看戏》一文，会有学生提出课文为什么不详写剧情？这样的问题看似无关主旨，但钻进去找答案，推断出结论来，就会显示出这问题很有价值。学生一旦学会设疑解疑，必定会提高阅读的积极性，增强克服阅读困难的意志品质。

二、寻根求据。言之成理还需持之有据。对阅读材料的认识要从阅读材料中找根据，要用心去读，去发现。《竞选州长》中有两个未出场的重要人物伍德福和霍夫曼，怎样分析他们的思想性格呢？一是从侧面找“我”及祖母对他们的认识，二是正面分析他们炮制的所谓“新闻”，分析他们唆使暴徒、写匿名信恫吓、导演闹剧等行径，就可以认识到他们以“正人君子”的面目出现，贼喊捉贼，是阴险毒辣，卑劣无耻的政客。寻根求据的过程既注重对全文的整体把握，又注重段落中的语言分析，这样得到的结论才不至于背离作者原意。

三、析薪破理。杰出的文艺理论家刘勰在《文心雕龙·论说》中提出：“论如析薪，贵能破理。”将这一意思领会在阅读上，“析薪”即分析阅读材料中的根据；“破理”即把认识与材料联系起来，找到新角度、新思路，引出新见解。不同体裁的文章主要的理路是不同的。《中国石拱桥》着眼于说明对象及其特征，赵州桥和卢沟桥是作为两个突出的例子来说明特征的。《谈骨气》举了三个例子，分别阐述孟子的话的三个方面，既有侧重又有联系，共同证明了“中国人是有骨气的”这一中心论点。《谁是最可爱的人》也举了三个事例，则是为了生动表现志愿军战士的可爱之处，在于他们投身于抗美援朝保家卫国的斗争中，具有革命英雄主义精神、国际主义精神和爱国主义精神。同是典型材料，表达作用不大相同。我们要善于发现材料之间的区别与联系，发现阅读材料对认识和见解所起的作用。

四、生发迁移。从阅读中获得的认识应当进一步地深入领会，从中得到启迪。如读《在烈日和暴雨下》一文，在领悟了对烈日的细致描写及其作用的基础上，再去领会对暴雨的描写，自然十分便捷。生发迁移还可以由此篇到彼篇，由课内到课外，不断地积累和运用阅读经验，去猜读验证，快速捕捉根据，分析认识阅读材料。这样就会由一次次的豁然开朗，逐步理出头绪，抓住要害，激发阅读兴趣，掌握阅读技能技巧，以读三五遍的工夫，收到读百遍的效果。

（本文获全国中语会课堂教学研究中心教学教研成果二等奖）

以课文为凭借　用足用好教材

叶圣陶先生有一句很有名的话:“语文教材无非是一个例子,凭这个例子要使学生能够举一反三,练成阅读和作文的熟练技能。”这就明确告诉我们,语文教材要为提高学生的读写能力服务,它是教学生学的凭借,是教与学之间的联系纽带。提高学生的读写能力,不能不用足用好教材。所谓用足,即让每篇课文、每一个能起例子作用的角度都起到应有的作用;所谓用好,即借助课文传授知识、培养能力,教不离本,学不超标,讲练恰到好处,学后能举一反三。本来以上内容应该而且能够成为每个语文教师的共识,而实际上,由于片面追求升学率和旧有的不良习惯的影响,由于教师的教育观念、知识水平、业务能力参差不齐的现状制约,在运用语文教材方面还存在一些弊端,现试归纳列举,以期能引为鉴戒。

一、四个弊端

(一)为考而教。一些对学生负责的教师,尤其是毕业班的教师,以提高语文考分为目标,视课文为测试阅读训练园地,将课文肢解成互不关联的阅读分析文段和支离破碎的练习题。有的甚至以阅读分析和测试代替了课文教学,不是引导学生通过阅读训练学会分析方法,而是塞给学生现成的答案。由于学生没有从学习课文过程中得到思维训练,也没从课文中借鉴到写作技巧,考试时遇到没见过的阅读材料就一筹莫展,考试成绩也提不高。为考而教的结果是出力不讨好,事与愿违。

(二)不知为何而教。也有少部分教师,忘记了语文教学的根本任务,使阅读教学失去了语文学科的特色,不适当地将议论文上成思想品德课,将说明文教成自然常识课,将小说、诗歌等上成文学欣赏课,将文言文上成古汉语课。更有甚者,兴之所至,滔滔不绝,东拉西扯,炫耀博学。还有的一味追求课堂活跃气氛,堆砌笑料,带上了过多的表演成分。由于教者目的不明,学生自然所得甚少。

（三）不知该如何教。新教师因为不熟悉教材和教学路子情有可原，倒是有少部分教学多年的教师因为不愿动脑钻研教材，不会自行设计教程，过分依赖教学参考，照搬现成教案，以致没教学参考就无法教课。教师自己没真正驾驭教材，备课是资料搬家，讲课是照本宣科，课堂上必然是死水一潭。

（四）不知该教到什么程度。教读课文的“度”是由阅读教学的目的决定的。过深则脱离学生实际，过浅则完不成教学任务。像文言文教学，教学要求难度降低以后，过去的串讲译注法不适应了，不少人感到无所适从。有的片面领会读读背背、理解大意的要求，放弃了教的责任，连虚实词也不敢涉及了，句意的来龙去脉不去梳理了。由于词句没有落实，无法真正理解文意，思想内容上的批判继承便无法进行，写作借鉴更无从谈起。对于好多文质兼美的文章来说，这样读如同核桃没砸开就丢掉了，确实可惜。

以上弊端的存在，影响着课文例子作用的发挥和语文教学质量的提高。纠正这些弊端，正是用足用好教材的潜力所在。

二、几点做法

用足用好教材，除了在备课过程中钻透教材，设计好教学程序外，在课堂教学中要做好以下六点。

（一）讲授新课之前，以旧导新，提供知识准备，增进学习信心。这一阶段通常包括复习旧知识和导入新课两个教学环节，而将这两个环节合而为一，有自然贴切、易于接受之效。具体有下面五种结合方法。

1. 抓题目的共同特征。比如有这样一个导语：我们以前学过周立波的《分马》，有人对编者加的题目提出过疑问，说课文不光写了分马，还写了分驴、牛、骡子等大牲口，究竟是“分马”合适，还是改为“分牲口”合适呢？当有人指出以“分马”为题有借代意味时，老师趁便说，今天再学一篇题目中也有词语以部分代全体的文章——《花儿为什么这样红》。

2. 比较课文内容的异同。可这样引出《回忆我的母亲》:从前我们学过一篇从特殊的角度写父爱的叙事散文《背影》,今天再学一篇写母爱的同体裁文章。学完《回忆我的母亲》可这样引出《藤野先生》:母爱是伟大的,朱总司令以朴实的语言,回顾了母亲勤劳的一生,并将对母亲的爱升华成爱党爱人民的感情;师爱是高尚的,鲁迅先生带着崇敬和怀念之情,回忆了他在日本学医时的老师——藤野先生。

3. 比较背景和人物。如,鲁迅的小说《故乡》反映了辛亥革命十年后江南农村经济破败的景象,塑造了一个辛苦麻木的农民形象——闰土。又过了十年,"闰土"们的情况怎样呢?在帝国主义侵略和地主资产阶级剥削压迫之下,境遇更糟。不过时代在发展,人们在进步,那些旧毡帽朋友已不再麻木,而是有所觉悟。请看叶圣陶写的短篇小说——《多收了三五斗》。

4. 系统归类,比较体裁与出处。比如:在初中教材里选录鲁迅的作品最多,这些作品大致分三类:一类是小说,多出自《呐喊》;二是散文,有两篇出自《朝花夕拾》;还有一类是杂文,已学过一篇出自杂文集《坟》的《论雷峰塔的倒掉》,今天再学习一篇出自《二心集》的杂文《"友邦惊诧"论》。

5. 顺带介绍或复习有关知识。如讲《葫芦僧判断葫芦案》前有这样一段介绍:中国古典小说有四部名著,我们学过了选自《水浒》的一篇是——(板书)《鲁提辖拳打镇关西》,出自《红楼梦》的一篇,题目刚好也是八个字——《葫芦僧判断葫芦案》。大家分析一下,这两个题目能否构成对偶?(明确结构相同,可构成集句联,但内容不相关)和它内容相关的倒也有个上联:"薄命女偏遇薄命郎"是章回体小说《红楼梦》第四回的回目,这薄命女叫英莲,被拐遭抢应怜无人怜;薄命郎叫冯渊,被打致死逢冤难伸冤。且看这人命官司谁来断,怎么断。这番话顺带复习了文学常识、语法修辞,又提示了课文人物与情节，一举数得。

（二）不迷信不依赖教参，通过实例分析，教给学生把握作品思路的方法。

分析文章结构是传统阅读教学十分重要的一环。其实结构是外在形式，形式是受内容决定，为内容服务的。教材中不再提段、层分析，强调理解文章思路，这是很有道理的。揣摩作者写作思路的凭借应是课文本身，而不是教学参考书等辅助资料。教参等资料不过是有经验的教师先一步钻研的结果，是他自己的一家之言，难免有这样那样的局限以至错误。对课文分析合理的，我们可以参考，拿来；不合理的要大胆舍弃。对课文的分析要有自己的主见，不能人云亦云。比如《竞选州长》一文，教学参考书把情节的开端和发展部分的分界定在第二自然段内部四、五两句之间。这种分法不合阅读习惯，沿用这一分析会给学生思想带来混乱。其实各部分内容往往是“你中有我，我中有你”，不是截然分割的。第二自然段前四句可以看成由开端向发展的过渡，归在第二部分，更能突出首尾对比的结构特点。

再如《论雷峰塔的倒掉》，全文十段，教学参考书把前五段和后五段分为两部分，无法找到分析的统一尺度。如果按评述未倒的塔和塔的倒掉来分，或按评论雷峰塔与评论跟雷峰塔有关的人来分，都宜将两部分的分界定在三、四段之间，第四段“现在它居然倒掉了，则普天下的人民其欣喜为何如？”这一段是很典型的两大部分间的过渡，它所引出的人民欣喜和吃蟹时揪出蟹和尚的痛快淋漓，与结尾的评论“活该”，是一脉相承的，不应割裂，采用这样顺理成章的分析，教给学生找到划分的统一依据，长期训练，学生就会得到结构分析方面点石成金的指头。

结构分析或理顺作品思路是有规律可循的。我们要引导学生发现这个规律。首先要探究作者是在什么情况下，为着什么目的写的，再看写了什么，怎么写的。兼顾思路顺畅与内容相对完整，兼顾体裁特征和整体与部分的关系，就可以对文章作出符合实际的分析。当然，要做到这一点，教师自己必须是个明白人。以其昏昏，不可能使人昭昭。

（三）设置有探讨价值且学生感兴趣的问题，引导学生钻研课文，从教材中寻答案，找根据。

“问号是开辟一切科学的钥匙。”（巴尔扎克语）从无疑处生疑，设疑解疑也是阅读教学的常规武器。教师设置的问题难易适度，角度恰当，就能一石激起千层浪，活跃学生思维与课堂气氛。设置的问题必须有助于将学生的注意力引向课本，通过阅读分析消化吸收课文营养，学到阅读的方法。记叙文中的议论常常和揭示中心联系在一起，抓住议论句，往往如同拿到了打开理解课文之门的钥匙。课文《看戏》，文末有一句议论，提到热情的观众、热情的艺术家。“热情的观众”很容易理解，演出前的场面气氛、演出中、演出后的反应都能体现，那么“热情的艺术家”在文中是怎样体现的呢？这一问题在提示的基础上提出，有深度，有啃头，又不脱离课本和学生实际。带着问题阅读后便不难发现：梅兰芳这个驰名中外的京剧表演艺术家，在炎炎盛夏，在露天剧场而不是豪华大剧院演出，为首都的劳动群众而不是只为达官贵人演出，演出时一招一式，一颦一笑，一字一板，是那样认真、投入，一个六七十岁的老先生演活了一个英姿飒爽的女英雄，如果没有对艺术的热情和对观众的热情能行吗？观众的热情和艺术家的热情融在一起，互为促进，这才产生了奇迹，这种奇迹也只有在社会主义制度下才能创造出来，因为我们的演员和观众间的关系是新型的人际关系。

学习《普通劳动者》还可提出这样的看似不起眼的问题，以引起争论，从争论中学到知识。问题是这样的：文章写了多长时间的事？出现了两种答案，一说是一个下午，另一说是31年。着眼于顺叙，文章的确只写了午后到傍晚的事，将插叙的内容算进去，从将军18岁时当矿工算起确有30来年的时间跨度。带着这样的问题读书，通过钻研教材与争论，学生会对记叙的顺序中插叙的作用有较深的理解。

（四）在课堂偶发情况的处理中，随机应变，启发诱导，深化对课文的认识。

教学活动千变万化，不时会出现一些预想不到的情况，这就需要随时调整教学方案，根据实际情况决定讲什么、讲多少、怎么讲。一个真正对学生负责的教师，不应放弃任何有利于对学生进行思想教育和传授知识技能的机会，尤其不能听任学生在思想认识或知识技能方面误入歧途。我有过这样一次教学实践。在教学文言文《捕蛇者说》时，我结合最后一段，提出了这样一个问题：作者写作本文的目的是什么？不料一个同学脱口答出是“减轻农民负担”。此语一出，引起满堂哄笑。从笑声里，我感受到学生思想上有一种糊涂认识，即一些同学混淆了两种社会的界限。不予澄清将是教师的失职，而来一通训斥或说教也无济于事。我引导学生仿照课文的写法也来一番对比，即拿课文中所反映的唐代中后期的情况和如今的社会现实对比。一是危害程度不同。柳宗元反映的那个时代是“殚其地之出，竭其庐之入”，致使老百姓十室九空，“非死则徙”；而今天的农民负担是在解决温饱问题的基础上向小康迈进中出现的失误，群众所受的影响并不很大。二是危害时间长短不同。柳宗元在文中说“积于今六十岁矣”，只是限于蒋氏三代人的见证，其实苛政重赋问题伴随着整个唐代中后期以至整个封建社会；而今天的农民负担重问题是一经发现，即予纠正，雷厉风行。三是解决问题的方法途径不同。柳宗元发现了“赋敛之毒有甚是蛇”这一问题，写下来“以俟夫观人风者得焉”，寄希望于钦差，指望能上达皇帝，下诏改除弊政，这希望显然只是一场空；而今天为解决农民负担重的问题，从中央到地方齐抓共管，各级政府执行，人大政协检查，各种舆论监督，加重农民负担的问题已得到抑制和纠正。以上三方面不同，根子在于封建统治者是骑在人民头上，不顾人民死活，榨干人民血汗，以养肥他们自己的；而我们的党和人民政府是为人民谋利益的，社会主义制度是保障人民权利的。经过这一番分析比较，学生受到了政治思想教育，加深了对教材的理解，还训练了对比手法的运用。

（五）一篇课文教学结束之即，延伸新知识，为学生自读和预习新课打下基础。

教材的单元编排注重文章内容和形式上的内在联系，这一联系便是由此及彼、举一反三的钥匙。《孔乙己》所在的单元以《孔乙己》为起始课，它所反映的时代跟范进、贾雨村所处的时代接近，体裁上有不少共性，用《范进中举》作为配读课，拿孔乙己的政治经济地位跟中举前的范进比，拿丁举人跟中举后的范进和张乡绅比，进而联系做官当老爷的贾雨村及其背后的四大家族。这样一番比较和联系使学生认识了封建科举制度是制造等级差别的制度，无论成为爪牙还是沦为废物，知识分子的灵魂都受到严重腐蚀，封建社会等级森严，人与人之间是冷酷无情的等级关系。另外，从《孔乙己》一文学到的对比手法、人物描写方法都给另两篇文章的学习开了路子，学生自读和预习都有了遵循。

（六）加强读写结合，在读写结合中发展学生智力，提高语文能力。

读写结合是提高读写能力的重要途径之一，以读促写，可从阅读中借鉴写法，积累写作素材；以写促读，能通过与阅读材料关联的写作练习加深对课文的理解。有这样几种结合方式。

1.仿写。针对课文的突出特点仿写片断或短文。如仿《孟子》二章练设例分析、归纳推理、溯因求果等说理训练，仿《挥手之间》写场面，仿《普通劳动者》写细节等。

2.改写。变换叙述角度或改变语言形式。如以小李的口吻，将《普通劳动者》改写成《和将军一起劳动》，以目击孔乙己在丁举人家挨打致残的那个酒客口吻，写《孔乙己在丁宅》，还可将戏剧片断改成小说等。

3.续写。依原作展示的环境和情节、人物性格，续上一些情节，如写《于勒回到了哈佛尔》、《州长竞选还在继续》等，要写好这样的续作必须很好地阅读原文，才能定准“调子”，把握好所处社会环境，设计新的情节并使之合情合理，顺理成章，有效地发展学生的联想、想象能力。

4.写读后感或评论。写读后感或评论忌人云亦云，必须言之成理，持之有据。为避免犯人云亦云的毛病，可在命题上动脑筋，让题目引导学生去逆向思维、发散思维。教学《曹刿论战》后，学生理解思想内容时，出现了赞美曹刿、贬低庄公“一边倒”的现象，我偏命了个“鲁庄公的可爱之处”的题目，让大家给庄公“翻案”。经过讨论、查摆，学生们从课文的字里行间里“找”到了庄公的不少长处：第一，他不高高在上。平民曹刿要见他，他不但接见，还耐心回答曹刿提出的问题，曹刿请求打仗时跟着，他干脆让曹刿和自己同乘一辆战车。如果庄公没有这一长处，曹刿就会报国无门，没有展示才干的机会。第二，他不固执己见。战前他查摆的应战条件，两遭否定，他不恼怒，两条不行找第三条。战时他两次下令都遭到曹刿制止，他不怕丢面子，绝不一意孤行。第三，他能不耻下问。战后他没有不懂装懂，而是虚心向曹刿求教，学习克敌制胜的本领。正因为他能取曹刿之长，补自己之短，才创造了战争史上这一以弱胜强的光辉范例。这样的评论加上原有的认识，才真正一分为二地评价了鲁庄公这个历史人物。写读后感时，不少同学还能在上述分析的基础上联系到现实中一些领导机关“门难进，脸难看，事难办”的现象，和一些干部因人废言、听不得不同意见及不懂装懂的作法，都具有很强的认识和教育意义。

三、两点认识

用足用好教材，充分发挥课本的例子作用，前提之一是不断提高教师自身素质。

苏联教育家巴班斯基在《论教学过程的最优化》中指出，教学艺术要“最大限度地发挥个人的知识和能力”。语文教学内容涉及面极广，语文教师要有丰富的知识储备，必须做知识上的杂家，广泛涉猎；又要做学术上的专家，建立起教学所需的语文学科知识体系，准确地理解教学要求、驾驭教材，找准一篇课文在整个教学体系中的坐标点，以使我们传授的知识、技能精要、好懂、有用。在各科教师中，学校和社会上对语文教师的期望值最高，我们不妨追求更高的目标来满足他们的期望，除了丰富的知识以外，还要有一个好口才，能写一笔好字，要有敏锐的观察力、敏捷周密的思考能力、灵活的应变能力，要多才多艺，风度翩翩，善于发挥自己的特长，扬长避短，使我们的教学成为艺术而不只是技术，使自己所教的学科成为学生最喜爱的学科，使自己能像磁石一样吸引学生，在学生心目中能像魏巍笔下的蔡云芝那样受尊敬，让学生模仿你、依恋你。为达到这一目标，需要不断地充实自己，处处留心，好学上进。

另一个前提是要不断增进课改意识。

“一个不好的教师给学生奉送真理，一个好的教师教学生发现真理。”德国教育家第斯多惠的这句话强调了能力培养的重要性。教学改革首先要从教育目标上改起，真正实现由应试教育向素质教育转轨，端正教育思想，面向全体学生，不仅要传授知识，发展学生智力，而且要陶冶学生情操，提高其思想认识，培养其情感、意志品质、性格和集体主义思想，正确处理义与道、教与学、知识与智能、听说与读写、课内与课外的关系，最大限度地调动学生的学习主动性，师生共同努力，完成教学任务。要努力学习教育教学理论，借鉴而不是照搬外地教改经验，从实际出发，大胆实验，及时总结经验教训，逐步探索一条适合当地学生、体现自己教学风格、用时少、效果好的教改路子，做到像叶圣陶先生所期待的那样：“教师不仅要授与学生各科知识，尤其重要的在于启发学生，熏陶学生，让他们自己衷心乐意在求真崇善爱美的道路上昂首前进，这是教师应尽的职责，也是教师的伟大功绩。”

全面认识课文作用　正确指导阅读教学

从解放到现在，语文教材几经变化，但文选式教材的基本形式大体未变。编者根据大纲要求选定不同的文章作为课文，教师和学生则把学习一篇篇课文作为语文学习的基本任务。正因为如此，正确认识课文的作用，用足用好教材，对于学好语文至关重要。

语文教材的作用是什么？也许每个语文教师都能回答出“语文教材无非是例子”。这话是叶圣陶先生的著名论断。这样理解当然无可厚非。在倡导创新教育，重视发展学生素质的今天，学习、贯彻叶老的语文教育思想也应当与时俱进，要全面、正确地领会其精神实质，用以指导当前的教学改革和教育科研。

叶圣陶先生的“例子说”，揭示了教材的基本作用，对语文教学的拨乱反正起到了重要作用。要知道“教材无非是例子”这句话，是在特定情况下，针对当时的突出问题提出的。1978 年 3 月，社会科学院语言研究所召开北京地区语言学科规划座谈会，会上叶圣陶先生作了题为《大力研究语言教学，尽快改进语文教学》的发言。发言针对十年动乱中教材建设遭到彻底破坏的情况和恢复语文教学后教材政治化，语文教学大讲时代背景、主题思想的现状，响亮地提出了“语文是工具”、“语文教材无非是例子”的重要观点。这些观点对于纠正当时盛行的只注重思想内容灌输的弊端，对于指导新时期的教材建设，发挥了强大的理论威力。

关于“语文教材无非是例子”的观点，叶圣陶先生完整的阐述是这样的：“知识是教不尽的，工具拿在手里，必须不断地用心地使用才能练成熟练技能的，语文教材无非是例子，凭这个例子要使学生能够举一反三，练成阅读和作文的熟练技能；因此，教师就要朝着促使学生‘反三’这个目的精要地‘讲’，务必启发学生的能动性，引导他们尽可能自己去探索。”[①] 这段话主要包含这样几层意思，一是训练的必要性。要想熟练运用语文这个工具，必须经过训练，“不断地用心使用”，练成熟练的技能。二是语文训练的重要途径。途径之一即借助语文教材，以课文为例子，学到阅读和写作的方法，然后举一反三，迁移到教材以外去。三是教师的作用，即为着能够“反三”这一目的精要地讲，更重要的是启发学生主动探索，“把所学的应用到实际生活的各方面去”[②]。

由于课文在语文教材中的特殊地位，我们可以说“课文无非是例子”。阅读教学不仅要了解课文写了什么，怎么写的，更要借以进行思维训练、听说训练，归结出一些阅读规律，借鉴课文的写法。20 多年来，语文学界对语文的性质已形成这样的共识：“语文是最重要的交际工具，是人类文化的重要组成部分。”[③] 这就是说，语文既有工具性，又有人文性。仅仅把课文作为“例子”，进行听说读写训练是不够的。河南师范大学曾祥芹教授指出：“阅读是读者和读物的统一。它不但是因文得义的心智活动，是缘文会友的社交行为，而且是书面文化的精神消费，是人类素质的生产过程。”[④] 由此，我们可以说，在语文阅读课教学中，课文不仅是“例子”，它还是富有营养的“梨子”，是引发创造思维的“酵子”。

毛泽东同志有句名言：要想知道梨子的滋味，就得亲口尝一尝。课文这个“梨子”，光靠老师描述“味道”如何是不行的，要靠学生自己去欣赏、品尝和消化。入选教材的文章，大都是优质“梨子”。要从语言文字入手，通过读书和思考来品味和感悟它：悟意，领会字词句篇的意义；悟情，揣摩和感受作者融入字里行间的情感；悟理，领会文章阐发的道理和表达的思想；悟巧，欣赏和借鉴课文的结构和表达方面的技巧。在学习课文的过程中，学生始终处于主动地位，或表情朗读，或凝神默读，或掩卷沉思，或圈点批注，或讨论交流，通过多种方式的阅读，从课文中吸取丰富的营养。

读懂课文，尝到梨子的滋味，吸收到它的营养，以至在领悟的过程中进行听说读写和思维训练，充分发挥课文的例子作用，这还不应是阅读过程的终结。阅读的全过程包括“披文→得意→及物”几个环节。从课文阅读中有所得，仅仅完成了阅读的前半程。后半程还需要把阅读所得的营养释放出来，转化为改造主客观世界的能量，这就是阅读的应用。包括心得的言语化，心得的灵活化，心得的实践化，即心得由隐性到显性，由点及面、由此及彼，由认识到实践。在这个过程中，课文的作用好比蒸馒头发面的酵母，俗称“酵子”。阅读时激活了的课文的主题、材料和语言，成了读者感悟生活的触发点，成了引出新认识、引发新情感的发酵剂。比如学习都德的《最后一课》，除了一般地学习主人公的爱国主义精神外，还可联系帝国主义对中国的侵略行径，引发热爱本民族语言的感情。教师可以从韩麦尔先生“最后一课”的成功教学中，学习韩麦尔先生带着激情教学，创设教学情境，争取最佳教学效果；学生可从中认识时不我待，珍惜大好学习机会，从而提高学习的主动性。这便是创造阅读。放手让学生将读、说、写、做结合起来，有助于增进他们的创新精神，提高创新能力。

时代在发展，情况在变化。语文教学的改革要适应这些发展变化，应当一如既往地学习包括叶圣陶先生的重要论述在内的教育教学理论，完整准确地领会其精神实质，创造性地运用其基本原理，正确地指导阅读教学，不断开拓语文素质教育的新局面。

①②《叶圣陶、吕叔湘、张志公语文教育论文选》，第6页。

③见《九年义务教育全日制初级中学语文教学大纲》（试用修订版）。

④见曾祥芹著《加强阅读的科学性和人文性》。

整体感知的任务和方法

精读和略读是阅读的两种基本方式，无论采用哪种方式读书，都应具备整体感知的能力。

整体感知是精读的前提。阅读时，可以把一部书，一篇文章，一个章节看做全局，在通览全局的基础上，将每一局部置于全局中来考虑，才能完整准确地了解部分在整体中的地位和作用，成竹在胸，入情入境，对片断和语句的理解揣摩才不至于出偏差，不至于曲解作者的写作意图。通过整体感知，理清了作品(文章)脉络所显示出的作者的思路，进一步的阅读、欣赏、评价就有了坚实的基础和明确的导向。

整体感知还越来越多地成为阅读的终极目标。并不是所有的文章都需要精读。三国的政治家诸葛亮正因为读书能“观其大略”，所以能高出“务于精熟”的徐庶、孟公威等人，成为一代人杰。晋代陶渊明提出过读书名言“好读书不求甚解”。如果对每一部分都求“精熟”、“甚解”，哪有可能去博览群书呢？革命导师列宁在日理万机的情况下仍能大量阅读书报，得益于他“惯于一目十行，十二行，迅速地抓住整段整页的意思”。当今的社会被称为信息社会，正如当代学者拜因豪统计的那样：“今天一个科学家即使日以继夜地读书，也只能阅读有关他自己这个专业的世界上全部出版物的百分之五。”我们的学生走上社会以后，无论从事何种职业，只要不愿成为落伍者，都有借助读书看报了解外界信息的必要。面对纷至沓来的文字信息，必须具备迅速、准确的整体感知能力。而帮助学生提高速读文章获取主要信息的能力，便是我们语文教师义不容辞的责任。

要提高学生整体感知能力，必须明确整体感知的任务。其主要有三点。

第一，观全貌。不论何种体裁的文章，写的什么内容，怎么写的，都有其特定的写作背景、写作目的。为达到写作目的，也总有其特定的思路、角度，感情基调。反映在文章上则表现为结构、人称、线索及表达方式。整体感知文章就应当抓住写作目的这个“龙头”，顾及写作背景，透过结构看思路，通过语言体会作者的情感，从而达到与作者的沟通。

第二，抓要素。不同体裁的文章构成有不同的要素，阅读时着眼于特定的要素，有助于迅速而准确地达到总体把握的目的。写人记事的记叙文要着眼于时、地、人、事这四大要素，特别是注重对事的分析；写景状物的记叙文要注重发现情理与景物的关系；说明文则要明确说明对象、说明方法和说明顺序，抓住事物的特征及事理的来龙去脉；议论文应注重论据和论点是怎样统一起来的。四类文学作品的阅读也各有不同的侧重和规律。

第三，察特色。一篇文章的价值在于它自身具有某些特色。所谓特色，即文章除具有同一体裁的共性以外所具有的一点或数点优越之处。由于阅读同一篇文章有见仁见智的情况，对于特色的体会可不必强求一律，更不可走向程式化。要鼓励学生独立感悟、体验，一定要废除那种把写作特色归纳成条条强加给学生的做法。在整体感知阶段，能体会到一两点特色也就足够了。

明确了整体感知的这些任务，阅读时方向明确，心中有谱，借助切实有效的整体感知方法，便可达到粗读文章，迅速准确地捕捉主要信息的目的。整体感知的主要方法有以下几种。

一、扫描提要法

按照文字次序，迅速地读完全文，从中抓出要点来，这种阅读方法能保证“面面俱到”，不至于脱漏重要内容。它与平时所说的默读的不同之处在于它强调“快”与“准”，即不是逐字逐词地读，而是以句甚至是以段为单位，快速移动视线，按一定要领把握写作内容，领会写作意图。具体要领是：

（一）抓开头结尾。一般文章的精华多集中于首尾。从开头中找线索，寻提示，寻找到后即可顺藤摸瓜，把握重点内容。如果开头没有找到总提、总括之类的内容，则应先从结尾处寻找，然后带着找到的要点，从头至尾快速扫描全文。

（二）辨表达方式。一种体裁的文章，往往以一种表达方式为主，兼用其他表达方式。那些从属的表达方式往往起着极不普通的作用。快速扫描时注重表达方式的变换，有助于领会写作要点和写作意图。比如记叙文中的议论常常起着揭示中心的作用；议论文中的叙述，常常起着引出论题论点，或以事实证明论点的作用；说明文中的记叙则起着引出说明对象或举例、比较说明的作用。

（三）找衔接过渡。段落层次间的过渡段、过渡句或过渡词是文章的关键环节。承上启下的过渡，承上部分必然是对前文的概括，启下部分必然是下文的总提。找到结构上的过渡环节，能准确把握要点，有效地提高阅读的速度和质量。

二、猜读验证法

文章“定体则无，大体则有”，由于“大体则有”，那么阅读时是有规律可循的。在接触一篇文章时，凭借一定的阅读经验，先猜测会写些什么，会怎么写，然后通过阅读加以验证，无论验证的结果如何，都将留下深刻的印象。验证出乎意外之处，往往是文章的特色。

猜读也有一些规律。

（一）因题猜文。题目是文章的眼睛。大多数题目与所写的重点是一致的。比如看到《枣核》这个题目，便可猜想这微不足道的枣核，一定是作为某种感情的寄托或行文的线索。带着这一猜想去验证即可发现，想试种枣树以重现故乡风貌，寄托思乡之情，是美籍华人朋友要枣核的初衷。当然也会有猜错的时候。比如看到《多收了三五斗》这个题目，往往会想到丰年日子该好过些，至少会比少收三五斗好些吧。可是读后得知，文章的主要内容是写由于帝国主义的经济侵略，地主、资本家的盘剥，国民党政府的苛税，在丰收的年景里农民遇到的悲惨的命运。验证后可得出这样的体会：选择丰收年景作背景反映农民的苦难，比写灾年更具有典型意义。这正是作者选材上的匠心所在。

（二）见头猜尾。写作时“万事开头难”，是因为开头往往牵一发而动全身，开头部分大多已寓含了正文以至结尾的信息。在阅读《看戏》一文时，读完开头写炎热的天气里露天剧场观众云集，静候戏剧开场，此时便可推想文章要写的唱戏的人一定不同凡响，戏一定唱得精彩漂亮。还可猜想，作为记叙文，若有议论，当出现在结尾，以点明主题思想。据此验证着去读，定会感到这篇文章写得顺理成章。

（三）因果互探。由因可以推果，见果也可推因。借助事物间的因果联系，猜想便有了正确的方向。比如《孔乙己》中有这样一句：“只有孔乙己到店，才可以笑几声。”若以“笑”为果，可探知谁笑？笑谁？取笑者心态怎样？在什么情况下笑？因何而笑？若以“笑”为因，可探求笑与被笑双方关系如何？“笑”说明什么？“笑”给孔乙己的心灵会造成何种伤害？先推测，后验证，还能够激起阅读的浓厚兴趣。

三、板块拼合法

从系统论的观点看，整体和部分是相对的，整体中的部分有时又可看成一个整体。文章也是如此。《葫芦僧判断葫芦案》在《红楼梦》中是一个部分，相对于问案、析案、断案这些阶段来说，它又是整体。文中每一相对独立的情节阶段可看做一个板块。以板块为阅读单位提取信息，并注重研究板块间的联系，研究板块在整体中的地位，这种阅读方法可称为板块拼合法。

采用板块拼合法阅读，往往是一目十行、十二行，甚至一下子看一个板块。板块有大有小，大的可包括几个自然段，像《反对自由主义》的第三至十五自然段，就属于列举表现和事实论证这一板块。小的板块可以是自然段内的一个句群，如《看云识天气》里对晕、华、虹、霞这些云的光彩现象的介绍，可看做四个并列的小板块，捕捉到各自的特征及其与天气变化的关系，便算是完成了整体感知的主要任务。

从整体中分析出部分，将文章划分成若干板块，这是阅读的第一步；提取板块的主要意思，是阅读分析的第二步；找出各板块间的联系，认识各自的作用，是阅读分析的第三步。在实际阅读中第一步不可能一下子划准，划不准则必然影响第二步概括大意和第三步分析板块间的联系，因此在概括遇到困难时，要及时回过头调整板块划分，尽可能使划分与作者的写作思路一致起来，正确地把握篇章结构。

以上介绍的三种方法并不是孤立的，经常要综合运用，阅读不同体裁的文章和文章的不同部位时可有所侧重。只要我们不只是用眼睛读，而是在明确整体感知和任务的前提下，眼看心想，边想边看，在阅读过程中不断总结规律，就一定能找到一条多快好省的整体感知的捷径来。

中心思想教学的问题与对策

中心思想是文章或作品表达的思想内容的核心，在文学作品中称之为主题或主题思想。它表明作者对客观事物的评价及态度。

人们常说中心思想是文章的灵魂，阅读文章或文学作品不能不理解中心思想。中心思想教学就是在阅读教学中，以确认写作内容，把握写作意图和作者情感为目标，培养学生的语言感悟能力，提炼概括能力，较好地发挥文章或作品的教育启迪作用和感染熏陶作用。精练、恰切地概括出中心思想，是读懂文章的重要标志。正因为如此，无论是过去，还是在实施素质教育的今天，中心思想教学都不能是可有可无的。

长期以来，中心思想教学在阅读教学中占有十分突出的位置，一度还被强调到了无以复加的程度。近几年来，中心思想教学的传统地位受到了一些冲击，如何看待中心思想教学，如何进行中心思想教学，认识上出现了一些混乱，致使积弊未除，又出现了一些新的问题。归结起来，有以下几种。

一、人云亦云，强加中心思想

文章的中心思想是什么，应当由文章本身来决定，应当从文章的内容、结构和语言中去寻找。可是，在语文教学中，由于老师的理解水平所限，不能独立钻研领悟文章的中心思想，不得不依赖教学参考书。应该说教学参考书上提炼的中心思想大多是正确的，但一切依教参上说的讲，老师自己不去用心读书，就会养成思想懒惰的习惯；学生一切听老师的，老师怎样抄，学生就怎样记，越学越依赖老师。这样就会离叶圣陶先生主张的“教是为了将来不需要教”的境界越来越远。何况参考书中对有些课文中心思想的归结含糊其辞，让人莫衷一是；甚至有的归结出的中心思想有偏差，更会带来谬种流传，将学生的认识引入歧途。

二、强拉硬凑，拔高中心思想

中心思想的确定，作者的主观因素要起一定的作用。写文章或创作文学作品，作者当然会有自己的主见，为着一定的写作目的，选取材料，安排结构，表达自己的认识和情感，从而实现自己的写作意图。中心思想的形成同时又是客观的，它要受写作的时代背景、文章或作品的内容与形式的制约，甚至还要受读者的认知水平、经历、情感等因素影响，尤其是文学作品。可是，我们了解到有些课文的中心思想的归纳，较多地带上了教参作者的个人情感，背离了原作者的写作意图，人为地拔高了中心思想，掩盖了作品的本来面目。比如长期流传的诗歌《木兰诗》，我们见到的教学参考或教辅材料上，都不约而同地说作品歌颂的是爱国主义精神，表现了木兰不慕高官厚禄的品质。其实，这两点都是强加给作品的“不实之词”。这些精神品质也许可以从有关戏曲中找到依据，但要从民歌《木兰诗》本身寻求支持，则只能是穿凿附会。“木兰不用尚书郎”首先应当从她女扮男装这一现实来考虑，即便可汗不追究她的欺君之罪，在那男尊女卑的时代，哪会有高官让一个女子来做？是不能做，而不是不愿做。拔高人物的思想品质和文章的中心，只会使读者对作品少一份亲切和认同。

三、墨守成规，僵化中心思想

文学作品的作者创作文学作品时当然会有自己的主旨，但在不同的读者眼里，对文学作品的理解往往是“仁者见仁，智者见智”。更何况随着时代的发展变化，一些富有生命力的作品的社会作用也会随之发生变化，因此文学作品的中心思想不能是一成不变的。

可是在语文教学中，不少老师不能容忍“持不同见解者”，他们把自己或教参认定的某种见解奉为金科玉律，使之成为不变的教条。例如小说《孔乙己》，由于茅盾认定过它的中心思想是揭露科举制度的罪恶，于是凡不符合这一见解的，统统被判为错误。哪怕鲁迅自己说，这篇文章是表现对苦人儿的同情，也不肯予以认定。再如《从百草园到三味书屋》，有人一味坚持文章旨在揭露和批判封建文化，因此对写百草园和三味书屋这两部分内容只肯定其对比或衬托关系，不敢承认三味书屋生活中也有乐趣，把一篇充满儿童生活情趣的文章也当成了匕首和投枪，既曲解了文章的主旨，也歪曲了作者的形象。

四、因噎废食，抛弃中心思想

诚然，不适当地强调中心思想教学，的确带来过贴政治标签、生硬地进行思想道德灌输的偏颇，把语文课上成政治课、品德课。在实施素质教育的过程中，大部分教师逐步转向重视语言教学和思维训练，重视听说读写等语文能力的培养，又鉴于以往中心思想教学造成架空分析的弊端，便由一种倾向走向另一种倾向，淡化或干脆抛弃了中心思想教学。

文章的中心思想包含着作者的意图、文章的意蕴，是文章的统帅。“无帅之兵，谓之乌合。”抛弃了中心思想教学的阅读课，只见词语理解、语言与篇章技巧分析和形式主义的“训练”，语文的文化内涵消失了，一篇好端端的文章被肢解得“体无完肤”、“七零八落”。这样的语文课，除了了解点技能技巧、记住些“优美语句”外，还有什么语文素质可言呢？须知，语文学科进行政治思想道德教育、陶冶学生情操仍是三维教学目标中不可或缺的重要任务之一。

当前，在中心思想教学上的诸多问题，严重影响着语文教学改革，影响着提高学生的语文素质。要解决这些问题，必须深化语文教学改革，实现中心思想教学的“三个转变”。

（一）变老师灌输为学生感悟，促进语言教学

在课堂上，把长期以来老师灌输为主，逐步变为学生在老师的指导下通过读书、感悟，获取知识形成技能为主，从认识层面上说，这也许已成为广大语文老师的共识。但现在需要的是在实践中真

正落实学生的主体地位。就中心思想的把握来说，老师应当把读书机会还给学生，把感悟的方法教给学生。比如学习《从百草园到三味书屋》，老师先不急于告诉学生为什么要写到这些材料，而是让学生读书，体会作者融入字里行间的思想情感。作者究竟是怀着什么感情来回忆三味书屋的生活呢？在诵读过程中，老师提出问题让学生体味：作者对三味书屋的先生是什么感情？有的学生注意到，书房里有景物画而没设孔子牌位，说明老师有生活情趣，并不古板固执；写他和蔼，说他方正、质朴博学；对违规学生，“他有一条戒尺，但是不常用，也有罚跪的规则，但也不常用”，表现了他的宽容。还有“先生最初这几天对我很严厉，后来却好起来了”，表明他喜欢好学上进的学生；让学生读书时，他自己也大声朗读，以至进入意境，表明他能全身心投入，身体力行……可以看出，作者对先生是尊敬和热爱的。

随着学生感悟能力的提高，老师可以逐步放手，让学生自己提出问题，通过读书和讨论来解决问题，仍如在学习《从百草园到三味书屋》时，有几个学生都提出了这样一个问题：作者在三味书屋的生活有没有乐趣？老师让学生带着这个问题读书，学生读书讨论后得出结论——有乐趣，且乐趣无所不在：初进书房的新奇，初见先生的亲近，初学知识的充实，后园活动的洒脱，大家读书的热闹，老师读书的神往，还有偷空绘画的自得。当大家认定了三味书屋也充满了乐趣时，当然不会再认同文章写到的两个部分是对比关系了。

（二）变油水分离为渗透交融，提高阅读效率

阅读中的中心思想教学和学习知识、训练技能，不能是互不相干的两码事儿。中心思想要在学习知识、训练技能的基础上水到渠成地提炼出来，中心思想的光辉要照耀各个知识点、训练点。因此阅读教学中注重中心思想和知识技能的渗透交融是十分必要的。

阅读过程中一般要经过初读感知阶段，这一阶段的基本任务之一是感知文章写了什么，初步揣测作者的写作意图。这便是中心思想的轮廓。然后带着初读形成的整体认识，观照课文的各个部分，体会局部和整体的关系。学习古代诗歌《木兰诗》，初读全诗可以发现，这首民歌叙述的是木兰从军的故事，但前线生活和战斗场面写得却十分简略，笔墨集中在出征前和得胜后的描述上，因此可以说木兰的形象是通过与家乡亲人的关系中表现出来的。有了这一认识，就不难理解：诗歌第一段写木兰的叹息，既有对国事的担心，更有对家事的忧虑。第二段中“愿为市鞍马，从此替爷征”，既有报国的渴望，更有尽孝的赤诚；出征途中有对家乡的眷恋和对入侵之敌的愤慨，更不能忘怀的则是父母临别时的叮咛和呼唤。第五段中写木兰立功受赏，她却道出自己的最大愿望是骑上快马，早早回到父母的身旁。第六段则展现了一家人欢迎木兰归来和木兰回到和平生活中恢复女儿装的欣喜之情。有了初步确定的中心思想作参照，对诗歌内容、情感的理解就较为准确、深刻，因而最后提炼、概括出的人物形象才真实、亲切：民歌中的木兰是一个勤劳、勇敢、向往和平生活的英雄，更是一个孝敬父母、热爱家乡、吃苦耐劳、有平常心的女子，而绝不是高大全的政治躯壳。

语言与思想，结构与神韵，渗透了，交融了，阅读的速度和理解正确率就会大大提高，课文的思想意义和育人效果也会更加明显。

（三）变归一思维为发散思维，鼓励创新、发现

“一言堂”式的语文教学只会使学生养成不肯动脑的习惯。老师讲，学生听，老师抄，学生记，答案是死的、唯一的，久而久之，学生的思想也会僵化起来。在中心思想教学中也有必要鼓励学生发散思维，敢想、敢说、敢于标新立异，培养他们的创新品质和创新能力。

首先要让学生尝试发散思维，学会创新、发现。小说《七根火柴》是革命传统教育的好教材。人们普遍认为这篇文章主要表现

无名战士忠于革命事业的精神。为了培养学生发散思维能力，教学这篇课文时，老师让学生换个角度看文章，假定文章的主人公是卢进勇，假定主人公是卢进勇和无名战士，该怎样认识这篇文章的中心思想？这两个假设极大地调动了学生的钻研热情。尝试的结果，还真有所发现：从卢进勇的表现可以看到，他革命意志坚定，不怕艰苦，关心战友胜过自己，诚实守信，在无名战士的精神鼓励下追上了队伍，完成了战友托付的任务。这样可以把中心思想确定为通过记叙长征途中过草地时的一段经历，歌颂革命者继承和发扬革命传统的精神。着眼于两人都是主人公，一个是牺牲的烈士的代表，一个是活下来的英雄，从而归结出敬仰革命前辈、前仆后继这一主旨。过程比结果更重要，学生从课文中寻根求据，有所发现，更重要的是学到了求异思维的方法。

其次，要多给学生提供发散思维的机会，并及时给以鼓励性评价，鼓起敢于发表独立见解的勇气。教学《孔乙己》时，让学生从文中找造成孔乙己悲惨命运的原因，有找科举制度、封建文化腐蚀孔乙己灵魂的；有找封建社会的等级制度，造成封建特权摧残人性的；有找封建社会人与人关系冷漠的……只要有见解、有根据，讲出了一点道理就给予充分肯定。学生会发散思维，敢发散思维了，就能迅速、全面、准确地领会文章的中心思想，进而促进语文能力的全面提高。

中心思想教学是阅读教学中的重要环节之一，在阅读中具有举足轻重的地位。正因为如此，我们绝不能过分淡化它，更不能忽略它。当然，也不能无视中心思想教学中存在的诸多问题。要从教材实际和学生实际出发，实现中心思想教学的三个转变，扎扎实实地提高阅读效率，提高学生的语文素质。希望更多的语文老师重新关注中心思想教学这一话题，共同研究改进中心思想教学，落实新课标的有关规定，适应教育形势发展的需要。

（本文获全国中语会课堂教学研究中心教研成果一等奖）

循序渐进　温故知新

——浅谈初中语文阅读教学中的学法指导

素质教育为教师提出一个神圣的要求：不但要重视教法的改进，尤其要注重学法的指导。对于学法指导，有人认为是一个全新的课题，其实不然。我国传统的教育思想中就有不少指导学法的精华。

我国古代的大教育家孔子在《论语》中有言："温故而知新，可以为师矣。"试想，到了"可以为师"的份上，还能没掌握学法吗？能够"温故而知新"是掌握了学法要旨的一种境界。为达这一境界，我又想到了"循序渐进"这个成语。深入理解"循序渐进"、"温故知新"这两个成语的内涵，用以指导阅读教学，指导学生掌握学法，我深切感受到学法指导并非高深莫测。只要我们能真正做到心中有学生，不包办代替，从实际出发，扎实有序地进行教改实践，通过循序渐进的途径，就能达到温故知新的境界。

着眼于"循序渐进"，指导阅读教学中的学法。首要之"法"是让学生打好基础，使阅读从坚实的基础上起步。让学生自能读书，前提条件是学生得有一定的字、词、句、篇等基础知识的积累。而一定基础知识的获得，又依赖在教师指导和严格要求下扎扎实实的训练，保证知识准确、训练到位，以求学生能熟练掌握。比如分析关键性词语，就要具备多义词的义项选择知识，辨析近义词的细微差别、准确用词的知识，结合文章思路、联系上下文领会词语语境意义的知识，把握作者思想感情理解词语情感色彩的知识等。没有这些方面的知识储备，语感的培养就是一句空话。在帮助学生打好坚实的阅读基础方面，语文教师还是有许多事情可做的。

其次，要循序渐进地学会阅读，必须弄明白阅读各类文章的

"序",以便有序可循。九年义务教育初中语文教材的编排,遵循由浅入深、由简单到复杂的顺序,安排教材体系和每单元每课的学习重点。作为语文教师要带领学生下工夫钻研、驾驭教材,还要跟学生交流钻研所得,使学生也能胸有全局,这才会学得主动。心中有了底,明确了先学什么后学什么,学到什么程度,才好集中优势兵力打歼灭战,攻克学习重点。比如学习议论文,对早期出现的议论文篇目,重在通过学习,初步了解这类文章区别于记叙文的一些特征。应避开论点论据等名词术语,主要解决的是分清叙议,把握议论句、段的特点,体会其作用,比较记叙在不同文体中的异同,初步了解议论文的结构特点和语言特点,发挥先期出现的议论文的作用。到了集中学习议论文阅读的册次,先巩固议论句的知识和识别议论句的能力,分清说明与议论,体会议论在文章中的作用。然后突出抓论点,识别各段中心句,分清中心论点与分论点,找出分论点之间的联系,分清主次,注意中心论点在文中出现的位置,找到些规律。再以论据为重点,认识两类论据及其与论点的关系,分析论据与论据的关系及引用道理、列举事例的方式方法。进一步以论证为重点,贯通论点与论据,体会各种论证方法的好处。最后分清立论与驳论,研究两种论证方式的结合,领会议论文的语言特点和感情色彩。循着这样的顺序来学习议论文,一步一个台阶,能收事半功倍之效。反之,篇篇抓议论文的"三要素",面面俱到,则只能是事倍功半。"伤其十指,不如断其一指","知序"才能"循序",所以要舍得让学生在"知序"上下工夫。

再次,循序渐进地学会阅读,还需要注意总结发现规律。就阅读来说,"进"就是提高,是深入,是实现由知识到能力的转换。从小学到初中,教读几百篇课文,仍有许多人阅读不过关,原因就在于学生的大脑机器没开动起来,一篇文章先看什么再看什么一直心里没数。如果学生会分类比较,会总结规律,一个个的发现汇总起来,日积月累,阅读能力就会大大提高。一个真正对学生负责的教师，应该带领学生动脑读书，发展学生的思维能力，善于发现规律，而不是强硬地塞给他们一些条条。比如阅读说明文，找中心句是个难点。怎样攻破这一难点？先看说明对象，再找说明方法，看这个或这些说明方法说明了什么，将所说明的特征和说明对象一结合，找到与这一意思说法相近或相同的句子便是中心句。从实践中发现的这一规律，应用了说明事物要抓住特征，恰当运用说明方法这些知识，比起逐句分析句间关系简便得多，也比看句子的位置，看标志性词语等找中心句的“诀窍”牢靠得多。在阅读的思路上，先弄清“写了什么”，再注意“怎么写的”，深入下去才探究“为什么要这样写”，循序生疑解疑，从解疑过程中发现“门道”，找到了规律，便等于拿到了由此及彼、举一反三的阅读钥匙。

用循序渐进的观点指导学生掌握学法，可以由教师示范引路，可以是教师点拨，引导学生尝试实践；也可以先由学生实践，遇到问题共同解决，问题解决后由学生总结经验，找出规律性的东西，再将自己找到的规律拿到实践中检验。接下来，巩固已经占有的知识和已经掌握的技能，便可向“可以为师”的境界迈进了。

“温故知新”用于阅读教学中的学法指导，需要把握两个关键。

其一是要明确该“温”哪些“故”。不是把所有的知识储备一齐搬出来，而是要有选择，有目的地“温故”，即提取出与新知识有密切联系的内容来。比如学习《荔枝蜜》，教学的第一重点是记叙的线索。线索是用来贯穿材料的，从材料入手分析材料之间的关系，便可发现线索。与材料关系密切的知识有记叙的要素，中心和详略，通过复习这几方面的知识，概括出文中写了哪些人、物、事，时间如何推移，地点如何转换，文章的线索也就呼之欲出了。有取舍、有重点地“温故”，避免盲目性，也不至于分散探求新知的注意力。

其二是架起“故”与“新”的桥梁。“故”的重复不会导致“新”的出现。必须在“温故”的过程中加进新的因素，即运用旧知识来理解新的阅读材料，将文字符号变成头脑中的表象，理解的量的积累才能带来“知新”的质的飞跃。仍如上例，从文中提取了几件主要的事：幼时被蜂螫，夜见荔枝林，喝蜜动了情，参观养蜂场，见农民插秧，做梦变蜜蜂。这些事多与蜜蜂有关，荔枝林是蜜蜂辛勤酿蜜的场所，劳动的农民具有与蜜蜂共同的特征。在每一件事的记叙中都直接或间接地透露出作者对蜜蜂的感情。情感线索就这样理出来了，难点也就得到了突破。循着这样的教路与学路，学生从发现中自得其乐，学习兴趣会越来越浓厚，阅读本领也会越来越强。

循序渐进，温故知新，这两个成语中包含着唯物辩证法，是富有生命力的传统教育思想，也是指导我们教学生“学会”、“会学”的理论武器。我们不能把它当成“老生常谈”，而要用它指导我们的教学教改实践。不可否认，阅读教学中的学法指导这个重要课题还需要其他新的理论来指导。我们的态度应当是不管新理论还是老传统，只要于提高学生素质有利，那就大胆地“拿来”，学习它，研究它，利用它。

（本文获全国中语会课堂教学研究中心教育科研成果二等奖）

阅读的类型、目标和方法

素质教育的核心是学会学习。帮助学生提高深入理解书面语言的能力,提高阅读速度,又快又好地接受文字信息,发展语言,促进思维,是阅读教学的重要目标之一。在阅读教学中,指导学生了解阅读的基本类型,明确各类阅读的目标,掌握阅读的基本方法,对于学生学会读书是非常必要和有效的。下面结合我们课题组的一些做法和探究,谈点认识和体会。

一、速读,了解阅读材料的基本内容——抓住两个“关键”

速读也称快读,或叫浏览式阅读,是阅读的基本类型之一,也是在日常生活中应用最普遍的阅读方法。要求阅读的速度一般要在每分钟千字左右。中学生在学习阶段不能不掌握这种方法。

速读的任务是了解阅读材料的主要内容,用较少的时间捕捉到较多的重要信息,了解大概情况。阅读速度与了解阅读内容的正确度应同步发展。否则,一味追求速度而导致误解曲解,实则降低了阅读效率。

不同体裁的文章要了解的主要内容是不同的。记叙类文章要首先了解人和事、景与情,说明类文章则要了解介绍的对象、特征、顺序和说明方法,议论类文章则要抓论点、论据和论证这三要素。文学体裁则要根据每一类的特点去重点把握。为使学生能在正确领会的前提下不断提高阅读速度,我们着重指导学生抓住两个“关键”:段落内的关键句,篇章中的关键段。

我们归纳了以下几种句子作为关键句。一是全篇或段落的点睛句。如《藤野先生》一文中的“小而言之”“大而言之”的那个长句,它交代了感谢藤野先生的原因,也揭示了藤野先生没有民族偏见和勤于治学、严于治学这两个方面的优秀的思想品质。二是承前启后的过渡句。如《回忆我的母亲》中的“我不久就离开母亲,因为我读书了”，这句话用“离开母亲”呼应上文记叙在母亲身边时的情况，又引出下文离开母亲后的情况，在结构上起到了明显的标志作用。三是枢纽部位的总提句。如《孔乙己》第四段的第一句，孔乙己“站着喝酒”与“穿长衫”的外在矛盾表现，连结了环境与人物、人物与社会，领起了孔乙己的悲剧命运。四是段首总领或段尾小结的中心句。

我们还归纳了以下几种关键段，一是开门见山的篇首段；二是归结全篇的末尾段；三是承前启后的过渡段，例如《孔乙己》中“孔乙己是这样的使人快活，可是没有他，别人也便这么过”，这一段就承接了上文写他的可笑与下文写他的可悲，抓住这一段有助于把握人物性格；四是叙议结合的议论段，如《谁是最可爱的人》每叙述一个故事后的启发提问段。

在学生知道什么是“关键”，“关键”所处的位置以后，进一步指导他们抓关键，理结构，找中心，探规律，逐步提高阅读效率。

二、精读，理解作者的写作思路和写作意图——遵循三个阶段

有人把学语文的主要目标概括为两大项：一个是学会自己表达自己的思想，一个是理解人家的表达。要全面正确地理解人家的表达，就需要精读，完整、系统地读，一遍又一遍地读，边读边想，揣摩作者为什么要写这些，为什么要这样写。这种阅读方法对深入学习和研究，显得尤为重要。

精读的目的是理解。理解字句、理清思路、理解意图和匠心，从而达到与作者的沟通，完成超越时空的“伟大的对话”，在阅读的过程中进行语感的训练，增进感悟能力。要达到这一目的需要遵循由整体到部分，再由部分到整体的阅读规律，按“整体感知—细部领会—总体观照”的步骤进行阅读。

按照系统论的观点，任何整体都是另一大的系统中的部分。一篇文章是一个整体，但它又是作者一个时期同类文章中的一个部分，比如《藤野先生》，它是作者在厦门大学期间的一组回忆文章——《朝花夕拾》中的一部分，它还是教材的编者组合在一个单元的写人的记实类实用文的一篇。整体感知不要局限于这一篇文章。对于《藤野先生》，长期以来有个问题一直困惑着师生，即文章主要写"我"的爱国主义思想感情，还是写藤野先生的品质？通行教参沿袭以往一贯的分析，把课文看做叙事散文，突出抓感情线索，抓来抓去，把教学重点偏移到抄检讲义和电影事件上去了，甚至连"日暮里"这个地名也要往爱国主义感情上挂靠分析一通。其实只要联系鲁迅要求将这篇文章收入日译本选集，只要联系题目考虑一下，就不难断定，文章主要是回忆藤野先生的往事来表现其伟大性格和高尚品质，作者的爱国主义思想感情只是起到串联起不同的地点和人物的作用，写"清国留学生"和学生会干事等人的表现是为了衬托藤野先生的精神，更显其难能可贵。有了这样的整体把握，阅读时才不致于偏离重点，不会曲解作者的意图。

细部领会要以整体把握为基础。仍以《藤野先生》为例，既然回忆的重点在藤野先生，就要抓相识的印象，交往的言行，甚至惜别时的言语神态都应细读体会。"他的脸色仿佛有些悲哀，似乎想说话，但竟没有说。"看似平淡的一句神态描写，细想一想，因一个中国留学生未学完学业中途离去而感到悲哀，这是一种什么感情？他想说是要说哪一类的话？为什么没有说？如能让学生进入到这一境界去体会，定能感受到先生对中国、对学术的情感和对一个有志者的尊重。这样来引导细部品味，避免了迎合教参，又紧扣了文章主旨，教者有所发现，学者有所收益，语言教学落实了，思维训练也能到位。

细部领会不是割裂整体，逐段理解以后还应回到整体把握上来，在新的认识层面上理解行文顺序、结构安排和材料选择。《藤野先生》一文里为什么要写初到仙台的食宿情况？细部领会时不一定体会得到。和藤野真诚的关心帮助比较起来，那些"物以稀为贵"式的"操心"又算得了什么！这时就会悟到，这样写显现了藤野先生所在的环境，写职员也是衬托。像这样引导学生前后联系，领会文章选材、意图和组材的妙处，确实能给学生许多有益的启示。

三、赏读，积累、应用知识和技能——悟得四个方面

欣赏、评价是阅读的高级阶段。阅读绝不是被动的接受，而是在原有知识经验和情感的基础上的再创造。赏读的目的在于积累和应用。好，好在哪儿，记下来；妙，妙在何处，借鉴过来。能做到这两点才算真正学到了门道。

赏读要做到方向明确，方法得当。方法是悟，方向即悟得四个方面：悟意、悟情、悟理、悟巧。

悟意，即领会句子的意义和写作的意图。"东京也无非是这样。""这样"指什么？"也"是相对哪里说的？这两个问题弄清了，句子的意思也就明白了。而有些句子则不然，在字面意思之外，还要探究出深层含义以至弦外之音。《小桔灯》中结尾有一句话"因为我们'大家'都'好'了"，这句话中的"大家"就比原来小姑娘话中的"大家"扩大了范围，"好"的意义也是这样，在由疾病痊愈到全家团圆再到全国解放的基础上，又有了发展（人们都过上了自由幸福的生活）。叶圣陶的《苏州园林》是一个热爱家乡、熟悉家乡的人向人们介绍苏州的园林"如在图画中"的普遍特点，而决不是为了写景抒情。

悟情即把握作者和人物的思想感情。直接传达作者感情的有抒情句，通过叙事、写景、议论间接传达的感情则要从字里行间里去发现。"东京也无非是这样"的情感浓缩在"无非"一词里，"无非"即不过如此，传达了作者的失望之情；"有的人把名字刻入石头，想不朽"，饱含着讥讽，读出语调即可感受得到。有些感情则需设身处地进入特定情景才能感受得到。王昌龄的《出塞》中的"秦""汉"和"万里"从时间和空间上显示了世世代代的戍边人之苦，"不教胡马度阴山"的愿望，配上上句一个"但"字，写出了诗人同情边关将士，感慨边备无力等深沉的感情！要理解这些感情，必须在头脑中依据诗句创造出生动的画面。

悟理即悟得语言表达的哲理、事中包含的道理和文章给人的启迪。《故乡》结尾路的比喻，告诉人们过上新生活的希望要靠大家一起去努力奋斗才能实现，而不能是辛苦麻木，更不应是辛苦恣睢。《皇帝的新装》中写皇帝和大臣自欺欺人，揭示的是私心作怪的道理。悟理需要求同求异的比较，前瞻后推的分析。任何道理的得来只能从实际出发，不可主观臆断。

悟巧是体会语言技巧、谋篇技巧等，将别人文章中的巧妙之处明确化，成为可资借鉴的东西。话剧《陈毅市长》里齐仰之问："你们真的要办药厂?"陈毅答"人民非常需要"，而不是"我们真的要办药厂"。陈毅答话的技巧就在于找到了双方的共同点，即都希望为人民造福，一句话拉近了感情距离。《我的叔叔于勒》中赞与骂，盼与躲的对比，文中大人和小孩的对比，《竞选州长》中竞选对手攻击手段的变化升级都应在阅读时引导学生去体会并由易到难地发现总结。积累多了，应用时就能得心应手。

悟性不是天生的，要靠培养、靠训练。要培养学生的悟性，教师就必须废除包办代替的教学方法，设置问题，创设情景，引而不发。要提高学生的感悟能力还必须解放思想，培养学生独立的个性和创造性，使他们敢想敢说。如果我们做到了知识为先导，让学生积累了一定的阅读知识，又切实地训练了他们的阅读技能，掌握了一定的方法技巧，并经过不懈的努力，帮助学生养成了良好的阅读习惯，那么我们就可以说我们的阅读教学是成功的，我们的素质教育在阅读方面就算落到了实处。

（本文获省教研室、省中语会论文一等奖）

阅读教学札记

还学生阅读的主体地位

谁都知道，学生是学习的主体。说起来是这么回事，实际做起来却未必如此。在课堂上，教师成了导演或主裁判，学生反倒成了配角或观众。一句话，学生的主体地位被削弱以致剥夺了。

怎样恢复学生在阅读中的主体地位呢?

首先，要增强教师的服务意识。教师比学生高明之处，不过是有一定的专业知识，研究了教材和辅助材料，钻得深一些，站得高一些，对于教学要求理解得透彻一些罢了。教师应当发挥这些长处，为学生学习提供方便。诸如介绍有关情况，创设领悟文章的情境，作某些示范，在学生出现差错时给以纠正。从某种意义上说，教师在阅读教学中的作用像导游，像教练，像医生。我们不能忘记自身的服务功能，一切为了帮助学生学好，真正把学生当成学习的主人。

其次，要打破不适应素质提高的课堂模式。要破除那些成文或不成文的清规戒律，变一言堂为群言堂，变封闭式课堂为开放式课堂，允许学生“七嘴八舌”，鼓励学生发展个性。教师参与学生活动，既抛砖引玉，也推波助澜，将竞争机制引入课堂，开展抢答、辩论、演讲等活动，师生共同努力，向着“乐教乐学，和谐共振”的目标迈进。

使学生真正成为学习的主体，还必须使学生具有正确的阅读动机，形成浓厚的学习兴趣。通过学习获得阅读的知识、技能，能举一反三，就会尝到学习语文的甜头。

恢复学生的主体地位，还要了解学生，信任学生，尊重学生的主见。课前要进行学情调查，课中要及时收集反馈信息，课后要认真分析练习得失，不断调整教程以适应学生需要。

授学生以阅读的方法要领

语文作为学习和工作的基础工具，具有很强的可操作性，阅读更不例外。总结发现一些阅读规律，无异于拿到一把打开知识宝库的钥匙，有助于增强学生的自信。

阅读要掌握略读和精读的方法。略读即浏览，要求快速捕捉文字信息，采用扫瞄阅读法，借助文体阅读经验，边猜边读，一目十行，每分钟的阅读量达到1000字以上，完成整体感知任务，并非难事。精读的任务主要是理解句子的深层含义，欣赏优美隽永的语句或段落，体会写法的妙处，评判文章的不足。为培养学生的语言感受能力，揣摩、理解文意，教师可在以下几个方面发挥作用。

以读引读。即借助正确的节奏、重音、语气、语调以及态势语汇提示示范，让学生模仿，帮助学生领悟。

以问助读。提问是教学的常规武器，设置好富有启发性的问题，往往能开启学生思路，帮助领悟阅读材料。如教《孔乙己》一文，设置这样的问题：文中“我”的作用是什么？掌柜是否关心孔乙己的命运？带着这类问题来读，不难认识到，小伙计是封建制度罪恶和孔乙己悲剧命运的见证人，是孔乙己社会地位及经济状况的衬托者。文章正是透过咸亨酒店这一社会的窗口，以“我”的见闻为线索组织起材料的。联系下文粉板上的欠帐，得知孔乙己被打折了腿的追问，表明掌柜所关心的只是那十九文钱。

以写促读。结合课文命题让学生借阅读内容写作，能加深对课文的理解。如，设置将孔乙己被打致残一节，由侧面描写改由酒客以第一人称叙述目击过程，由先写服辩，后来是打，直到打断了腿，正面表现丁举人一手遮天，势压四乡的威势和虚伪、凶狠。通过在科举道路上不同命运的两个人物直接对比，学生对科举制度罪恶的认识就会更清晰，更深刻。

读懂课文并非阅读的目的。叶圣陶先生说过，课文无非是一个例子。要引导学生凭借这个例子，从读的过程中掌握阅读一类文章的部分规律。发现和总结的规律多了，并通过训练使之成为技能，才算真正学会了阅读。比如说明文找中心句，一看说明对象是什么，二看支撑句所用的说明方法或其他表达方式突出的是何特征。正面表述说明对象特征的概括句便是要找的中心句。比较是发现规律的途径之一，学会同中见异或异中见同，便有了初步的鉴赏能力。

培养学生良好的阅读习惯

学生要获得丰富的知识，仅有阅读的技能技巧是不够的，还必须养成良好的阅读习惯，成为学习的主人，真正自强起来。

良好的阅读习惯至少应涉及如下方面。

读书看报的习惯。对走上社会的人来说读书看报主要是为获取信息和经验。作为学生，读书看报则偏重于进行阅读能力的迁移训练，学习巩固阅读技能。

默读和用普通话朗读的习惯。默读速度快，利于思考，要通过强化练习，提高阅读速度和捕捉信息的准确度。用普通话朗读可以眼、口、耳并用，准确领会文章的情意。

圈点批注的习惯。“不动笔墨不看书”是古人读书的至理名言。圈点重点难点，批注感悟和疑点，记录读书思考的瞬间所得，使揣摩的过程与收获显性化，以利于检验。

从无疑处生疑、提出问题的习惯。带着疑问去探求新知，是将阅读引向深入的途径。要鼓励学生服从真理而不是迷信权威，敢于同持不同意见的人争辩，敢于对教师、教参以至教材质疑。

积累阅读材料和做笔记的习惯。阅读要及时摘抄、剪贴、制作卡片，整理归类。学有心得时要记下来，以整理思想，总结收获。

习惯的养成非一朝一夕之功。真正教会学生自己读书，必须抓紧养成教育，点滴入手，严格要求。要通过检查、评定来体现导向性。也要讲清道理，使学生自觉地严格要求自己，同学间互相监督。

“未来的文盲不再是不识字的人，而是没有学会怎样学习的人。”学生走出校门以后如果不会看书读报，那将意味着语文教学的失败。因而必须调整师生关系，优化课堂结构，既注重知识传授和能力培养，又注重良好阅读习惯的养成，扎扎实实致力于学生素质的提高，使每个学生都自能读书，自决疑难，自辨是非，自探高深。果真如此，叶老的“教是为了不教”的教育思想，便能真正得到体现。

（本文获苏鲁豫皖中学语文教学研究会一等奖，收录于《中学语文教学论文选》第 8 集）

立足三个实际　提高教学效率

一个时期以来，流传着一个令语文教育工作者汗颜的说法："现代化建设的'瓶颈'在教育，教育的'瓶颈'在语文。"即是说，语文教学不适应现代化建设的需要，拖了教育乃至现代化建设的后腿。这话也许有些偏颇，但它道出了语文教学效率低下的现实，我们不妨把它看做催人奋进的警钟。

多年来，人们一直在问：为什么中小学语文教学用时最多，费力最大，而效果最差？怎样改变这一局面从而提高效率？不少人都在研究探索。接受教育家苏霍姆林斯基提的建议，"从马克思、恩格斯和列宁著作中寻找实际工作中遇到的最复杂的问题的答案"，我尝试运用马列主义、毛泽东思想的最基本观点——一切从实际出发，研究中学语文教学现状。经过认真调查研究，发现语文教学效率低下的原因恰恰在于脱离了学生实际、教材实际和教师自身实际，做了并仍做着大量的无效劳动，不少人急于求成，盲目搬用外地的这法那式，导致邯郸学步。教学教改实践使我认识到，语文教学特别需要有老老实实的态度，必须尊重客观实际，不忽视语文有别于其他学科的特殊性，从最基本处入手，认识和运用客观规律，教学效率才能真正得到提高。

一、从学生实际出发，选准教学的起始点和突破口

教学中常有这样的现象，教师滔滔不绝地宣讲，哪怕很生动详尽，学生仍不愿听。问其原因，学生说，这些我们已经听过多少遍了，或者说反正再听也听不懂，听了有什么用？这不能不说是一个悲哀。可是我们为什么还要辛辛苦苦地干这些出力不讨好的事？

苏霍姆林斯基说："为了使学生通过思考获得知识，教师应该十分了解他们的知识状况。"初中各年级的学生，在语言、思维、认识、表达等方面已经积累了相当的知识，具备了一定的能力，尤其是在记叙文的阅读和写作方面。我们不能无视这一基础，不必一切“从零开始”。通过问卷、座谈、测试，我们知道大部分学生拿到新课本后都会浏览一遍，有趣的篇段大都进行过自主性阅读并能理解百分之七八十。即使最难懂的课文，带着任务，借助一定的工具书和参考材料，也能理解一半以上。不少课堂上他们需要的是雪中送炭或锦上添花，而不是雨后送伞。因此，要珍视和利用学生的已知成果，把它作为通向新知识的桥梁。这就需要搞好学前调查，了解学生的兴趣爱好、知识底子和能力水平。切入点选好了，主攻方向明确了，既避免了絮絮叨叨，减少了学时，又能真正引导学生深入到文章内部，挖掘思想内容，借鉴写法技巧。学生学有所获，就会越学兴趣越高。

另外，初中生还处在生理、心理等机能的形成发育阶段，逻辑思维能力不强，不善于分析、比较、归纳，学习议论文和事理说明文时总感到枯燥，有较大的困难。《纪念白求恩》虽属浅易议论文，但教学时，我设身处地地考虑学生的困难，有意识地进行多方面比较，从而分散难点，降低难度。一是分清叙述与议论，认识各自的特点与作用，从而初步了解事实论据；二是比较正面材料与反面材料，认识正反对比说理的方法与作用；三是比较前三段的大意，找出重在第二点，国际主义精神和对技术精益求精的精神是毫不利己、专门利人的精神在不同方面的具体体现，从而把握文章的中心；四是比较前三段和最后一段，体会分析问题与解决问题因目的不同而写法各异，但又有必然的联系。这样突出难点，深入浅出，既达到了让学生在接触议论文之初了解它与记叙文的差别的目的，又在学生能接受的前提下学习了一些议论文阅读知识，为以后深入学习议论文打下了基础。

学生是学习的主体，教师要有“群众观点”。了解他们，尊重他们，处处为他们着想，一切从学生实际需要出发，而不是从本本或想当然出发，要使讲解难易适度，具有提示性、释疑性、补充性。这样师生共同努力，往往有事半功倍之效。

二、从教材实际出发，使教与学的规律适应知识的规律

语文教材的突出特点在于它是文选式教材，每篇课文中蕴涵着极其丰富的知识点和能力培养的依托点。就是说知识和能力训练的依据要在教学过程中"提取"，提取什么，提取多少，提取到什么程度远不像其他学科那样明确，学完以后知识掌握与否，掌握得好与差，更不像数理化那样要求明确统一。语文教材的另一特点是，它将一些课文按单元编排，根据编辑意图，各单元各课只是一定的思想内容和知识技能的载体，而不应看做是无所不包的大杂烩。现在相当多的语文教学恰恰忽视了这两个特点，在教学过程中，仍采用混散无序的单课教学，小而全的满堂灌带来了大量的重复讲授，重复训练，当然也有知识的脱漏，甚至出现同一问题有不少矛盾的提法，以致教师难自圆其说，学生无所适从，越教越糊涂，越学越糊涂。要弄明白，不得不下几倍的工夫。这是语文学科文选或教材特点带来的"内耗"。要想解决这一问题，必须按系统论的要求，从总体上把握教材的编排体系，理解编辑意图，将知识和智能目标分解到各册、各单元、各课，并确定比较明确的检查验收标准。

近些年来不少教师尝试用单元教学、目标教学来解决文选式教材带来的重复低效问题。单元教学便于确定单元在全部教材中的地位，明确各单元教学目标，在此基础上根据单元内各课的特点分解单元目标，各课学有目标，教有遵循，使教学讲练内容足量适度，循序渐进。这种以单元为教学单位的"集装箱"式的有计划、有检查的教学方式和层次分明的目标教学有机融合，显示出强大的生命力，是克服弊端、挖掘潜力、提高效率的有效方法。

人教版义务教育教材依据大纲（修订版）规定的素质教育的要求调整了三阶段划分体系，有利于教学中把阅读与写作、基础知识与读写训练结合起来。第一册的重点是解决文章与社会生活的关系。理解了文章是社会生活的反映，读，能把文章放在特定环境下去领会；写，能从生活中找素材。理解了写文章是社会生活的需要，读，能注意揣摩写作意图；写，能明确写作对象和目的。第二、三、四册相对集中地培养以记叙、说明、议论为主要表达方式的一种文体的理解和表达能力，利于有次序、有重点地教学各种体裁知识，进行读写听说训练。第五、六册侧重语文的实际应用和初步培养文学鉴赏能力，从又一层次上强调了读写听说的社会需求。对这种崭新的编排意图及结构，一定要充分了解，深入领会，不然教与学就是盲目的。

俄国教育家乌申斯基说过："智能是组织得很好的知识体系。"十几年前魏书生就运用系统论原理，借"语文知识树"显示当时对语文教材的知识体系的把握。教学各版本语文教材都需要建立起类似的"知识树"，使中学生一开始就形成一个整体知识结构，明确学习目标，学会整理归类，逐步使自己的"知识树"枝繁叶茂。这一做法启示我们语文教师对所教内容都应胸有成"树"，并在总体计划上将各"树枝"、"树杈"、"树叶"对应到各个单元及每篇课文中，使对语文知识的掌握和运用知识解决问题的技能训练落到实处。从这里入手，避免大量的重复无效劳动，并为学生自学、自测、自结创造条件。

三、从教师自身实际出发，把理论学习、教学实践和科学研究结合起来

提高教学效率必须走教改之路，这是毫无疑问的。但套用这"法"那"式"，效果总不见佳。魏书生分析这种情况后指出："作为第一线教师，要紧的不是忙着用这种教法否定那种教法，也不是去证明许多种教法的没道理；更不是糊里糊涂地照搬一种教法到自己的课堂上，不加任何改变就用。而是应当像蜜蜂一样在教法的花园中，到处采于自己有用的花粉，回来后酿自己课堂教学的蜜。集各家教法所长结合自己的素质、性格、特点，学校和学生的实际，探索有自己特长的教学方法。”这段话中提到的“自己的素质”，至少包括与教学有关的心理素质、智能素质、审美素质、交往素质等内容，这就需要把工夫下在课堂之外，应用之前。要学习一些哲学、教育学、心理学基本原理及学科有关的教学论、系统论知识，用理论指导实践，避免盲目性和随意性。

学习基础理论不是一朝一夕的事，不能指望“一口吃成个胖子”。宜结合教学中的某一方面，深入钻研某门某类某一部分理论，理论联系实际，学以致用，指导实践。对此我有深切的体会。几年来，我从作文教学入手，学习心理学知识，深入钻研，大胆实践，及时总结，先后写出了《引导学生走出作文心理误区》等十多篇论文，其中最有代表性的一篇论文《从“要我写”到“我要写”——浅谈写作过程中非智力因素的发挥》在全国作文研讨会上被语文界权威刘国正先生大段引用，并在国家级学术刊物《课程·教材·教法》上发表。在一个方面取得成效，又反过来促进了对其他基础理论的学习和应用。

在教学改革中，不少名家和优秀教师孜孜以求，匠心独运，浇灌出灿烂的教革之花，展示了各有特色的教法的魅力。欧阳黛娜注重能力培养，于漪侧重情感教学，宁鸿斌重视思维训练，这些都给人留下深刻的印象。他们的共同特点是从实际出发，向科学要质量，但各自的个性特征也都得到充分的体现。向名家和优秀教师学习，必须从自身实际出发。要“知己”，即熟知自己的特长和弱点；还要“知彼”，即了解学习借鉴对象的特点。一方面扬己之长，避己之短；另一方面取人之长，补己之短。精选适合自己的教改路子和教学方法，从而逐步形成自己的教学特色。

提高效率还和教师进行学法指导紧密联系在一起。德国教育家第斯多惠评价说：“给学生奉送真理”的仍是不好的教师，一个好的教师应“教学生发现真理”。在培养高素质人才方面，语文教学的任务是使学生学会生活，学会学习，学会做人。在这方面教师发挥自己的聪明才智有广阔的空间。为适应素质教育的需要，我作了一些尝试。为提高阅读能力，使学生能迅速准确地捕捉文字信息，我指导学生将阅读分为三个层次：(一)粗读。疏通文字，辨析文体，了解大意。(二)精读。体会重要的词、句、段的含义与作用，领会内容，认识写法。(三)品读。欣赏、借鉴文章的精妙之处，也推敲其不足。着重练三种读法：跳读、默读、朗读。练习中还总结出不同体裁的阅读要点与要领，把阅读分析的钥匙交给学生。为提高学生背诵文章的能力，我指导他们综合运用理解记忆的多种诀窍：板块记忆、比较记忆、标志记忆、标点记忆、数字记忆等，使多数学生能将背诵 600 字文章的时间由 3 个小时压缩到 30 分钟，并且是在加深对文章理解的基础上的记忆。为提高学生的写作能力，我重视三项训练，一是片断练习，学作文技法；二是篇章训练，模仿构架；三是综合训练，放胆创新。这样做既打好了基础，又在不束缚思想的前提下定向训练，将生活、思考、表达、成文结合成活的流程，学生视作文为乐事，效果甚佳。几年来，我教的学生有 18 人次在市级以上作文竞赛中获奖，其中参加市举办的姚雪垠作文竞赛，六届拿了八项奖，其中有六个一等奖，占全市一等奖获奖人数的五分之一，学生的习作在省市报刊发表近百篇。

唯物辩证法告诉我们，欲速则不达。语文教学和教改探索都不能急功近利。要舍得花时间去了解学生基础，研究其生理、心理特征，使教学有较强的针对性，要舍得下工夫去钻研大纲、教材，形成比较完善的知识体系并与教材对应，要肯下工夫去学习教育教学理论，充实自己。在此基础上广采博收，研究最优化的教法与学法的组合，研究指导学法的途径，从实际出发，从基础做起，才能探索出适合校情学情的教改之路。这是我从实践中得到的认识，也是我今后教学教改的努力方向。

如今，语文教学改革方兴未艾，我坚信，有马列主义、毛泽东思想、邓小平理论和教育科学理论的指导，经过广大语文教育工作者的不懈努力，语文教学一定能走出“瓶颈”，为社会主义现代化建设作出应有的贡献。

（本文获省教研室、省中语会教研成果一等奖）

爱思　会思　多思　深思

——例谈古代诗歌教学中的思维训练

当前，对素质教育的研究已形成若干重要的共识，其中之一是素质教育要突出学生的主体地位，让他们生动活泼、主动地得到发展。语文教学要着眼于学生的发展，必须在培养学生语文能力的同时，增进和发展他们的思考力。正如于漪老师所说："语文教学应以语言和思维训练为核心。"基于这一认识，我们在古代诗歌教学中，不再满足于教会学生能读会背，理解大意，而是注重教学过程中的思维训练，激发他们的思辩热情，主动参与教学活动；指导训练思维方法，逐步养成良好的思维习惯；引导他们扩展思维空间，不断提高思维品质，爱思、会思，进而达到多思、深思。

现以教学《君子于役》和《天净沙·秋思》为例，谈谈如何在古代诗歌教学中对学生进行思维训练。

一、扬长避短，激发学生的思辩热情

初中生的特点之一是求知欲旺盛，形象思维比较活跃，逻辑思维发展滞后。古代诗歌的特点是简练、含蓄，学习起来有一定难度。要让学生积极主动地参与古代诗歌教学的课堂活动，就必须扬其长，避其短，激起他们的思辩热情。

激发的方法有很多种，试举几例。

（一）问题激发。设置能够引起学生兴趣、又能为学生所驾驭的问题，促进学生读书、领悟，形成自己的见解，从阅读材料中寻根求据，进入积极思维和不吐不快的状态，在争辩中弄清是非，提高认识，增长才干。在教学《君子于役》一诗时，我们设置了这样的问题：有人说这首诗是爱情诗，也有人说这首诗是幽怨诗，你同意哪种看法？请说出理由和根据。这一问题富有挑战性，无论选定哪种见解，都需要深入到诗句内部和句子之间，在理解的基础上找根据。这就促进了对教材的研究，调动起学生的思维并据理力争的积极性。经过各抒己见，相互补充，统一了对这一问题的认识：本诗表面上看是写一个女子对外出服役的丈夫的忠贞和爱恋，虽然全诗并未出现一个怨字，但从服役遥遥无期、夫妻团聚无望可以看出，诗歌句句是怨，它正是从夫妻恩爱这一侧面写出了繁重的徭役给千百个家庭带来的痛苦。争辩的结果是：爱情是表，幽怨是里。争辩双方均从中受益，从而正确、深刻地理解了诗歌的主题。

（二）画面激发。人们常说“诗情画意”。这可以理解为诗情和画意有不可分割的联系。领会诗歌可以借助于直观的画面，以画面解读诗歌。借助画面符合初中生长于形象思维的特点，不失为诗歌阅读的有效手段之一。我们根据诗意配上图画，引导学生观察画面、引发联想和想象，便于将学生引入诗歌的意境。如在教学《君子于役》时，用彩图向学生展示出一个古代乡村少妇日暮时分倚门而望，远处有牛羊向她走来的场景。这一画面形象地表现出时间、地点、环境、人物，能使学生很快地进入规定情景，诗歌与图画相互参照，不但好懂，还能给学生留下深刻的印象。画面激发还可巧妙地利用教科书上的插图。在教学《天净沙·秋思》时，我们故意配上放大的《观沧海》一诗的插图，让学生看是否符合《秋思》的意境。学生指出画上的人踌躇满志、气概不凡，马雄健有力、膘肥体壮，绝不是《秋思》中的“断肠人”和“瘦马”形象。这一教学设计复习了曹操《观沧海》一诗雄壮豪放的气势，更加深刻地理解了天涯断肠人在日暮西风中瘦马为伴的凄凉。

（三）情境激发。设置教学环节，让学生设身处地地进入规定情境之中，可以沟通读者与作者的思想感情。在教学《天净沙·秋思》时，我们曾这样设计了一段启发性语言：走过枯藤缠绕的老树，暮色中乌鸦凄厉的叫声还在耳边回响，天涯旅人心事重重，没精打采。突然他发现自己来到了一条小溪旁。同学们说一说，此时，他看到了什么，听到了什么，心里会想些什么。这样提示，针对性强，要求具体，极大地激发了学生的参与热情，课堂上掀起了一个小高潮。通过争先恐后而又入情入理的发言，顺利地化解了这一处教学难点：看似极不统一的画面，相反相成地寄寓了抒情主人公同一种心情。在教学《君子于役》时，我们让学生当编剧、当导演、当美工，为这首民歌设计 MTV 画面，表现出上下两章的共同之处和不同之点。对这样的活动，大家积极性高涨，也确实促进了比较和发现："羊牛下来"是动态的过程，"羊牛下括"是静态的结果，"鸡栖于埘"表现的是寒冷的冬春季节，"鸡栖于桀"则又推移到了夏秋时光。当然有些叙事性强的诗歌，如《卖炭翁》、《石壕吏》、《陌上桑》等，让学生分别扮演不同的角色表演出来，无疑更能激发学生深入钻研诗歌内容、理解诗意诗情并强化对诗句的记诵的热情。

二、着眼长远，指导学生掌握思维方法

西方一教育家说过，教学就是让学生逐步摆脱教师的过程。要让学生学会思考，就应当在教学过程中传授给学生一定的思考方法，通过训练，使之成为技能，进而养成良好的思维习惯。

在古代诗歌教学中，首先是培养学生的形象思维能力。初中生正处在形象思维活跃阶段，充分利用教材中的感发点，在教学过程中给学生充分发挥联想想象力的机会，促使他们将文字转化为意象，由此及彼，丰富诗歌学习的内容，使思路更广阔，体会更深刻。如前所述，让学生面对"小桥流水人家"展开联想想象，小桥流水是怎样赏心悦目，溪旁人家的生活在旅人眼里是何等温馨安乐，看看人家再比比自己，就能设身处地地体会到抒情主人公思念家乡、思念亲人、感慨时运不济、内心悲愤苍凉的心情了。再如教学《君子于役》时，联想孟姜女哭长城的悲切，联想《潼关怀古》中"兴，百姓苦；亡，百姓苦"的感慨，想象抒情主人公的丈夫在外奔波劳碌的艰险，想象官员差吏的横暴，想象夫妻梦中相会的场面等等。这样设置教学环节，学生有话可说，有兴致想说，思维也就活跃起来了。

其次是培养学生的逻辑思维能力。在初中阶段，概念、判断、推理常常是数理学科的“专利”，这是片面的。其实语文学科中的逻辑思维大有用武之地。词义辨析离不开逻辑思维，古代诗歌教学中同样需多方面地涉及。比如《天净沙·秋思》中列举的九种事物与抒情主人公的关系就需要进行分析和归纳，《君子于役》中的“不知其期”，则可以从劳役工程浩繁兵役征战不断，或先服劳役后参加征战，或战争结束又转为建宫室、挖河道等加以演绎。对比、类比更是用途广泛。如《天净沙·秋思》中居家之人和旅人的生活状况与心情的对比；《君子于役》中羊牛鸡傍晚归宿和因“君子于役”夫妻不能团聚的对比；丈夫服役“不日不月”和《石壕吏》中“两男新战死”、老妪“请从吏夜归”与《潼关怀古》中的“兴，百姓苦；亡，百姓苦”的类比。“比”的对象明确了，就不难从中体会出诗歌的主旨和表达的情感。

再次是培养学生的灵感思维能力。灵感思维过程是对一种获得灵感到使问题得到完全解决的思维过程。灵感思维具有创造性地解决问题的功能。它的特征常常表现为“长期积累，偶然得之”的顿悟，是恍然大悟、豁然开朗的智慧闪光。培养学生的创造性思维能力，应当努力追求这种境界。教学《天净沙·秋思》，依照诗句顺序领会诗意，适时点拨为什么在抒情主人公眼里会出现枯藤、古道之类的事物呢？聪慧的学生会发现，因为观察景物之人是“断肠人”，处在天涯古道这样的地方和秋风肃杀这样的季节，处在日暮时分这特定的时间，“一切景语皆情语”，即便那安逸闲适的“小桥流水”，也只会增添主人公的无限感慨与惆怅。再如比较《君子于役》的上下两章，前一章是尽量强压思念而又不能不思念，后一章是盼归不能，寻找无着的情况下万般无奈，才只好将思念化为美好的祝愿。为什么不祝愿夫君飞黄腾达、安享荣华，而只不过希望在外的丈夫能不致忍饥受渴呢？最起码的生存需求成了人们的奢望，更见服役者的艰辛和勤劳的农妇的善良，因此也更能激起人们的无限同情。这些内容若没有学生的自我感悟，多少滔滔不绝的宣讲也无济于事。

三、对症下药，扩展学生的思维空间

于漪老师曾这样强调思维训练的重要性："学生不认真进行思维训练，读，就有口无心；看，浮光掠影；说，不得要领；写，内容干瘪，词不达意。"进行思维训练，需要了解学生的思维现状。当前，学生的思路闭塞，思维空间狭小是一个带有普遍性的突出问题。其根源在于以往教学中养成的"一言堂"和趋同倾向与依赖习惯，迷信教材，迷信教参，迷信权威，迷信教师确认的标准答案，严重地禁锢了学生的思想。引导学生思维，培养听说读写的能力就必须斩断束缚学生思想的精神羁绊，最大限度地扩展学生的思维空间，重视学生的个性发展。

针对学生上述思维弊端，我们在学生中培养一个习惯：习惯说"我认为"，有主见，会分析，敢于据理力争。实行两个坚持：坚持教学民主，相信并依靠学生；坚持实事求是，注重实践，服从真理。提倡五不迷信：不迷信教材，不迷信教参，不迷信权威，不迷信教师，不迷信定论。实行这些做法，解放了学生的思想，带来了课堂上生动活泼的局面。

在解放思想、开拓思维空间方面，我们主要抓以下三个方面。

一是打破禁区。在以往的教学中，"爱情"是个谈之色变的禁区。我们根据《君子于役》的内容实际，让学生体会其中的爱情成分，引起了学生的兴趣，也确有积极意义。过去还有意无意地形成了一种习惯，即只敢肯定爱国的、为民族和人民的高尚情感，不敢肯定个人的低沉哀怨的情感。在教学《天净沙·秋思》时，我们提倡说真话、抒真情，坚持以"合情合理，有根有据"为评判是非优劣的标准，不搞假大空，不搞违心说教，哪怕是曲解原文，只要言之成理，有一定积极意义，也不一概否定，让其保留"一家之言"，鼓励有新的发现。

二是广泛联系。诗歌的特点是语言简练，古代诗歌更是言约意丰。要理解其丰富的内涵，不能局限于字面意义，必须用联系的观点追根溯源，推断结果，全面地、发展地看待事物。内部联系主要指词语之间和句子之间的联系。联系有助于构成统一和谐的画面。比如“枯藤、老树、昏鸦”，这三个事物不是独立存在的，老树是枯藤的依附，是乌鸦的归宿，三种事物共同构成了深秋日暮的凄冷画面，共同衬托了观察者的心情。联系有助于体会结构上的严谨，“枯藤”和后面诗句中的“西风”前后呼应，”秋风扫落叶”暗示了当时所处的是深秋时节。联系还有利于比较，《君子于役》中两章的对应位置上一为“曷至哉”，一为“曷其有佸”，两个问句一为盼夫归，一为盼相会。夫归固然能相会，像孟姜女那样千里寻夫，也不失为后章诗句中多出的一种选择。盼夫不归，寻夫不能，后章就比前章多了一重权衡和无奈。外部联系是根据所学诗歌的词句意义、主旨、作者、时代、类型风格等向外扩展，联系与之相同、相似、相近、相对、相反等有关联的内容，扩大学习容量，丰富诗歌的意境。比如着眼于体裁和主题，由《君子于役》想到汉乐府民歌中的“十五从军征，八十始得归”的老兵；着眼于诗句表达的内容，由“苟无饥渴”想到苏轼词中的“但愿人长久，千里共婵娟”的美好祝愿，通对联想、比较，更显前者的朴实和主人公的担心和哀怨。这样将不同时代、不同样式的相关内容结合起来，就不仅是爱思、会思，且已达到进入多思、深思的境界，必能引发出新的感悟和创见。

三是提倡多解。诗歌语言的丰富性就在于它可以从不同侧面、不同程度上去解释某些词句和整个诗意。古代诗歌的学习追求与作者沟通，力求把握作者的思路是必要的，而以独特的视角求新的发现同样是可取的。《君子于役》的抒情主人公可以认定为年轻少妇，也可认定是半老徐娘，甚至可认定成一个年迈老妇。不同的年龄认定，会带来一些不同的理解。这种多视角的思维，能促进更好地理解《君子于役》这首民歌的丰富意蕴和普遍意义。此外如主题的确认，艺术风格的判定，都不宜简单地用非此即彼、是非优劣来褒贬，鼓励“仁者见仁，智者见智”是教学诗歌应持的态度。

古代诗歌教学应当重过程，重过程中的思维训练，不过分注重结果。这也正是新课标所提倡的目标之一。老师要善于从学生实际和教材实际出发，设计适合学生参与、能激起学生兴趣的教学环节，发挥教师的主导作用，尊重学生的主体地位，导读、导思、导说、导写，培养学生爱思的习惯、会思的技能，追求多思、深思的境界，养成良好的思维品质。从而使每一个学生都能生动活泼地得到发展，使他们知识更丰富，能力更实用，大脑更聪明。

（本文获全国中语会课堂教学研究中心教学成果一等奖）

直面爱情诗

——《我是一条小河》导读

爱情是人类最美好的感情之一。从《诗经》中的《关雎》，到包括冯至的《我是一条小河》在内的精美的现代爱情诗，以其细腻真挚的情感，拨动过多少爱美者的心弦。然而可悲的是，在相当长的时期内，语文教材中根本寻不到爱情诗的影子。当思想解放的成果表现为《我是一条小河》编入初中教材时，我们一部分语文教师有点手足无措。

如何教学《我是一条小河》之类的爱情诗呢？

其一，不能回避。我们大可不必学那些不敢讲“青春期卫生”的生理卫生老师。诗可以言志，更长于传情，可以传思乡之情、爱国之情，当然也可以传男女之间的爱慕和恋情。爱情诗终归是诗，说它是爱情诗，只是内容上的分类。我们仍应运用一般诗歌的阅读方法来解读它。

第一步，读懂诗意。除了理解每个诗句外，还要把握诗歌的结构，探究诗人的思路。《我是一条小河》中的“我”是抒情主人公，一般来说应指诗人自己。“你”是抒情主人公心中的偶像。诗歌首先描述了双方邂逅产生好感，接下来是爱情的酝酿、发展，最后是爱情之花遭到摧残。整首诗记录了男女爱情由萌生到毁灭的全过程。

第二步，感受意象。在《我是一条小河》中，诗人以奔腾向前的小河自况，以柔波喻指自己纯真的情感，以森林、花丛代表爱情发展的历程，以叶影、花影比喻美好的印象，裙裳和花冠则是对美的想象和憧憬。这首诗的第二、三节形象地告诉我们，为什么会“情人眼里出西施”。诗中的大海是自我失去后的所在，风浪则是家庭或社会这些扼杀纯真爱情的恶势力。“我”不得不面对这样的现实:不要说跟心中的偶像结合,就连美好的印象也难保持完整。

第三步,进入意境。把诗中的意象联系起来,我们可以清楚地感受到诗人寄寓在诗行中的感情。《我是一条小河》有相遇相知的喜悦,有情感历程中的浪漫,但更突出的是面对悲剧结局的无奈、失落和对美好向往的怅惘。将分散孤立的意象连缀成完整的画面,用情感的画笔为之着色,便可领略到整首诗的诗情画意。

其二,正确引导。爱情话题多年来都是语文教学上的禁区,对于初中生来说更是不敢擅越的雷池。当爱情诗出现在我们教材里的时候,当新课程标准推荐的古诗文背诵篇目中出现了《关雎》和李商隐的《无题》之类的情诗的时候,我们无法再发布不准传抄诵读爱情诗的禁令了,我们当然也不能安于不会导读爱情诗的无能。我们应当解放思想,转变观念,变消极禁止为主动探究,不断提高驾驭教材和课堂教学的能力,提高引导学生学习各类诗歌的本领。

首先,要引导学生树立崇高的爱情观。纯洁高尚的爱情应当像《关雎》描述的那样"思无邪","发乎情,止乎礼"。《我是一条小河》所写的男女之爱似影如波,"彩霞般的影"靓丽多姿,"软软的柔波"柔情似水,多么美!两个"无心"显示出二人间的爱纯洁自然,没有丝毫功利色彩。心仪偶像的"我",没有刻意的追求,没有肉麻的吹捧,更没有直白浅薄的"我爱你",只是发自内心地把感受到的美好印象,一一加在"你"的身上,心底荡起情感的微波。从整首诗来看,抒情主人公的爱是那样的真诚,那样的理智。而这理智,恰恰是现在的少男少女所短缺的。

其次,要引导学生拥用健康的审美观。爱美之心,人皆有之。让学生通过学习爱情诗而去赏美激趣,增强热爱诗歌的情感,应该是诗歌教学的重要目标之一。可通过朗读,感受诗句的凝练美、韵律美,通过默读品味,发现诗句的结构美、诗篇的层次美、诗情的流动美、诗意的含蓄美。

冯至的《我是一条小河》,行文也像小河流水一般。从词句看,"绕过"而不是经过,体现出邂逅之初的距离美,"荡荡"和"粼粼"、

“剪裁”和“编织”，语言富于变化，又极重视相互搭配。从全诗的结构看，首尾的对比、照应，第二、三节的重迭铺陈，后两节和前三节的转折对照，构成了流动多姿的情感河流。随着情感的流动，显示出清新、浪漫而又幽怨的意境。这样由部分到整体、由形式到内容的赏美过程，会使学生在品读赏析中进入陶醉忘我的境界。

另外，要不失时机地发展学生的创造思维。领悟诗作的本意，探寻作者的思路，不能是学诗的终极目标。不同的读者，不同的心境，在不同的背景下，从不同的视角去读同一首诗，那理解和感受肯定是不同的。“一千个读者就会有一千个哈姆雷特”，讲的就是阅读能在读者心目中再造形象。要在爱情诗的学习中最大限度地培养和激发学生的创造才能。

以创新的眼光来阅读《我是一条小河》，我们面前会展现出一个多姿多彩的世界：从情感抒发看，可以是侧重对美好过去的回忆，也可侧重对无情的大海和风浪的愤慨和面对现实的无奈；从爱情的定位看，可以认为是两情相悦的热恋，也可认为是抒情主人公的单相思；从诗歌的主旨看，可以是爱的心路历程的追叙，表达失意的怅惘，也可以把“你”看成一种信仰和追求的理念，还可着眼于小河注入大海失去了自我，把诗歌理解成是对自由、对个性的形象化的思索。只要能深入到诗句中，联系生活思考感悟，能够言之成理，持之有据，那么每一种新的见解都可能是闪耀的思想火花。

既然爱情诗在诗歌中有一席之地，既然我们都承认爱情是人类最美好的感情之一，那么我们就不能对它视而不见，更不应仍把它看成洪水猛兽。要正视我们对这一题材不熟悉的差距，尽快填补上无知的空白，摆脱无能的尴尬，研究它，驾驭它，这样才能在爱情诗的教学中，掌握指导的主动权，较好地发挥语文教师的主导作用。

直面爱情诗，无论是以《关雎》为代表的古诗，还是《我是一条小河》这样的新诗。相信我们广大的语文教师，能够接受新教材给我们提出的新课题，适应素质教育对我们提出的新要求。

（本文获全国中语会课堂教学研究中心教研成果一等奖）

《出塞》诗主题辨正

——兼谈古代诗歌教学

王昌龄的《出塞》诗的主题是什么？有一本权威的参考书上说，这首诗的主题是反对战争。我们认为这一断语是笼统的，不正确的。

战争的性质有正义和非正义之分。滥用武力，争夺霸权，无端生事，恃强凌弱，拉历史倒退，给本国和别国人民带来灾难，这样的战争是非正义的；而保家卫国，平定叛乱，自卫反击，消灭暴虐势力，保障人民过上和平安定的生活，以此为目的的战争则是正义的。为正义而战，为保卫祖国的领土完整、保卫祖国人民的安宁而守卫边境，虽苦犹荣。崇尚建功立业、报效祖国的盛唐边塞诗人，是不可能反对这样的战争的。

《出塞》是一首抒情诗。正确地理解诗歌，应当从理解语言入手，体会作者的思想情感，并进入诗歌的意境之中。将诗人和诗歌放在特定的历史背景中来思考，就能实现打破时空界限，与诗人进行"伟大的对话"，就能准确地把握诗歌的主题和风格，从中汲取营养。我们认为，《出塞》的主题应当是通过对月下雄关的咏叹，抚今思昔，抒发了"师劳力竭而功不成"的感慨和对英雄、对和平生活的期待之情。

诗歌的主题是什么，不能由教师强塞硬灌给学生。理解诗歌的主题也并非学习诗歌的终极目的。语文教学重在过程，古代诗歌教学应当在引导和帮助学生读懂的过程中进行语言教学和思维训练，培养学生的阅读技能，进行情感陶冶和审美教育，发展学生的个性。要让学生真正读懂诗歌，较好地完成古代诗歌的教学任务，我们觉得应遵循以下四个方面。

一、咀嚼语言，把握主题

诗歌的语言是精练的，隽永的诗味诗情要细“品”才能感悟得到。咀嚼语言可归纳为三“品”。

一品诗题。题目往往是诗歌内容、范围的提示。之所以会有人得出这首诗的主题是反对战争的这一结论，很大可能是因为错误地把“出塞”理解成出师到塞外，即征讨别国或开拓疆土。其实，汉乐府就有多首《出塞》、《入塞》等歌曲，内容多为边塞军旅生活。与岑参大体同一时代的杜甫也有《后出塞》诗，叙述的是驻守关塞的部伍生活。可见这“塞”指的是为保卫领土完整而设在边境的建筑，“出塞”既可理解为出征关塞，也可理解为出守关塞、出巡关塞等，不见得就是打到关塞之外去。“出塞”之类的诗所涉及的多是边塞风情、军事话题、军旅情感是无疑的。

二品诗句。王昌龄的《出塞》，首句由眼前上联秦汉，增加了历史的厚重感，次句提到“万里”“长”，着眼于空间，未还之人显然是指世世代代的那些远离家乡亲人投身于战争的征夫了。后两句可看成对“人未还”原因的解说：外有胡人入侵之虞，内乏飞将军李广那样的有为将帅。品诗句不仅要理解每个诗句，更要将句与句联系起来，从整体上去把握诗句的意思。

三品诗眼。诗眼是诗歌中最凝练地传达诗人意趣的句子甚至只是某个字词，王昌龄的《出塞》诗的最后一句“不教胡马度阴山”，点明了边关将士的生命意义、决心和抱负，也是诗人以至每个热爱和平的人的意愿和期待，体现了诗人、征人和广大人民意志的统一，可称点睛之笔。把握了这一句的精髓，就不至于把这首诗的内容理解成对外扩张，不至于把这首诗歌的主题片面地理解为反对战争了。

咀嚼语言首先是读，在反复吟诵中读准重音、读出节奏；其次是思，边读边思或掩卷沉思，从而体会出各个诗句以至整首诗歌的意蕴或弦外之音。

二、体会感情，理解主题

诗言志。人常说的“诗情画意”，表明诗歌离不开一个“情”字。抒情诗往往是诗人在激情奔涌之时的情感记录。但诗歌一般来说是含蓄的，诗人抒情的方式大多不是“啊，我爱你”之类，而是或多或少地将感情融进字里行间里去。准确领会诗人借助诗歌传达的感情，需要剥去语言包装的外壳，用分析手段去透视、扫描，从看似平淡的描写或叙述中发现真挚、深沉的情感。就《出塞》这首诗来说，天上的明月和地上的雄关是诗人感情的触发点。抚今思昔，明月还是那轮明月，既照着家乡，也照着边关，能勾起多少家人与征夫的相互思念。从修筑关城关墙到据险守边可以上溯秦、汉。这“关”地处祖国边境，有时是战争攻防的焦点，有时也是对外沟通的驿站。无论是战争还是和平，这“关”都是守边将士辛苦与血泪的见证。可以说是明月有情，关亦有情。将士们长年驻守万里之外，亲人难见，故乡难回。诗人在诗中抒发的首先是同情，当然也有对外来入侵者的痛恨之情，对李广那样的英雄的赞美之情，对能震慑敌胆、保卫祖国安宁的英雄的期待之情，也不排除有对国力衰微、边备松弛、将帅无能的不满和失望之情。此外更有保家卫国、“不教胡马度阴山”的壮志豪情。体会出上述全部或部分感情，同样靠诵读与思考。由此可见，诗歌教学强调书声琅琅是颇有道理的。创设情境让学生进入角色，去体会诗人在特定情况下的情感，应当成为语文教师努力追求的目标之一。

三、导入意境，感悟主题

意境是文学艺术作品通过形象描写表现出来的境界和情调。只有进入意境，才能完整准确地理解文学作品，直观、形象地再现生动感人的画面，才能加深记忆。导入意境是诗歌学习至关重要的一步。

联想和想象是导入意境的重要桥梁。借助联想将此时和彼时、读者和作者、诗句内容和人们的生活体验等联系起来；通过想象，在自己头脑里依据诗句再造新形象，将景物着色，让人物活动，构成一幅幅生动的画面。这样，白纸黑字记载的诗歌语言就活起来了。

导入意境，让学生设身处地地领会诗歌，离不开假设。特别是对古代诗歌了解甚少的中小学生，我们不可能要他们全面了解作者与写作背景，而假设正是弥补对古代诗歌了解不多而又希望将诗歌内容具体化的良方。在教学《出塞》一诗时，我们作了这样的一些假设：假设诗人是朝廷派往边关视察防务的官员，他在守边将帅陪同下月夜视察，他会看到什么，说些什么；假设诗人自己是守边将领，他月夜巡视哨位，会做些什么，说些什么；假设诗人是守边将帅的幕僚，他放下书卷，走出营房，伫立关上，会想些什么……借助假设，将人物、场景具体化，将诗的内容转换成人物活动或场面描写，经过口头表达相互启发、补充，最终在每个同学的头脑里都会定格成一幅情调鲜明的图景。在此基础上揣摩语言、酝酿情感，诗歌的主题就不再是抽象的标签，而是形象可感的活动画面。设身处地的假设能拉近读者与诗作者的距离，达到感情的沟通。

四、扩展阅读，印证主题

“知人论世”是欣赏和评价文学作品的重要原则。“知人”即了解作者的身份、经历、性格、艺术风格等有关情况；“论世”即了解作品创作的时代背景，以准确把握创作意图。在古代诗歌的教学中，我们不可能要求学生去查阅大量的资料，达到“知人论世”的高度。但是完全可以发挥教师的主导作用，为学生提供一些相关的材料，帮助他们深入地领会作品的内容，从相互参照中提高举一反三的能力。

诗歌教学的实践告诉我们，学生思维的速度常常比说话的速度快 3—4 倍，有效地利用这一“时间差”，以教材为中心，适当向外辐射，加入一些相关的内容，不但可以增加课堂的容量，开阔学生的视野，活跃学生的思维，而且能够激发学生课外阅读的兴趣，从一定角度印证所学诗歌的主题，加深对教材的理解。

就《出塞》一诗的学习来说，要体会诗歌中包含的情感，可扩展阅读王昌龄的《从军行》。从他的“烽火城西百尺楼，黄昏独坐海风秋”来理解边境战争的激烈和忧思怀乡的情感；从“黄沙百战穿金甲，不破楼兰终不还”来理解杀敌报国的决心等等，都能对《出塞》诗的主题起印证作用。

王昌龄是盛唐时期边塞诗派的重要诗人之一。而边塞诗派的杰出代表则是高适、岑参。扩展阅读高适的《燕歌行》、岑参的《白雪歌送武判官归京》等都有很好的佐证作用。高适的《燕歌行》中有一句“至今人说李将军”，和《出塞》中的“但使龙城飞将在”，不仅用典相同，旨趣和意蕴也相同，真可谓异曲同工。选用这样的诗句作为扩展的材料，是教师发挥主导作用的用武之地。从这个角度说，语文教师提高自身的文学素养，多读多记一些教材教参之外的有价值的东西，是非常必要的。

正确把握诗歌的主题是学习诗歌的主要内容之一，教给学生高效率地读懂诗歌的技能技巧是诗歌教学的重要任务。如何发挥教师的主导作用和学生的主体作用，教好学好古代诗歌，这是一个大的课题，还有待我们进一步探索。

导引学生进入艺术世界

——《安塞腰鼓》教学谈

人教社大纲修订版初中语文第二册第四单元的内容涉及文化生活的若干方面。编者意在让学生“看看作家们对文学艺术的体验和感悟，以及由此生发的对人生的思考和认识，以丰富自己的文化素养”(摘自教材“单元提示”)。其中的《安塞腰鼓》这篇课文，完整地描述了观赏一场富有陕北地方特色的腰鼓表演的见闻和感受，是一篇具有强烈的震撼力的以艺术欣赏为内容的散文。导读这篇文章，应当致力于引领学生进入文学和艺术的世界，帮助学生深刻认识语文与艺术、艺术与生活的关系。

如何把指导读书与感悟艺术有机地结合起来，既提高阅读水平，又增进艺术欣赏能力呢？下面谈谈我们对导读这篇文章一般步骤的探索，以期能对学习此类文章有所帮助。

一、由整体到局部，解读课文内容

阅读文章离不开整体把握。《安塞腰鼓》从描写参加表演的年轻人和表演的场所、场景着笔，写了表演者的生龙活虎和养之有素，以静发端，为动蓄势。接下来以“好一个安塞腰鼓”的赞叹，作为观赏的阶段性标志，先写总印象，再写声音、写表演者、写舞姿，最后是人的舞、鼓之声交织融合成茫茫一片的大印象。

在腰鼓表演进入高潮的时候，戛然而止，由动转静。出奇的寂静，反衬出表演的热烈奔放。全篇首尾照应，正文层次清晰，每个层次里先描述表演情状，再引导读者感悟与联想，多方面展示了安塞腰鼓的雄壮美。在局部精读时可通过朗读文章的语句，感受表演的气势之雄伟、气氛之热烈，感受声音的震撼力、表演者的生命力和舞姿的感染力，感受本文语言简洁、明快和生动以及给人的无穷回味。掩卷沉思,不由得对作者描述之真切、比喻之恰当和联想之丰富,击节赞叹。俗话说“百闻不如一见”,而读刘成章的《安塞腰鼓》则是“看景不如听景”。因为读这篇文章既使人有身临其境的感受,又给人留下了广阔的想象空间。

二、由现象到本质,欣赏腰鼓表演

欣赏表演艺术,有个说法叫“会看的看门道,不会看的看热闹”。这“门道”就是各种艺术形式的特点和艺术魅力,以及给人的感官带来的冲击。对于腰鼓表演,刘成章可以说是一个精通其门道的人。读了《安塞腰鼓》一文,即使是一个从来没见过那类表演的人,也会留下不可磨灭的印象。

课文描写了农村实行联产承包责任制后一场自娱自乐的表演。场地不在音乐大厅,不在礼堂剧院,而在广袤的黄土高原上。大片高粱地是这大舞台的背景。表演者不是音乐殿堂的学子,也不是文艺团体的专业演员,而是百十个穿农民衣吃农家饭的朴实后生。可就是他们,演出了气势磅礴的安塞腰鼓,他们的跳跃和敲击,显示出中国农民改革开放后释放出的改天换地的气概与活力。

表演开始了。没有序曲,没有过渡,那一群茂腾腾的后生们发狠地敲击与忘情地狂舞、表演正是要展示他们的生命活力。这鼓声传达了农民的心声,那有力而疾速的搏击是农民追求富裕幸福生活的宣言。当表演者的腰鼓声都浑然一体时,谁能不相信在党的富民政策的召唤下,他们必将创造出比这场表演宏大得多的奇迹?当那舞步与鼓点骤停的时候,表演者与观众、作者与读者有谁不陷入深深的思索?

这一场安塞腰鼓表演给人的视听震撼是表面的,是现象,而引起人们的思索则是深层次的,是本质。这一本质通过动与静的对比、江南与西北的对比得以凸现,通过每一个观赏者的联想得到强化。走进课文,走进演出,我们受到这场表演的艺术熏陶,得到奋发向上的人生启迪。

三、由个别到一般，领略艺术规律

艺术的表现形式不同，但艺术欣赏的基本方面是相通的。依照事情发展的先后，由整体到局部，先获得整体印象，然后根据艺术形式的具体特点有重点地领略，要尽可能多地调动各种感官。如果是欣赏书法、美术、雕塑、建筑，主要靠视觉，同时也要变换角度，边看边想，展开联想与想象；欣赏歌曲与器乐演奏，主要调动听觉，边听边想，进入声音的世界里，去发现音乐中的高山流水，感受演奏者的喜怒哀乐。

《安塞腰鼓》描写的那场表演，展示的是视听综合艺术。百十个后生，百十个腰鼓，宏大的场面，有节奏的韵律和舞步，表演者用他们的腰身和四肢，用他们火花般闪射的目光，旋风般飞扬的彩饰，以及敲击出的声音，为观众营造出力与美结合的氛围，给人以鼓舞，产生挣脱羁绊、撞开闭塞、摆脱贫穷与痛苦的思想情感，激起追求生活的欢乐的强烈渴望。这就是艺术，由劳动者创造的自娱自乐、自我教育的艺术。

由个别到一般，刘成章笔下的20世纪80年代中期的那场安塞腰鼓表演还启示我们，艺术欣赏也需要“与时俱进”，需要发挥每一个欣赏者的创造力。我们不妨来一个假定：假定时隔15年后，在开发大西北号角吹响的背景下，我们再来欣赏同样规模、同样形式的腰鼓表演，试想会有哪些不同？我想，起码那些表演者的服饰会更亮丽；不再靠红豆角、老南瓜提供能量的躯体，会更加精神抖擞；那舞步会更轻快有力；那眸子中会更多一些自信；那腰鼓声会少一些晦暗，多几分明晰。它是催征的鼓点，是凝聚力量的艺术化的动员。将新的时代背景和人们的崭新意识代入传统的艺术形式，将纯真的思想情感带进欣赏或表演，那么，无论是歌舞说唱，还是器乐演奏都会常演常新，常赏常新。

从欣赏课文到欣赏腰鼓艺术，再从领略此种艺术形式，推广到欣赏其他艺术形式，归根结底离不开两个字：用心。用心读书，懂其意，悟其情，解其理，赏其美，学其巧；用心欣赏艺术，从中领会“舞台小社会，社会大舞台”的真谛，我们就会少一分沉迷，多一些清醒的感悟。

引导学生进入艺术的世界，不断丰富学生的文化素养，这是我们语文教育工作者恒久探索的课题。

（本文获全国中语会课堂教学研究中心教学教研成果一等奖）

感悟　总结　迁移

——谈谈小说阅读中的学法指导

达尔文有句名言:“最有价值的知识是关于方法的知识。”就阅读来说,掌握一定的方法,就可以提高效率,事半功倍。小说阅读当然有其自身的规律,但教给学生按规律进行阅读的方法,却不能像一般工具那样一交一接就能完成。这需要发挥学生的主体作用,通过阅读实践去领悟、发现、总结、运用,最终形成技能,提高阅读素养和学习效率。现以导学《驿路梨花》和《鲁提辖拳打镇关西》为例,谈谈小说阅读中的学法指导。

一、引导学生感悟,促进理解发现

在教学中,学生的主观能动性是内因,教师的启发、讲解则是外因,“外因通过内因而起作用”。我们常见到一些很负责任的老师,把自己提炼的方法、现成的结论硬塞给学生,结果事与愿违,学生不但无所得,还养成了依赖别人的坏习惯。课堂教学中教师起的作用应是引导和疏导,而不是代替学生读书和思考。

引导主要是导读和导思。导读,或提出问题,让学生带着问题去读书,迅速捕捉要点;或针对某些内容,指导朗读,读出声来,读出节奏、重音、语气语调,读出味道和情感。《驿路梨花》中在边境生活过多年的老余,当发现梨树林时,惊叫了一声:“看,梨花!”我让学生反复读这句:“看,梨花!”直至读出由衷惊喜的感情,让大家思考惊喜的原因,除了梨花素雅芬芳之外,更重要的是老余根据生活经验,即有梨花的地方就有人家,推断出前面有人家,可以解决住宿的难题。这样导读,让学生在小茅屋出现之前就读出了它的可贵。导思,即把握正确的思维方向,让学生披文入情,披情入理。教学《驿路梨花》,在导读发现小茅屋一段时,我这样提示:小茅屋里没有人，但有人在这里做了很多事，处处体现了“主人”的热情和周到，请同学们结合环境描写，认真加以体会。同学们由物及人，悟出了现象后面的本质：门从外扣着，为的是既防止野兽进入，又便利行人进屋；门板上写的“请进”，为的是打消来人进门时的疑虑；厚厚的稻草便利行人休息解困；墙上的字指示出的干柴、粮食、盐巴、辣子能解决烧火做饭的具体问题；水还“清凉”，说明小茅屋得到了及时的照料和补给。这些发现，既正确领悟了景物描写的作用，也体会出文章侧面描写的妙处。

当学生思维出现偏差或受到局限时，教师有义务加以疏导。《驿路梨花》开篇一句：“山，好大的山啊！”这句话绝不是像有些同学领会的是赞美山河壮丽的。情感不能脱离所处的具体环境而产生，我让学生诵读下文，说说这是谁在什么情况下发出的感叹。学生领会到文中的“我”一行因天色渐晚，住宿无着时看到大山的心情，就会知道那一句抒情只能是焦急的喟叹，这一句喟叹，也从一开始就反衬了小茅屋的可贵。就这样让学生深入到文章的字里行间，去探究行文的本意。

这样的引导和疏导活跃了学生的思想，还引出了一些新的见解。有学生提出，注释中说“驿路”在文中指行人所走的道路，那么小茅屋就是这山间小道上的驿站。还有学生说，结尾触景生情联想到“驿路梨花处处开”的诗句，这里的“驿路”应代指全国的每一个角落，诗句应理解为雷锋精神之花开遍祖国大地。这些理解为课文增添了新的诠释，闪烁出智慧的火花。

二、启发积极思维，协同总结规律

阅读教学有两大弊端，就是重复和灌输。其实，阅读不应“从零开始”，应在学生已有的基础上起步。教读小说更应相信和依靠学生，多给学生参与教学活动的机会，促使他们深入学习，解疑难，寻规律。

划分文章层次是阅读的常规步骤之一。作为记叙性文体，小说的层次划分必然要受共同规律的支配。在划分《鲁提辖拳打镇关西》的层次前，我让学生回顾记叙文分层的依据，学生列举后，我让他们分别选择时间变化、地点转移、人物增减、事件变更或发展阶段不同作为分层依据，来划分文章层次。然后进行比较，求同存异，参照地点转移配以故事情节的四个阶段，划出了“潘家酒楼听诉，鲁家客店安良，状元桥前惩恶，府前下处出逃”四个层次，为人物分析奠定了基础，并初步总结出划分小说层次的一般规律。

小说的重要特征是以塑造人物形象为中心。阅读小说应以人物分析为重点，领会文章的社会意义。分析人物主要是听其言、观其行。精读前我启发学生注意文中的人物描写，加上平时的生活体验，展开想象，再现当时当地的情景，“进入角色”认识人物。在《鲁提辖拳打镇关西》中，当鲁达听说郑屠仗势欺人的罪行后，当即要“去打死了那厮”，一方面表现了他性格鲁莽，另一方面也表现了他疾恶如仇。教读这篇小说时，我还重点让学生从文中体会鲁达的“细”和“有谋”。学生思路打开了，竟找到了六处表现：在酒楼耐心听取金氏父女的诉说，待人离开后才丢还李忠的银子，亲自到客店护送金氏父女离去，在店门口坐两个时辰防止店小二追赶，激怒郑屠让郑屠先动手，打死郑屠后假意说是诈死，赢得逃离时间。这样导读，训练了学生思维的敏捷性，帮助学生全面认识了人物性格，同时也学到了许多描写人物的方法，丰富了生活体验。

把人物放到特定的历史环境中去认识，是历史唯物论的基本观点，也是正确理解人物形象具有社会意义的重要规律。我让学生结合如何评价鲁提辖这个人物，总结评价标准。我帮大家整理出三点：一是要站在人民群众的立场上评价人物，二是要从人物所处的时代和出身来认识人物局限，三是结合历史背景认识事件的产生原因和意义。有一个问题引起了争议：鲁达在拳打镇关西之前，也曾打过店小二一掌一拳，对此该怎样认识？有人说店小二该打，他是镇关西的忠实奴才；有人说不该打，他是迫于郑屠的淫威，不得已才阻拦金氏父女逃离的。于是大家套用总结出的规律来分析，统一了认识：鲁达身为军官，急躁任性；他救人心切，感情胜过了理智。店小二的行为触怒了他，店小二挨这一掌一拳是代郑屠受过。况且和后面的三拳相比，打的力量和部位还是有分寸的。怒打店小二是拳打镇关西的前奏，对高潮部分的刻画起了铺垫作用，初步展示了人物个性。在运用思维成果分析解决问题的过程中，学生长了见识，提高了分析问题的能力，又反过来激发了思维的主动性。

三、推动知识迁移，鼓励欣赏、创造

总结和掌握规律，目的在于应用。在课堂上学到的知识技能还需再回到阅读实践中经受检验、修正，通过迁移熟练掌握，才能转化为阅读素养。

最直接的迁移是在课堂上尝试应用所学知识，发现和解决问题。在讨论按地点转移划分《鲁提辖拳打镇关西》的层次时，细心的学生发现还有一处地点变换。那一段交代了鲁达从潘家酒楼回到自己住处，饭也不吃，气愤愤地睡了。与其余部分比较，显然它无法构成一个独立的情节阶段，但又不能无视它的存在。我启发大家用学过的过渡段知识，对这段进行分析、归并，认识到它是酒楼问事后的余波，应归依上段。这样较好地解决了问题。

另一种迁移是充分利用课后练习。理解了《鲁提辖拳打镇关西》中鲁达的“细”和“有谋”以后，当即让学生阅读练习中提供的“智斗泼皮”一段文字，分析鲁达的动作和心理，比较鲁达对众泼皮和对郑屠的不同态度，这样学以致用的练习收到了显著的效果。

在以后的课堂教学中，特别是学习同类文章时应用以前学到的知识技能，这是又一种迁移形式。例如，从《人民英雄永垂不朽》中找到描写句，体会写景中抒发的感情；分析小说《七根火柴》开头部分景物描写的内容，体会它对人物和主题所起的作用。这都能够迁移应用在《驿路梨花》中学到的体会景物描写的作用的方法。

当然，更多的迁移还应是在课外阅读中应用课堂上学到的知识。

小说阅读不能只停留在理解的层面上，应当将阅读引向欣赏和创造这样的高度。《驿路梨花》写的是人物群像，而在引导解读时往往只能找到解放军、梨花姑娘、梨花妹、瑶族老人及“我”和老余。我启发学生找一找漏掉了什么人，细心的学生找出了其他到过小茅屋的行路人，他们既是受益者，也是维护者，同样是小茅屋的主人。小茅屋正是使许多人受益，才更显其存在的价值。这些不同民族、不同年龄、不同职业的人，以不同的做法表现了共同的精神——雷锋精神。这一补充使得文章正面写到的内容更有代表性，使对侧面描写的认识又加深了一步。这种不墨守教参的创新阅读有利于进一步激发学生的阅读兴趣。

巧妙利用插图也能促使阅读进入新的境界。我曾针对《鲁提辖拳打镇关西》的插图设置过这样一个训练题：指出插图画面上哪个人是店小二，并说明理由。对这一问题，多数学生茫然无措，部分学生瞎猜一气，而细心的学生指出就是隐在拄杖老人身后那个探头探脑的人，依据是文中写他来报信，起初远远地站着，他关心事态发展，又怕鲁达发现，所以才有图中那样的表现。这样结合课文看画面，根据画面理解课文，虽说简单，但带给大家的启发是巨大的。

学会阅读小说不能指望有谁能传授一套包打天下的秘诀。正如夸美纽斯所说：“一切语文从实践去学习比用规则学习来得容易。”我们不是不要规则，而是旨在强调要让学生参加阅读实践，以主人翁的姿态参与阅读教学过程，去阅读、思辨、总结、应用、发现，从而提高阅读速度和质量。

相信通过课内有效的语言教学和思维训练，通过课内外大量的阅读实践，一定能提高学生解读和欣赏的能力，进而达到叶老所提倡的“不待老师讲，自能读书”的境界。

遵循认知规律　进行有序的思维训练

——《〈陈毅市长〉选场》教学谈

语文素质教育要求阅读教学要重过程，在教与学的过程中通过训练发展学生思维能力，在潜移默化中陶冶学生情操，提高审美能力。这就要求处于主导地位的教师，遵循认知规律，保证学生在学习时思维流畅，实现课堂教学中的和谐共振，提高思维训练质量。按照这些要求，我们课题组研究了《〈陈毅市长〉选场》一课的教学，就戏剧教学中的思维训练，作了一些有益的探索。

一、由远及近，设计好导语，将学生带入规定情景。我们这样设计这一课的导语：先引赞美陈毅的诗句“天南一柱百战身，将军本色是诗人”作为缘起，复习《梅岭三章》，接着看简介陈毅的主要经历、业绩和建国初期上海面临的形势，然后说：“一滴水可以映出太阳的光辉，今天我们通过陈毅任上海市市长时辛勤工作的一件小事，来领略一下他的政治家风采。”这样的导语设计有助于调动学生的知识积累，增进对主要人物和时代背景的了解，对他们的大脑机器作了预热和发动，使学生能以良好的状态进入阅读中的思维训练。

二、由整体到局部，引导初读，整体把握课文内容结构。读前我们提出了这样几个问题：1. 选场写了一件什么事？用一句话概括下来。2. 选场出场的是两个什么人物？3. 按照解决问题的不同，将课文分成三部分，该怎样分？试说出理由。经过阅读和争论，达成共识：1. 陈毅夜访齐仰之。2. 无产阶级革命家陈毅和海内闻名的化学家齐仰之。3. “闭门拒客—请进”，“进门限时—破例”，“与我何干——定效力”。此外还从三个部分中找到了阅读重点在第三部分。

三、由浅入深，读思结合，品味剧本语言的妙处。精读一般要从语言开始。话剧剧本中的语言主要是人物对白和舞台提示。阅读时只满足于知道情节，那只是“看热闹”；能平中见奇，小中见大，体会出语言中包含的情感，体会出一个细节一个布景的深刻寓意和作用，才算是会“看门道”。精读过程中不是平均使用力量，而是抓住几个关键句子，导读导思，反复咀嚼品味。比如陈毅进屋后的第一句话：“齐先生就住在这里?”从字面上看不过是明知故问的一句家常话。老师引导学生思考并回答：“这里”是个什么样的地方?齐先生这样的专家学者住这样的地方说明了什么？在这样的地方仍致力于写书、专注地工作表明了什么？每回答一层，要求学生带上相应的感情把那句话读一遍，通过练读，分别读出了惊讶、同情、敬佩的感情，促使学生正确地领会了这句话的潜台词：齐先生的生活和工作环境太糟糕了！国民党政府太不重视人才了！必须改变齐先生的生活条件和工作条件！齐先生身居陋室仍潜心研究，太可敬了！再如领会结尾处齐仰之扯下“闲谈不超过三分钟”的字条这一举动的作用，不是停留在交代事情结局这一层面上，而是点拨学生往对刻画人物所起的作用方面想，学生不但说到了表现齐仰之勇于改正缺点，有强烈的报国热情，还体会到这一细节从侧面表现了陈毅市长高超的语言技巧和非凡的人格魅力。读出这样的见解，才算是读懂了，读出味来了。

四、由现象到本质，辨疑解难，指导从阅读材料里找答案。初中生看问题常常带有一定的片面性，启发他们透过现象看本质是克服片面性的好方法。在分析齐仰之这个人物时，就有不少人认为他是一个顽固不化、政治观念淡薄的旧知识分子，甚至认为他是一个反面人物。为帮助学生正确认识这个人物，我引导他们从课文中找这样两方面的内容：一是哪些地方能表明齐仰之有爱国热情和为人民造福的愿望，二是看陈毅对齐仰之是什么态度。学生找到了齐仰之对外国药品垄断中国市场痛心疾首、学成回国、雄心勃勃、一心想振兴中国的医药工业的内容；找到了当听到聘请他主持筹划建药厂的消息时，当即表态效力并愿秉烛夜谈以至谈三天三夜的内容。还有陈毅对齐仰之是尊重、关心、理解、信任的。仅举一例：当齐仰之说“你们真的要办药厂”时，陈毅当即回答“人民非常需要”，相信齐仰之是愿为人民做事的人。可见齐先生绝不是反面人物，而是一个尽管有缺点，但更有爱国之心报国之志，且有学业专长的极有个性的知识分子。

五、由聚合到发散，启发质疑，发展学生个性。将分歧的意见统一起来属于聚合思维，这对引导学生认识真理、得到真知是非常必要的。能从无疑处生疑，对问题敢于发表不同的见解，特别是敢于发表与老师、教参以至教材不同的见解更是难能可贵的。宁鸿斌老师就经常鼓励学生质疑，破除迷信。就《〈陈毅市长〉选场》一课，在推敲陈毅到底具备哪些性格特征时，有两种意见争执不下，多数学生认为不能说陈毅“胸怀宽广、高瞻远瞩”，这种意见跟教参一致。少数学生则认为概括这两条是恰当的，只是缺少根据，不那么理直气壮。为给这部分学生以鼓励，我故意站在他们一边，帮他们找依据：陈毅登门拜访吃了闭门羹，他没有使性子；当听到三分钟限时的条件时，他没有生气；当齐仰之说共产党人的社会变化之学与己无关时，陈毅也没有认为此人不可理喻。这是何等宽广的胸怀？陈毅在建国之初就知道搞建设要尊重知识、尊重人才，这怎么不是高瞻远瞩？在这样的启发下，还有的学生找到练习题的题干作根据，指出题干中也只是说有些说法“似乎不够恰当”，以此来证明自己的看法有道理。看到学生们的思维在碰撞中闪出火花，老师是多么的欣慰！由此看出，老师在培养学生个性、独立思考方面发挥的作用。

六、由感性到理性，扩展认识，从阅读中受到文化熏陶。优秀的课文，往往也是生活的教科书。特别是文学作品，更是蕴涵着丰富的营养。仅仅理解了教材内容，充其量只能算是到胜地观景；能从中得到启迪，学点能耐，才算是探宝山不空手而返。《〈陈毅市长〉选场》作为话剧剧本节选，给人的教益是多方面的，但最有价值的，还应是借鉴充分运用语言艺术和人格力量达到成功的经验。我们设置了这样的点拨语：陈毅市长使一个声称与政治绝缘的人，满腔热情地投身建设事业，仅仅是靠自己的口才吗？受到启发的学生开动脑筋，归结出除了语言技巧外，还靠热情、诚恳、尊重别人；靠审时、知人、机敏善变，对症下药；靠知识丰富，博学多才。从教材中挖掘出来并经提炼、概括的这些内容，将化为学生宝贵的人生经验。此外，由陈毅联想到的周恩来、邓小平等老一辈革命家的才干、品格，无疑会增强道德情感方面的陶冶作用。还有像《陋室铭》名句的引用和化用，"亲顾茅庐"、"枉驾来访"之类的文学语言，又能引起学生对相关课文和对历史、文学的阅读兴趣，这样逐步向课外延伸，增进学生的人文知识。

七、由分析到综合，引导总结，整理课文阅读和思维训练成果。课堂教学过程中的思维成果大多是零星、分散的，不加整理，会像"熊瞎子掰苞谷"那样，辛苦一场而两手空空。及时综合，将阅读和思考所得条理化，是积累的必要步骤。总结不能由老师包办，也不能强求一律，我们的做法是让学生仿例概括：依照速读时提示和小结的办法，用数字概括课文要点。有的从事件出发，总结出"一个条幅、两种'化学'、三大变化"；有的着眼于人物，总结了"一桩心愿、两个社会、三种态度"；有的以第三部分谈话为重点，总结出"一个'剂'，使两种化学性质在三十分钟内中和"。还有的不受"一、二、三"之限，以陈毅的活动为线索，着眼"三"字，连缀为"半夜三更，登'三宝殿'，破三分钟之限，进行三十分钟交谈，引出了谈三天三夜的心愿，三秒钟也没耽搁，去电厂工作通宵达旦"。各种说法及所做的阐释换得阵阵会心的笑声，不同说法又互为补充，使总结丰富多彩，学生对所学内容印象也更加深刻。

以上涉及七种逻辑顺序和多种思维方法的训练，根据思维规律和教学内容实际安排教学程序，设计思维训练环节，经初步验证是有效的。这样依照规律安排教学顺序，有助于提高学生参与教学过程的积极性，培养学生的敏捷性、批判性和深刻性，应该说是比较成功的。但是我们知道，认知规律不限于这七种思维顺序，各种思维方法的先后也不是一成不变的。由于阅读材料和学生思维状况的多样性，阅读教学中的思维训练应当是活的流程。要从实际出发，安排阅读教学和思维训练的内容、环节，以保证学习的主体——学生的思维流畅、高效，这方面的规律尚待进一步探索。这次有意识的实践增强了我们继续探索的信心，谨以本文的一孔之见作为引玉之砖，以期和更多的同仁，共同致力于探索语文素质的有序培养，研究如何有效提高课堂教学效率和学生的语文素养，为素质教育这个大课题作出贡献。

（本文发表于《河南教研》，并获省论文一等奖）

咬定青山不放松

——欧阳黛娜老师执教《木兰诗》赏析

1993年11月7日，南阳市市委礼堂。全国知名语文教育专家欧阳黛娜在这里示范教学，执教《木兰诗》。虽然有种种客观条件的限制，使欧阳老师留下了诸多遗憾，但作为场下学习的语文老师，我们已感到相当的满足。印象最深的是欧阳老师在教课中致力于培养学生的自学能力这方面。

上课伊始，师生相互介绍，熟悉情况，欧阳老师由自己的复姓引出南阳诸葛亮，自然、恰切，激发起学生的自豪感，为学习课文创造了良好的气氛，教学活动正式开始。

让学生板书课题——培养学生的书写能力。

引导读注解，明确作者不是郭茂倩，了解乐府和乐府诗——培养学生细心阅读的习惯和通过阅读获得知识的能力。

口述学习目标，让学生笔录——培养学生的速记能力。

解释标题：木兰，人名，以人名为题，属叙事，以诗歌形式叙述木兰从军的故事，进而让学生了解作者的思路——培养学生总体把握文脉的能力。

学生阅读，提出不理解的问题，从无疑处生疑——培养学生发现问题的能力。

根据学生所提问题，有重点地评点分析课文——培养学生在文言文阅读中极其有用的评点能力。

学生所提问题大致有四个：一、诗歌这样安排详略有什么道理？二、景物描写有什么作用？三、木兰“不用尚书郎”体现了什么精神？四、诗歌为什么用问句结尾？含义是什么？

欧阳老师指挥若定，将这些问题化解在指导学生学习的过程中。

齐读详写部分，纠正错误读音，强调重音与节奏——培养学生的朗读能力。

口译几个关键词，指出古今词义的差别，传授文言文的阅读知识，培养批注能力。

深层理解诗句："军书十二卷，卷卷有爷名"说明军情紧急，东南西北，买这买那，体现木兰准备充分。

景物描写句集中抓住了"黄河流水鸣溅溅"、"燕山胡骑鸣啾啾"两句，体会眷恋故土、热爱祖国和怒火在胸仇恨敌人的思想感情。

以上教学过程培养了学生由现象到本质、由景及情的分析能力和口头表达能力。

出征部分无非是征途艰难，生活艰苦，战况激烈，木兰英勇，略写的原因是战争生活大抵如此，且本文主旨不在这里——培养学生结构文章详略取舍的能力。

木兰"不用尚书郎"，辞去高官厚禄，心甘情愿回乡务农，体现了她不慕名利地位、向往和平生活的精神品质。这是木兰高尚精神的闪光，寄托着民歌作者的良好愿望。引导学生归纳总结，解决问题——培养学生由事及理的议论能力。

木兰回乡部分，写她自己及家人的高兴、激动，各有特征，抓住写伙伴"惊忙"而不是"惊慌"，辨析词义，恰到好处，入情入境地体会用词的准确性。木兰是怎样对待伙伴的"惊忙"呢？大概是笑而不答吧——培养学生的咬文嚼字能力和想象能力。

最后一段用比喻阐明道理，以问代答，风趣而饱含哲理，是群众替木兰作出的最恰切的回答——培养学生领会语言的隐含意义的能力。

结合木兰形象的分析揭示诗歌的思想意义，提供主题思想的基本格式，强调要点——培养学生归纳主题的能力。

让学生谈对诗歌最深切的感受——培养抓写作特点的能力。

布置作业，将第三部分改写为记叙文——从读写结合中培养学生的写作能力。

“咬定青山不放松”，这“青山”就是学生的能力。培养能力——一以贯之。欧阳老师的教学全过程为我们提供了注重能力培养的范例。

课后欧阳老师的学术报告中的话，为她这堂课的处理作了很好的注脚：21 世纪的功能性文盲即不具备自学能力的人。着眼于民族的未来，十二亿聪明、有能力的中国人是不可战胜的！现在的教是为了将来不需要教——这正是叶圣陶的教育思想。

为了祖国的未来担当起语文老师的责任，下大力气培养学生的自学能力。这，就是欧阳老师的一堂课给我们的启示。

为鲁庄公翻案

在总结《曹刿论战》这一人物形象时，大家一致认识到曹刿是一个有远见卓识，能见义勇为、沉着冷静的杰出的平民知识分子。那么怎样看待鲁庄公呢？多数参考资料、评论文章一致认为，他是个无能、冒失、短视、愚蠢的典型，是反衬曹刿的。我启发学生，这看法固然有一定的道理，但不够公平。大家以课文为凭借，都来找找鲁庄公的“闪光点”，使他免受不白之冤——为鲁庄公翻案。

学生顿时来了精神，潜心默读，热烈讨论，一个个跃跃欲试。是火候了，各组代表发言。

“鲁庄公不高高在上，他不因曹刿是一个平民而拒绝接见；不仅见，还有问必答，有求必应，打仗时还让他同乘一辆战车。”

“不错，没点礼贤下士的精神很难做到这一点。”我予以肯定。板书：礼贤下士。

“他尽职尽责。平时详细过问大大小小的案件，为百姓排忧解难，打仗时又身先士卒，亲临前线。”

“好，第二条——以身作则。”

“他不固执己见。他提出的迎战条件前两条遭到否定，他不气恼。打仗时他提出要反攻、要追赶又连遭制止，他不自以为是，能从谏如流。”

“他不耻下问，认真求实，没有掩饰自己的无知，战后虚心向曹刿请教致胜之道，学习战争经验。”

“他能取人之长，补己之短，有自知之明和知人之智，用人不疑，放手让曹刿施展才干。”

——归结出庄公的优点后，我说：“是啊，没有庄公的认可和支持，曹刿即便怎样有志有才，也得不到施展。统帅弱鲁战胜强齐，创造了中国战争史上以弱胜强的光辉范例，鲁庄公也应算一个英雄。”我的结语引来了一片会心的笑声。

这样，引导学生深入钻研教材，调动积极思维，既提高了学生的文言文阅读水平，又发展了个性，学会有理有据地分析，还锻炼了口头表达能力。大家学得生动活泼，学得主动，学得开心。由此看来，设计富有挑战性的问题，发挥教师的主导作用大有用武之地。

（本文发表于首都师范大学主办的《中学语文教学》）

《竞选州长》教学三题

《竞选州长》是一篇特殊的短篇小说。正因其特殊，人们对它的认识分歧也多，各种教参及助学资料上对它的解析差距很大，导致教师学生参阅时常感到无所适从。在教学这一课的过程中，我运用辩证唯物主义原理，对其中几个问题作了一些思考，这里谈几点看法。

一、按什么体裁教学这篇课文

《竞选州长》编排在小说单元里，可它明显有别于情节突出描写细致的其他小说，不少人感到按小说来教学这篇文章太困难。于是有人根据它故事性强、寓意深刻的特点，主张按政治寓言来教学，注意力放在分析情节、揭示主题上，结果弄成了生硬灌输、贴政治标签。也有人根据它大量摘引新闻的特点，主张当成新闻摘要来教学，把注意力放在分析引文的新闻要素上，结果与教学目标大相径庭，很难自圆其说。

这篇文章究竟该按什么体裁教学呢？

列宁有一个重要论断："个别一定与一般相联系而存在。一般只能在个别中存在，只能通过个别而存在。"《竞选州长》正因其有诸多的特殊之处，才形成了它独特的个性。但它毕竟是小说，这是其共性。共性寓于个性之中。我们应着力寻找这一"特殊"中的"一般"，发现这篇文章和一般小说的联系。也就是说，还是应该运用小说阅读的技能技巧来导读这篇文章，抓小说的要素，特别是通过分析人物形象来解读、领会课文，因为毕竟"共性比个性深刻"。

小说以刻画人物形象为中心，小说教学必须抓人物形象分析。《竞选州长》的突出特点之一是主要人物没有正面出场，即便是贯穿始终的"我"，也好像只是在那里讲故事。透过现象看本质，分析出人物性格和人物间的关系，是教学的重点难点所在。教学的关键是“把隐藏在幕后的黑手揪出来”。虽然“我”的两个竞选对手从未露面，但不难发现文章的主体部分里，他们无处不在，且十分主动、异常活跃：狼狈为奸、不择手段地从名声上搞臭独立党候选人是他们共同的阴暗心理；报纸上装腔作势、凭空捏造的“新闻”是他们的宣传语言；策划于密室、支派流氓抢砸竞选对手、投放匿名信、导演闹剧则是他们的动作行为……可以说作者极巧妙地向读者展示了伍德福、霍夫曼之流的狐狸尾巴。揪住狐狸尾巴，就会揭露出他们那卑劣无耻的资产阶级政客嘴脸。

二、谁是这篇小说的主人公

小说的中心人物被称为主人公。教学参考书上说《竞选州长》的主人公是善恶颠倒的人物群像，包括独立党候选人马克·吐温和他的竞选对手。按照通行的文学理论，主人公应当是典型环境中的典型人物，文中的“我”却不是。

马克思主义认为，事物的本质是由它本身固有的特殊矛盾决定的。这篇小说的中心事件是竞选。竞选的含义是候选人在选举前进行种种活动争取当选。文中的“我”自投入竞选以后一直无所作为：既未宣传自己，更未主动出击，面对别人的攻击和强加的诸多罪名，至多是诧异、苦恼而已，从未作过一次像样的解释和辩驳。唯一可称得上行动的，是拟发了一份退出竞选的声明，落款时还将别人强加的罪名一一照录不误。糊里糊涂地掺和进去，窝窝囊囊地败下阵来，世上哪有这样的竞选者？又有谁会推举这样的人当候选人？更何况在当时那样的社会环境里，哪会有像文中的“我”那样老实、正直、幼稚，“声望还好”的“出淤泥而不染”的政客呢？

那么主人公只能是伍德福和霍夫曼了。他们“对各式各样可耻的罪行习以为常”，所以他们才是那个政坛乌烟瘴气、坏人为所欲为的典型环境里的典型人物。刻画这样的人物以何种方式“竞选”，是表现主题的需要。民主党和共和党的两位候选人尽情施展卑劣无耻的权术，狗咬狗地无耻争斗，最终赢得选举的只不过是实力雄厚且最卑劣的政客。这样的人当选，怎么有可能代表人民的意愿！参加竞选闹剧的“公众”除了受蒙蔽、受愚弄之外，哪里有什么“民主”、“自由”可言？

需要认识一下文中“我”的作用。“我”是受污蔑、攻击和侮辱伤害的亲历者、见证人，是贯穿全篇的线索人物，正是“我”的见闻、经历、感受，组成了全文的故事情节。用第一人称叙述，加强了文章的真实感。同时，“我”又是一面镜子，两个竞选对手的丑恶嘴脸正是通过这面镜子照出来的。这一作用近似于《我的叔叔于勒》中的于勒。“我”还是一个重要的陪衬人物，“我”的清白、正直、诚实，反衬出竞选对手的龌龊、狡诈、虚伪。这一点和《我的叔叔于勒》中的若瑟夫相同。作者虚构出这样一个独立党州长候选人，增强了对主人公——伍德福和霍夫曼的表现力。

三、引文在文章中起什么作用

《竞选州长》的另一特色是引文占全部篇幅的一半以上。引文的作用是什么？有一种主流说法是“推动情节发展”。用“具体问题具体分析”的观点来看，我认为这种说法不正确，至少是片面的。

《竞选州长》的引文按内容分有四种类型，不同的引文有不同的作用。第一类引文是祖母回信的片断，作用是借以证明“我”对几个候选人情况的介绍是客观的、真实的，这是正文部分的铺垫。另外，这处引文还有设置悬念的作用。读者会想，“和他们公开竞选”怎么会是“降到他们的水平”呢？第二类引文是摘引报纸新闻，这是引文中的重点。尽管六处引文体现了由缓到急、由分到总、影响由小到大、作用由少到多的变化，但这些内容均是情节的构成部分，而不是情节之外的什么环节，透过新闻，我们可以从中看到那些隐藏在幕后的家伙是怎样有预谋、有计划、有步骤地实施造谣中伤的手段，其手法多变：或贼喊捉贼，或故弄玄虚，或一箭双雕，或挑拨离间……这部分引文的作用从根本上说是表现竞选对手的阴险狡诈和无耻卑劣。第三类引文是匿名信上的话，作用是显示策划人确属流氓无赖。第四类引文是退出竞选声明的落款，既是对开头“声望还好”的回应，又是对正文部分被强加的罪名的总结，同时又表达了“我”的无奈和激愤之情。

根据以上分析，我觉得引文的作用最主要的是刻画人物，在结构文章方面也起到了一定的作用，它是情节的重要组成部分，正是引文带来了“我”的心情变化，把它的作用说成“推动情节发展”，是对它的作用的贬低，忽略了作者设置引文的艺术匠心。

马克思主义哲学是关于自然、社会和思维发展普遍规律的科学。当我们在工作中遇到具体问题，包括教学中遇到疑难的时候，不要忘记马列主义的理论宝库中有管用的思想武器，当然更不能忘记马克思主义最基本的原理：实事求是，具体问题具体分析。这是我在教学《竞选州长》的过程中的一点体会。

（本文获全国中语会课堂教学研究中心教学教研成果一等奖，收入《中学语文教学论文选》第 12 集）

《竞选州长》教学设计

[设计意图]

《竞选州长》是一篇结构和表现手法都很独特的小说。本设计既遵循一般又照顾特殊，适当调整教学环节，精心设置导读问题，旨在引导学生揣摩语言、积极思考文章的结构与情节，透过现象看本质，在读懂小说和理解作者写作意图、写作思路、写作风格的过程中，认识资本主义社会“民主”“自由”的虚伪性。

[设计提要]

本设计遵循“一般—特殊——一般”的认知规律，将教学环节设计为三大步骤。在处理“特殊”这一环节时，运用具体问题具体分析的方法，着力“将隐藏在幕后的黑手揪出来”，从而解决“主人公是谁”、“‘我’的作用”和“引文的作用”这三个问题。

[设计实施]

1. 第一环节：遵循小说阅读规律，把握情节结构，解决主要人物是谁的问题

先简要复习小说阅读知识，点拨本文属于第一人称短篇小说，不是讽刺故事，也不是新闻摘要。

提问：①按照“开端—发展—高潮—结局”的情节结构，文章的结构层次该怎样划分？

明确：标出自然段序号，明确凡每段第一个字空四格的，括号里的话自成一段的均不单独成段，均从属于上段。全文共 17 段，层次划分如下：

开端	发展	高潮	结局
①	②—⑭	⑮	⑯⑰
投入竞选	获得六大“称号”	被栽四大罪状	退出竞选

提问:②小说以塑造人物形象为中心,本文涉及到了哪些人物?

明确:有参选候选人"我"(文中的马克·吐温,独立党州长候选人),"我"的竞选对手伍德福、霍夫曼(民主党、共和党州长候选人)以及"我"的祖母,竞选对手指使的证人、打手、无赖和受唆使的小孩。

提问:③是不是三位参选的候选人都是本文的主人公呢?(由此转入第二环节)

2.第二环节:用特殊的方法分析人物,得出三个认识

(1)"我"不是文章的主人公。

提问:"我"是一个什么样的人?

明确:"我"清白、有声望、老实,在竞选中毫无作为,面对攻击诬陷手足无措,不属于典型环境中的典型人物,是"竞选州长"中的过客而非社会生活中的政客。这一人物形象对竞选对手有反衬作用。"我"是贯穿全文的线索,但不是文章的主人公。

(2)文章的主人公是隐藏在幕后的两个竞选对手。

提问:伍德福和霍夫曼有哪些性格特点?你是从哪里看出来的?

明确:这两个家伙臭名昭著,劣迹斑斑,这可从第1段的介绍和祖母的来信中看出。他们财大气粗,有权有势,操纵和把持舆论工具,报纸新闻是他们的"语言",从中可以看出正是他们有预谋、有计划地使用贼喊捉贼、捕风捉影、一箭双雕等手段编造谎言、中伤别人并挑拨离间,煽动暴徒打砸抢。安排无赖投递匿名信、教唆小孩导演闹剧是他们的动作行为。整垮对手、欺骗公众、操纵竞选是他们共同的阴暗心理。他们才是那个坏人当道、权钱交易、政治无序的社会里的典型政客。这种为所欲为、最卑劣的人最终当选,是对当时社会现实的揭露和对"自由""民主"的绝妙讽刺。

(3)引文的作用主要是为刻画人物服务的。

提问:本文的引文可分为几类?作用有哪些?

明确:①引祖母的信为了印证前面介绍伍德福、霍夫曼的情况是客观的,同时也引起悬念。②引报刊新闻为了表现竞选对手的卑劣。③引匿名信的内容为了表现策划者的无赖。④引退出竞选声明的落款为了总结全文并和开头形成对比,也表现了"我"的性格。大量的引文构成了本文的一大特色。除了作为情节的构成部分刻画人物外,也不排除结构文章、推动情节发展的作用。

3.第三环节:认识社会环境,揭示主题

提问:小说的三要素还包括环境。马克·吐温刻画的社会环境是怎样的?它和主题思想是什么关系?

明确:资产阶级政客对各种各样的罪行习以为常,坏人可以为所欲为,好人只能受愚弄、受侵害,有权可以控制舆论,有钱可以收买人干坏事,"竞选"只不过是卑劣的政客之间的政治游戏,当选的只能是有实力且最卑劣的家伙,是狗咬狗斗争中占上风者。纽约州是当时美国以至整个资本主义世界的缩影。真正的民众绝不可能真正"自由"地行使民主权利,更不可能当选。本文无疑是正确认识资本主义社会的教科书。

4.总结:

作家马克·吐温为我们讲了一个好人受气的故事,刻画了美国政坛上的两个政客的卑劣形象,揭露了美国社会黑暗的政治和虚假的民主。本文的语言极为辛辣,讽刺作用十分强烈,这得益于夸张、对比和反语的应用。这些都要在朗读过程中仔细体会,读出对手的阴险和"我"的无奈。

(本文获全国中语会课堂教学研究中心教学设计一等奖,发表于大象出版社《语文课文名篇教学设计》)

《竞选州长》教案

教学目标：1. 通过阅读分析典型环境中典型人物的性格，理解本文的主题思想和写作特点。2. 领会作者独特的语言风格。3. 认识资本主义社会“民主”“自由”的本质。

教学重点、难点：隐藏在幕后的人物形象分析。

易混点：文中的“我”是不是小说的主人公。

关键：阅读理解引文，体会其作用。

教课时数：两课时。

教学过程：

一、引入

由美国国会一年一度的“人权报告”中中国人数状况部分对中国的攻击，引出 130 年前美国著名小说家写的《竞选州长》(板书课题、作者)。

二、解题、了解作者

1. 竞选(候选人在选举前作种种活动争取当选)州长(美国有 50 个州，纽约州位于美国东北部)。

因题猜文：谁参加竞选？是怎样竞选的？结果如何？

2. 用简要的话说说你所了解的作者的情况。

①抓要点：名、时、地、评、作；

②读书方法：阅读相关材料或查资料。

三、检查预习情况(用卡片，解释词语，注音，造句)

四、粗读课文，完成下面问题

1. 给自然段标上序号，看全文共几个自然段(17 段)，介绍自然段标记知识(顶头空两格)。

2. 按照“开端—发展—高潮—结局”的情节结构划分层次：

①|②—⑨|⑩—⑭|⑮|⑯⑰

顺便介绍知识：开端的调整和高潮的确定。

五、细读课文，完成下面问题

1.细读开端部分。

①齐读从开头至“烦乱”。引读从“后来”至“她说”，一女生读祖母回信，读出重音、读出感情。突出“降”字。

②思考回答：

a.参加竞选的有哪些人？

板书：“我”、伍、霍

b.文中的“我”是作者吗？

不是。

小说采用第一人称有什么好处？

加强真实感，便于叙述，便于刻画人物的内心世界。

c.几位候选人的情况怎样？

“我”声望还好。“因此得意”的“此”即指代这一优势。“还”字能否去掉？为什么？（不能，“还”有“尚”的意思，便于和后文“声名狼藉”对照）

“降”，由高（清澈）到低（浑浊）。

伍、霍之流　即令……毫不珍惜名誉，或根本就不知道……的好处。

近几年……全方位参与犯罪且习以为常。声名狼藉。

d.祖母的信起什么作用？

印证“我”对候选人情况的介绍是符合事实的。

e.我初参加竞选时的心情怎样？

起初：得意、欢乐（以为能稳操胜券）。

紧接着：烦乱。

f.用一个动宾短语，概括这一段的内容。

投入竞选

2. 细读第②③段。

a. 分角色朗读这两段。

情况介绍/引文

提问：括号里的话怎么处理？

b. "这么想"指什么？"不得不"是一种什么心理状态？（无奈、不主动）"无精打采"是一种什么精神状态？（没精神、未进入角色）

c. "伪证罪"为什么要用大字、黑体字？（醒目、引人注意）什么叫伪证？（为达到某种目的，作虚假的证明）究竟谁在作伪证？（伍、霍之流贼喊捉贼）

d. 读到这一指控时，"我"的心情怎样？

吃惊、诧异（夸张）、愤怒。

e. 事实情况如何？（纯属无中生有）

香蕉园和袋鼠"坎加鲁"——不知道（一无所知）

f. 怎样理解"第二天同一报纸登这么一条"的用意？

挖空心思、精心策划　捏造事实、强加罪名　伪证罪

3. 仿照第 2 步的分析方法阅读理解第④—⑭段。

④⑤段 { 捏造事实：时、地、细节，煞有介事
真相：没到过
罪名：偷窃罪 }

以上两条就道德、人格方面进行攻击。

⑥⑦段：谁在造谣？谁在伪证？倒打一耙、贼喊捉贼

卑鄙、下流、无耻（打砸抢分子）
德高望重、清白、正人君子。受了……的公众 } 贬人褒己　一箭双雕

"巧妙的话"巧妙吗？（拙劣）

事实真相：没听说过，没提到过（不可能，纯属污蔑）。

既攻击别人，又抬高自己，还煽动抢砸。

⑧⑨段：故弄玄虚，闪烁其辞，挑拨离间。

心情变化:诧异得要爆炸→毫不感到痛苦

⑩⑪段匿名信分明是受指使的人干的,谁指使的?作用是什么?

⑬段硬栽罪名(结合第⑪段,仿照前文的写法,写出“肮脏的舞弊分子”这一罪名的强加过程)。

⑭段是对前文的小结,说明伍、霍之流是有计划、有步骤地采取行动,目的在于破坏“我”在人们心中的声望。

4.细读高潮部分。

默读回答:a.这一部分写的几件事又强加了哪些罪名?“我”的心情如何?

①烧毁疯人院;②谋财害命;③以权谋私,搜刮弃婴;④道德败坏、作风下流。“我”恐慌、吓得几乎要发疯。

b.一个州长候选人这样丧失道德,无视法律,可能吗?

5.精读文章结局部分。

①齐读,把握重音: 从前 现在

②从文中看,竞选纽约州州长需要什么条件?(讨论后回答)

a.有权　　b.有钱　　c.心黑　　d.脸厚(无耻)

心情:满怀懊恼。结局:退出了竞选。

“我”的心情:深感羞辱。

六、梳理线索,分析人物

线索:1.时间先后　　2.“我”的心情变化

——“我”投入竞选后的经历和感情变化

本文重点写了哪些人物?分别是些什么样的人?谁是本文的主人公?“我”在文中起什么作用?

“我”:老实、正直、幼稚。

伍、霍之流:阴险、狡诈、无耻、下流的资产阶级政客。

“我”的作用:线索;镜子。

七、分析环境，揭示主题

“竞选”本来是公平合理的竞争，应当是有规则、有裁判、有均等的机会，而从竞选片断看，实际是权、钱左右局势，坏人为所欲为，好人只好受气，政坛乌烟瘴气。“我”退场了，竞选还在继续，说一说：谁能当选呢？（出示联想作文题目：《竞选还在继续——狗咬狗的斗争》）结果如何？（实力雄厚、最卑劣无耻的人当选。）

自由：候选人都自由吗？　起码“我”是不自由的。

民众自由吗？　只有受蒙蔽的份儿。

民主：“民选”能表达民众的意愿吗？选出的州长能代表人民的利益吗？　（不能）

130多年来，美国的两党轮流坐庄，欺骗群众，投票率下降，竞选费用上涨，钱从哪里来？大财团捐助，上台的一方代表谁的利益就可想而知了。

谁能概括一下本文的主题？

独立党是虚拟的，其余两党的竞争才是当时以至延续到今天的现实，学习本文，对于我们认识西方的“民主”“自由”仍有深刻的意义。

谁来说说学习本文后的感受？

八、语言风格

1.对比　2.夸张　3.反语（讽刺幽默）

附：代拟退出竞选的声明：

我，马克·吐温，独立党纽约州州长候选人。现在我郑重宣布：我从即日起退出竞选，将竞选获胜的机会让给德高望重的正人君子伍德福先生和霍夫曼先生。

我本不愿参加竞选，在投入竞选的过程中承蒙民主党、共和党的主要报纸给我以极大的关注，使我得以到一个从未听说过的地方，去夺取一个我一无所知的香蕉园；在从未到过的地方当了小偷，并受到惩处；对一个从未听说过的人进行污蔑等等，获得了诸如酒疯子、讹诈专家、舞弊分子等光荣称号，在一次集会上，还一下子收到了不知是两位中的哪一位赏赐给我的九个不同肤色的刚学会走路的儿女。在和两位先生的竞选中我甘拜下风，我够不上纽约州州长竞选所需要的条件。我将永远地退出这样的角逐。衷心祝贺两位中的佼佼者荣登州长宝座，阿门！

九、补充问题

本文的引文是怎样推动情节发展的？

引文引起“我”的心情变化，层层递进地将情节推向高潮。从人身攻击到挑拨候选人与政党及选民的关系；从单纯造谣污蔑到伴之以打砸抢活动。

十、建议开展语文活动

讨论或写作：用正面表现的方法，说说假如在竞选过程中的某一环节前后，伍德福（或霍夫曼）召开竞选班子成员会，他们会怎样分析情况，商量对策。

《藤野先生》教学设计

[设计意图]

在九年义务教育教材中，《藤野先生》一课被编在实用文单元里，体裁确定为回忆录。可是在沿用的教参中，大多仍按叙事散文来处理教材，突出了作者的爱国主义感情这一线索，却削弱了对藤野先生精神品质的把握。本设计旨在突出按回忆录来理解文章，把握主要事件和事件间的关系，领悟衬托和对比的作用，为学习复杂的记叙类文章提供范例。

[设计提要]

从题目入手，抓主要人物(藤野先生)；从主要人物入手，抓主要事件(对藤野先生的正面刻画)；从分析事件关系入手，理解写作思路和写作意图。这是学习《藤野先生》的基本步骤。在学习中注意挖掘语言因素，引导学生由表及里地分析人物的内心世界，强化文章的感染熏陶作用，这些是学好这篇课文的关键。“粗读认知(是什么)—精读体味(怎么样)—赏读辨析(为什么)”是教学中的三个基本环节。

[设计实施]

一、粗读全文，把握文章脉络

1. 由《从百草园到三味书屋》引出作者，帮学生了解《朝花夕拾》的写作背景、写作意图；由题目认定《藤野先生》这篇回忆录的主要人物是藤野先生。

2. 跳读课文，看文中哪些段落是直接刻画藤野先生的。

3. 默读课文，试概括课文回顾了藤野先生的哪些事。

4. 回答问题：除直接刻画藤野先生的内容外，还写到了哪些人。

二、引导细读，把握内容要点

1. 提出思考题:课文都写了发生在“我”和藤野先生之间的哪些事?表现了藤野先生的什么精神品质?

2. 导读课文6—23段和32—35段。

(1)初识,6—10段,了解藤野先生生活俭朴。典型事例:大学教师在火车上被误认为是小偷。

(2)相处,11—23段,写了四件事:一是添改讲义。“不但增加了许多脱漏的地方,连文法的错误,也都一一订正。”(改得仔细,尽心)“这样一直继续到教完了他所担任的功课。”(长期坚持,每周一次)二是纠正血管图。“你将这条血管移了一点位置了。”(态度和蔼而又一丝不苟)“以后你要全照着黑板上那样的画。”(严格要求)三是关心解剖实习。“很担心”缘自对民族习俗的尊重,“总算放心了”体现对“我”的关心和鼓励。四是了解女人裹脚。“总要看一看才知道,究竟是怎么一回事呢?”(求实,不耻下问)

(3)惜别,32—35段,听说“我”放弃学医,他“脸色仿佛有些悲哀”,叹息(失望、痛苦);“似乎想说话,但竟没有说”(尊重“我”的选择,不强加于人)。赠照片并叮嘱“时时通信告诉他此后的状况”(情深谊长)。

3. 从正面刻画中可以看出,藤野先生的品质集中表现在两个方面:一是刻苦钻研,严谨治学(即37段的“大而言之,是为学术”);二是关心爱护中国留学生(即下文的“小而言之,是为中国”)。藤野先生是一个不怀民族偏见,事业心、责任心极强而又正直、热情的严师、勤师、良师。

三、推动悟读,把握材料间的关系

围绕中心选择材料是写作的基本要求之一。既然《藤野先生》的中心是通过回忆在仙台学医时发生在“我”与藤野先生之间的一些事,表现藤野先生的伟大品格和伟大精神,那么,为什么要用许多篇幅,写“清国留学生”、学生会干事、“爱国青年”以至仙台医专的许多职员的表现呢?

1. 读 1—3 段，领悟：(1)内容是写“清国留学生”不务正业的丑态；(2)作者的情感是非常厌恶(“实在标致极了”“响得震天”、“烟尘斗乱”)；(3)作用是交代离开东京去仙台的原因，反衬藤野先生潜心治学精神的可贵。

2. 读 4—6 段，领悟：(1)内容写初到仙台时几个职员安排住宿的情况(“物以稀为贵”式的优待)；(2)情感基调是感慨、无可奈何；(3)作用是为下文写藤野先生的无私、周到的关怀作铺垫。

3. 读 24—28 段，领悟：(1)内容写“漏题”风波，涉及三件事，即广告讽刺、写匿名信、抄检讲义；(2)感情是激愤，事关中国人的国格和藤野先生的人格；(3)作用是展示藤野先生热情对待一个中国留学生的社会环境，反衬藤野先生平等待“我”的难能可贵。

4. 读 29—31 段，领悟：(1)内容写日本学生的“爱国”狂热(讲堂欢呼)；(2)感情是极度悲愤(呜呼，无法可想)；(3)作用是交代离开仙台的缘由，并进一步反衬藤野先生没有民族偏见的正直品格和博大胸襟。

5. 至此，可以概括出本文写作手法上的突出特点：白描对比和衬托。除正面刻画外，“清国留学生”不务正业与藤野先生的潜心治学对比；学生会干事和“爱国青年”对中国人的歧视蔑视和无视、仇视与藤野先生对“我”的尊重、关怀及珍视友谊作对比；几个职员对我“物以稀为贵”式的关心，衬托了藤野先生尽心和真诚帮助的可贵。

四、整体赏读，把握写作意图

1. 联系前文，重点赏析 36—38 段，从字里行间理解“我”对藤野先生的感情。

先生临别叮嘱“我”时时写信并寄去照片，而“我”“竟没有寄过”，表达了愧疚与自责。

“时时记起”先生，用“最”来表达感激和赞颂，评价先生品格的“伟大”。这一切，有前面正、侧、反面的事例作基础，显得多么自然！“小而言之”“大而言之”的两个方面，画龙点睛地揭示了藤野先生的崇高思想基础，也是对藤野先生崇高精神的精辟概括。

先生改过的讲义，是中日友好的实证；先生赠给的照片，成了“我”永不枯竭的精神力量。回忆藤野先生的事迹，无疑是一次精神的磨砺。这，就是写作这篇回忆录的现实意义——用藤野先生的治学精神和正直品格，激励自己投入战斗。

2.整体观照，看本文的材料是怎样串联起来的。

(1)时间先后顺序和地点的转移是安排材料的基本依据。“在东京—在仙台—离开仙台后”构成文章的基本思路。

(2)“我”的感情(爱国、上进、崇高的责任感)是处所转移的动因，更是与藤野先生的内心世界沟通的重要因素。

(3)突出体现回忆录体裁特点，不宜多做线索分析和“形散而神不散”的诠释。

五、总结

本教学设计淡化线索教学，突出回忆录的特点，重视正面描写作用的分析、语言的揣摩和表达作用方面的感悟，思维训练要求较高。直接刻画人物和通过对比与衬托间接写事相结合，表现人物的精神品质，这是本文学习的重点和难点。由易到难，逐层推进，指导揣摩是突出重点、突破难点的有效方法途径。教学中要加强语言教学和思维训练。

《金黄的大斗笠》教学设计

[设计意图]

《金黄的大斗笠》是一篇精短美文。引导学生反复阅读、品味，从中感悟课文的语言美、画面美、亲情美，通过赏美让学生加深对语文的热爱，并受到人间亲情的熏陶。本设计旨在通过导读、导思，培养学生结合语境理解词语的能力和想象能力。

[设计提要]

设计按照“粗读认知（写了什么）—精读体味（怎么写的）—赏读质疑（好在哪里）”这一基本步骤，突出语言教学，加强思维启发，避免架空分析。为调动学生积极思考、热情参与，有些问题应容许多种答案并存。

[设计实施]

一、导入并解题

1. 生活在充满温馨的家庭中是幸福的。有人说家庭是爱的港湾，我们在家庭中经常享受到的是父母、爷奶、外公外婆的疼爱。今天我们通过一篇短文来感受一下家庭中的另一种关爱——姐弟之间的真情。（板书课题）

2. 简要介绍“斗笠”，重点理解“金黄”，“黄”是斗笠的本色，更是阳光照耀下斗笠的色彩，“金”修饰“黄”，有珍贵、惹人喜爱的意思，金黄的大斗笠是可贵的人间真情的载体。

二、整体感知

1. 老师范读，学生听读课文，思考并回答问题：课文写了一件什么事？

明确：写风雨到来时，姐姐为弟弟送来斗笠，使弟弟免受雨淋之苦。

2. 默读课文，思考并回答问题：①课文写到的事是由哪几幅画面构成的？②指出文中几幅画面的起止，并为画面命名。

明确：共三幅画面（以下板书）

牧羊图　1 段

风雨图　2—11 段

亲情图　12—25 段

概括画面的字眼可不必强求统一，如命名为“风雨酝酿”“风雨来临”和“风雨笠下”等均可。

三、逐层导读

1.学生试读第 1 段，注意句中停顿、重音，把握好语速、语调。

提问：①为什么要重读“溜”“推”“卷”这几个词语？

明确：这些词语准确而又生动地传达了风雨来临前的天气变化情况。

提问：②这段话为什么要读得低而缓慢？

明确：这段话刻画的是一个对风雨来临浑然不觉的小男孩悠闲地在山坡上放羊的情景，“歌谣般”就应该是这样。

2.教师范读 2—5 段。

提问：①为什么“风来了”“雨来了”要读出欢快的语气？

明确：因为这时小男孩很高兴。

提问：②这时的风和雨有什么特点？从哪里可以看出？

明确：风小雨稀。（板书）从庄稼的叶子和羊毛及小男孩的表现可见风小，从“挤下”“线线”“似乎能数得清”可见雨稀。

提问：③“似乎”起什么作用？

明确：其实数不清，表示“能数得清”是感觉到雨稀，用“似乎”修饰，使语言准确、严密。

3.领会风雨到来的第二个镜头。

提问：①接下来风雨发生了什么变化？

生读 6—9 段。

提问：②这里的“风来了”“雨来了”该读出什么语气？

明确：惊慌、着急。

提问：③这时的风雨有什么特点？

明确：风疾雨急（板书）。从树叶的响声可见风疾，从小男孩“跑”“光着脚丫”的反应可见雨急。

4. 领会“风雨图”第三个镜头。

提问：①“风来了！雨来了！”为什么不分开写？②“姐姐带着斗笠来了！”这句该怎样读？

明确：①体现这时是风雨交加（板书）。②可着眼于小男孩，读出发现姐姐送来斗笠时的惊喜；也可着眼于姐姐，读出因及时送到斗笠欣慰、自豪的感情。

5. 想象训练。

提问：如果姐姐不带着斗笠来，小男孩会是怎样？

6. 过渡：雨没淋住小男孩，风“想看看斗笠下遮着什么”，遮着什么呢？

齐读 14 段，分角色读以后各段。

提问：①为什么要把斗笠比喻成小房子？②是谁的脚趾头在得意地动？③从姐姐和弟弟的话里分别可以看出两个人有怎样的性格？④从哪些地方可以感受到斗笠的美？

明确：①斗笠也能遮雨，使人感到温暖，起到了小房子的作用。②可理解为姐姐或弟弟，也可理解为姐姐和弟弟，分别说出理由即可。③姐姐聪慧，识风雨，关心弟弟；弟弟幼稚、调皮，姐弟关系亲密。④从戴着的斗笠的形状、斗笠的色彩、斗笠下的亲情等方面谈出一两点即可。

四、欣赏交流

1. 提问：课文哪些地方给你留下了美好的印象？再读课文，讨论后回答。

明确：①语言美，如蓝天用“干干净净”来修饰，乌云用“溜”来刻画，另外比喻很贴切。

②画面美，如第一幅画面色彩鲜明，景物和谐，如同欣赏配着歌谣的MTV。

③层次美，风雨到来的变化用三个镜头来表现。

④含蓄美，“啪”的一声和“嘻嘻”“咯咯”声不明指是谁发出的，但所属分明。

⑤细节美，姐姐露出小辫，弟弟露出胳膊，表现出姐弟俩互相在想着对方，尽量把斗笠下的空间让给对方。

⑥顺序美，用斗笠下的对话，补出姐姐送来斗笠前的情况，简洁且更耐人寻味。

以上内容不求一一涉及，只要有所发现并说出根据即可。

2.质疑：有的参考书上说最后一段是写雨过天晴的景色，真的是这样吗？

明确：不是。阳光照着它，雨水润着它，表明是出着太阳下着雨（太阳雨）。如果说是雨过天晴了，还戴着斗笠干什么？

五、总结

语言的品味、感悟离不开读书，这一教学设计以读书为突破口，以语言品味为重点，以寻美和发现美为目标，提倡发散思维和情感体验，教书与育人融为一体。

（本文获河南省中语会优秀教学设计二等奖）

《金黄的大斗笠》教案

教学目标:1.通过朗读,理解句子含义,感悟蕴涵的思想感情。2.通过默读,重点理解文章描绘的画面,体会文章描绘的生活情趣和亲情。3.通过讨论、质疑,锻炼提高学生的思考和表达能力。

教学重点难点:感悟句子表达的意义,体会蕴涵的思想情感。

关键:将文字还原成生活图景。

教具准备:录音机、挂图。

教学程序:

一、导入

漫谈:1.夏天的雨有什么特点?

2."雨后送伞"是什么意思?

3.除了伞以外你还见过哪些雨具?(引出斗笠,简笔画出形状,由颜色导出题目。板书题目、作者)

二、快速阅读课文

说说课文主要写了些什么?可以先具体后概括,答案不求一律。

三、朗读与指导

1.自由读。2.放录音。3.比较读。重点指导:溜、亲切、柔和、悠闲、得意,风来啦!雨来啦!(先慢后快)姐姐带着斗笠来啦!(读出欣喜、自豪)还有姐弟的几句对话。

四、划分层次,理解句意

1.提问:你打算把文章分成几层?怎样分?说说根据。

2.质疑:先由教师示范提出问题,再由学生提问。

问题示例:为什么用"溜"来描写乌云?什么"像歌谣般亲切"?"似乎能数得清"能数得清吗?乌云是怎么"走"的?竹林是怎么"告诉"的?"可惜"后面省略了什么?"嘻嘻""咯咯"分别是谁的笑声?

五、概括图景，体会感情

1. 牧羊图—风雨图(A. 风小雨稀　B. 风疾雨急　C. 风雨交加)—亲情图(结合挂图理解)

2. 提问：要是姐姐不送斗笠来，情况会怎么样？

3. 表演：雨中姐弟俩是怎样坐着的？

4. 分角色读(从第 5 页第 4 行至“咯咯”)

5. 提问：你怎样理解结尾一段中斗笠的美？(提示：斗笠见证了姐弟的亲情，雨后的天更晴朗，空气更清新，姐弟俩更亲切，景中有情。)

六、阅读欣赏

1. 你对短文的哪一点印象最深？2. 你从文中哪些地方感受到了美？(示例：第一段写小男孩“浑身只有一条短裤”预作伏笔；夸张、拟人手法的运用等。)

七、学生回顾、总结

八、练习

1. 写出本文各层次的起至。

2. “风，总想掀开斗笠，看看下面遮着什么。”这句话在结构上的作用是什么？

3. 这篇短文中作者突出刻画的是姐姐还是弟弟？请说明理由。

附：板书设计

金黄的大斗笠

小男孩
姐姐 { 牧羊图
风雨图 { 风小，雨稀
风疾，雨急
风雨交加 }
亲情图 } 美

《回忆我的母亲》教案

教学目的：1.运用抓关键句段的方法，理解文章的选材和布局。2.引导学生从简明平实的语言中体会作者寄寓于文章中的真挚感情。

教学重点：1.段落中心句和层次间的衔接过渡。2.第二部分前两层的划分和概括。3.抓关键句段，促阅读理解。

教学要点：1.把握全文结构层次。2.了解文章主要内容。3.指导精读课文前两部分。

教学程序：

一、导入（略）

二、板书课题、作者、解题

回忆我的母亲

回忆录　　　朱德　　　1944

三、检查预习情况

1.词语：(1)周济——　　（和“救济”比较）

(2)为富不仁——

2.回答问题：

(1)全文共几个自然段？（17）

(2)主要是写谁？（朱德的母亲）

(3)写了她多长时间的事？

明确：59年，注意第⑬段的一句话。

(4)比较题目和开头，开头有什么特点？（开门见山）

(5)比较开头和结尾，全文结构有什么特点？（首尾照应）结尾是哪些段？（⑯⑰自然段）

四、指导研读第一部分

1. 读第①段，指导：

(1)用普通话阅读。

(2)体会感情：悲痛、真诚。（语速缓慢、声调低沉、浑厚）

(3)强调重点：悲痛、爱、勤劳一生、回忆

2. 思考并回答：第①段写了什么？

明确：(1)交代事情、心情；(2)定下感情基调；

(3)明确叙事线索；(4)点明全文题旨。

五、导读第二部分

1. 快速浏览第二部分，回答下面问题。

(1)哪些段落是“回忆母亲的”许多事情的？（第②—③段）

(2)第②—⑬段写了几个方面的事情？（两个）

(3)这两个方面从哪里分开？

明确：②—⑦|⑧—⑬或②—⑧|⑨—⑬

2. 分层辨析。

(1)请同学们找第⑧⑨段中起关键作用的句子。

(2)理解第⑧段首句的作用。

(3)理解第⑧段末句的作用。 （看“启下”引出什么）

(4)理解第⑨段首句的作用。

(5)结论：上文写在母亲身边的情况，下文写离开母亲后的情况，第⑧段应靠上。结构划分要着眼过渡句段。

3. 理解第②—⑧段，看这一层次写了什么，怎么写的。

(1)请同学们简要概括一下第②③段分别写了什么。

明确：第②段介绍家庭的基本情况；第③段写母亲生儿育女的情况。

(2)第④段用段中哪句话就可概括回答？

明确：段首句（中心句）。

(3)第⑤段有没有中心句？

明确：有，也是段首句（体会写“我”的作用）。板书：整日劳碌，

教知识。

(4)第⑥段写什么?

明确:母亲聪明能干(俭朴):从用的、吃的、穿的几个方面来表现。

(5)比较第⑦段的首句和最后一句,看哪一句是中心句。

指导:首句管到第④句,作用是衬托母亲勤劳。最后一句不光总括全段,还总括了上面几段,所以最后一句是中心句。

板书:勤劳俭朴,宽厚仁慈。

(6)第⑧段写母亲在灾难中和打击面前是怎么做的?

明确:没有灰心,同情反感,三言两语诉说。(板书)

(7)小结,这一层写作者在母亲身边时,母亲的操行道德情感给自己的影响教育。(板书)

4.导读第⑨—⑬段。

(1)同学们有问题提出来进行讨论。

(2)讨论解决以下几个问题。

a.这几段写了母亲对作者有哪些方面的支持?是怎样支持的?(提示)

明确:支持读书(节衣缩食,东挪西借)。

支持闯天下(不但不反对,还给予慰勉)。

支持投身民族解放事业(依然过着勤劳的农妇生活)。

b.前文已多处写到母亲的勤劳,这几段中又多处写了母亲的勤劳,找出来想一想这样多处写母亲的勤劳有什么必要。

明确:体现"勤劳一生"这一叙事线索。(板书)

前者重在影响、教育,本层重在以勤劳自理支持作者。

c.在这一层次的内容中,母亲的思想有无变化?是怎样变化的?

明确:反抗压迫→同情革命→支持抗战事业

随着时代的发展而进步

(3)画出下面几个句子，体会其中的感情(注意加点的词语)。

不但不反对，还给了我很多慰勉。

依然在家里过着勤劳的农妇生活。

她永远想念着我，如同我永远想念着她一样。

竟未能报答她的希望。

5.导读第⑭—⑮段。

(1)齐读这两段。

(2)简析：经验、身体、习惯、知识、意志——母亲留给我极有用的本钱和丰富的财富。

(3)概括这两段写了什么？

明确：揭示感谢母亲的原因(抒情性议论)。

六、总结(略)

七、课外练习

1.做第六题。

2.二、三题任选做一题。

附：板书设计

回忆我的母亲

朱　德

- 母亲爱我
  - 在母亲身边时
    - 整日劳碌，教给我知识
    - 勤劳俭朴，宽厚仁慈
    - 没有灰心，诉说
    - ——影响教育
  - 离开母亲后
    - 节衣缩食，东挪西借
    - 慰勉
    - 过着勤劳的农妇生活
    - ——理解支持
- ——勤劳一生

如何应对阅读分析题

在各类语文能力测试题中，阅读分析题大都占有较大的比重。而取材课外的现代文阅读分析题，既是重中之重，也是难中之难。如何应对此类试题，一直是大家最为关注的问题之一。现以短文《雨伞》的阅读为例，对这个问题作些探讨，以期能对大家有些裨益。

首先，一定要先通览全文，做到心中有底。据了解，不少同学一遇到阅读分析题，总是急于了解题目要求，寻找具体答案，恰恰忽视了"阅读"二字，"分析"成了无本之木，做题如同盲人摸象，费时费力但不得要领。通览全文可采用浏览的方式，快速捕捉如下要点：一、文章的主要内容；二、文章的基本表达方式和体裁特点；三、与体裁相关的主要要素。例如读短文《雨伞》，粗读后要了解文章是以题为《雨伞》的国画的展出、欣赏和感悟为基本框架，插入了对往事的回忆，歌颂了母爱的伟大，抒发了爱母亲、爱祖国的深情，是一篇叙事抒情的散文。而"雨伞"和它所象征的情感——母爱与祖国之爱，构成了文章的线索。有了这些了解作基础，答题就会容易得多、准确得多。

其次，要了解阅读分析题的一些特点。阅读分析题涉及的范围，不外乎思想内容、文章结构、表达方式、语言理解和联想应用等。试题的形式则多为填空、简答等主观题和少量为降低难度和增大覆盖面的选择题。从题目设置的顺序看，一般是遵从先易后难、先总后分的顺序。这些特点告诉我们，在整体感知全文后，要带着问题从文章的相关部位找答案，使理解分析更有针对性。阅读《雨伞》有这样一个填空题：小孩爸爸感慨地说："您的构思真巧啊！"这句话照应了开头的________，"构思巧"表现在________。第一空的答案要在开头寻找，即"构思新颖"；而第二空的答案则要在结尾部分寻找，即用象征母爱的雨伞组成中国地图，扩大了母爱的内涵。

再次，要注意总结一些新题型的应对规律。仿例填空、限字概括和开放性题目，都是近年来出现的新题型。给定一两个例句，要求依据规定的内容范围仿照例句的结构样式填空，这种题型富有启发性，答案指向明确，但要同时兼顾内容和形式，有一定的难度。例如有这样一个问题：《雨伞》一文中多方面表现了母亲对作者的爱，请仿照例句，概括出母爱的具体体现，填空。1. 带病为女儿送伞；2. ____________；3. 盼望女儿成材；4. ____________。其中第1、3两空为提供的例句，第2、4两空可分别填写"淋雨为女儿撑伞"和"鼓励女儿学画"。这样经过精心比较、字斟句酌得到的答案才会是最佳的。再如发散题：文章结尾处的"妈妈，我思念您！"这句话该怎样理解？答出这句话直接抒发了对母亲的强烈思念之情，已算正确；答出这里的"妈妈"可以指普天下的母亲，喊出了天下儿女的共同心声，又上了一个台阶；若能联系组成中国地图的构思，将爱妈妈升华为爱祖国，表达了作者的深情，这答案便有了创见，更应给予鼓励。像这样不拘一格、给学生充分的发挥自由的题目，平时需加强练习，让同学们集思广益，相互启发交流，开阔思路是十分必要的。

只要我们在应对阅读分析题时做到"三要"，即要通览全文，要了解试题的特点，要总结新题型的应对规律，就能提高应对的速度和准确度，在考试中就会多一点胜算，少一些盲目。

附：阅读短文与练习设计

雨 伞

我的一幅图画《雨伞》竟在一家有名的博物馆的画展上展出

了。人们的评论是：构思新颖，线条勾勒有力，描写细腻，人物栩栩如生，场景十分逼真。作为一个业余美术爱好者，我也为自己的崭露头角而欣喜。

我这幅画的主题是母亲。画面是一个雨天，天黑沉沉的，墨云翻滚，向大地压下来，雨脚如麻，倾盆滂沱，地上坑坑洼洼注满了雨水，水面溅起了无数水泡。在这灰暗的背景下，浮动着色彩明丽的雨伞，如花团锦簇，鲜艳夺目。在这浮动着的黄绿相间的雨伞丛里，画面近处一个中年妇女撑着一柄红色的雨伞，遮着一个稚气未脱、花枝招展的十一二岁的俊秀姑娘。母亲全身都在雨中，淋得像个落汤鸡，而女孩，在母亲的大伞的保护下，滴水不沾，衣服仍有棱有角。小女孩仰头望着母亲，一手抚着母亲湿漉的衣服裹着的手臂，面部表情激动，口角张开，像是说：①“妈妈，您还在发烧呢，您自己为什么不张伞呢？”母亲病态恹恹，却含着笑，张着嘴，像是在安慰女儿：“傻孩子，妈妈是大人，不要紧，你人小，挡不了这冷雨的浇淋……”

画展的那天，我在自己的画前呆了许久许久，听着观众的赞誉，我眼睛模糊了，泪像断了线的珍珠一样顺着面颊滚下来。我的心里在呼喊：②“妈妈，妈妈，我多么希望您现在在我的身边同我一起欣赏这幅画呀！”

这是一幅我构思了半生的画。画中的姑娘便是幼年的我，画中的母亲便是我母亲的写照。记得当年，我还是一个小学生。妈妈早晨看天气预报说可能下雨，要我带伞，我指指红红的东方，哈哈地笑着逃去了。下午，天公竟发起怒来，大雨瓢泼，放学时下得更起劲，铺天盖地，从屋檐上，从树木上，从天空间，哗哗哗下个不停。这时，妈妈像救星一样出现了。她原来卧病在床，一看天下大雨，她支撑着，步行两里多路来接我。她把家里仅有的一顶伞全遮在我的身上，而自己却在春寒料峭中淋着雨。妈妈回家大病一场，在她说胡话的时候，她还在叫：③“撑好伞，顶住风雨的方向……”

在她的病榻旁边，我用了稚气的笔，画了一幅《母女春雨中》。当我给她看的时候，她绽开了笑容，说："妈妈盼你早日成材。你很有艺术天分，将来学画吧！"

妈妈的期待一直激励着我。我大半生辛苦恣睢，转辗奔波，但母亲的爱，一直是我精神的支柱，使我经得起生活的风风雨雨。我终于用自己的笔画出了蕴藏在心头的感激。然而，回忆母亲对我无微不至的关怀，我知道一幅画怎能画得尽呢？有个唐朝诗人说过："谁言寸草心，报得三春晖。"是啊，④母爱的伟大又怎能用一幅画表述呢？更何况我今天虽身处异国他乡，可母亲的爱仍像雨伞一样保护着我。

"爸爸，爸爸，来看中国地图！"一个天真幼稚的声音打断了我的思绪。我看到一个小孩拉着爸爸的手向我的画走来。"别胡说！"作父亲的呵止他，大约是怕贬低了我的作品。但当他仔细地端详了我的画后，指着由伞组成的"中国地图"感慨地说："您的构思真巧啊！还是孩子懂得您的心呢！"

望着《雨伞》，我的眼睛模糊了。"妈妈，我思念您！"

阅读《雨伞》，完成下面的问题。

1. 文中写到了哪两幅画？二者之间有什么联系？有哪些区别？

2. "这是一幅我构思了半生的画。"这句话在结构上的作用是____________，下文中与它呼应的一句话是________________。

3. 对文中画线句子的理解不正确的一项是（　　）

A. ①句描写女儿的语言，表达她对母亲的关心。

B. ②句是心理描写，表达了作者诚挚的希望。

C. ③句写病中说胡话的内容，典型地表现了母亲的爱女之心。

D. ④句是用反问句表现母爱的伟大。

4.本文虽以记叙为主,但语言也十分严密,请以第四段加点的“竟”、“仅有”为例加以说明。

5.文中引用了两句唐诗恰切地表达了作者当时的心情。请围绕母爱和祖国之爱,写出两句诗或名句。

6.“还是孩子懂得您的心呢!”这句中的“您的心”指什么?

[参考答案]

1.《母女春雨中》和《雨伞》。两幅画的作者是同一个人。两幅画前者是后者的题材和情感基础,后者是由前者发展深化而来的。前者稚嫩,后者成熟;前者侧重生活,后者更见艺术。

2.总领本段,引起回忆　我终于用自己的笔画出了蕴藏在心头的感激

3.A

4.“竟”意为出乎“我”的意外,点明了没带伞的原因;“仅有”表明只有一把伞,交代了母亲送伞后淋雨的原因。

5.略。

6.画面上的伞组成了中国地图,画家心中装着祖国。

循序渐进　提高学生阅读素质

——初中生阅读素质的基本要求及有序培养研究报告

初中生的阅读水平应该达到什么高度？怎样才能迅速、正确地达到阅读目的？这是长期以来困惑初中语文教师和学生的两大难题。正是这困惑导致了阅读教学效率低下，学生阅读兴趣不高。素质教育要求我们尽快找到这两个问题的明确答案。为着这一目的，我们于1999年秋参加了南阳市教研室组织实施的“初中生科学文化素质的基本要求及有序培养”实验研究，确立以初中生的阅读素质为研究对象，以探索提高阅读素质的方法途径为重点内容，通过三年多的辛勤探索和实践检验，初步明确了初中生阅读素质的基本要求，对如何循序渐进而又高效地培养初中生的阅读素质，形成了比较明确的认识。

这里将我们的实验开展情况和研究成果整理报告如下。

一、课题研究与实验开展

我们课题组接受南阳、邓州两级教研室指导，以文渠乡一初中为基地，以文渠乡中心教研组和邻近四乡十校协作组为研究核心，以相关的各校语文教研组为依托，以各校年级段备课组为实施单位，发动实验涉及范围内的语文教师全员参与，参加实验的教师任选12个具体研究课题中的一个或几个课题进行实验研究（12个课题见实验方案）。课题组每月集中活动一次，协作组每学期集中活动两次，集中活动时组织专项研究（听课、讨论），组织学习有关材料，通报情况，交流经验。活动的正常开展对提高教师素质和推动教科研究起到了很好的作用。我们理解课题中的“素质”即“素养”，意为平日的修养，即内在的通过修养而形成的阅读能力。能力是外在表现出来的素养。说素质而不说能力，是因为涉及阅读形成的一些方面的本领，有些是潜在的，不一定要表现出来，但它是终生有用的；有些是只可意会的，心里明白而无法用明确的语言表达是非常普遍的现象。我们要致力探索如何快速有效地将学生的阅读素养提到较高的水平。

阅读素质本身就是一种综合素质，掌握一定的技能技巧，具备一定的阅读速度和效率，同时还要会结合语境，联系实际去感悟，欣赏文学作品的形象和作者寄寓的情感，养成良好的阅读习惯。就初中学生来说，以上各个方面应该达到什么程度，即便是修订的大纲和刚下发的《课程标准》，回答也仍有些笼统。我们应当逐步使基本要求明确化，争取使每个初中生都能通过自我检测，评判自己的阅读素质达到了何种程度。

阅读素质的养成是一个长期的过程。“有序培养”可以避免重复无效劳动，提高效率。我们理解“有序”包括两个方面：一是由课内到课外的阅读程序，重点是课内阅读的程序；二是阅读这种基本的智力技能应包括的由低到高的层级。还要把握好三个基本层次：以认读为起点的理解性阅读，以借鉴为依归的欣赏性阅读，以质疑为核心的研究性阅读。过去我们的阅读大多停留在第一层级，这正是学生不爱读书、不会读书进而导致不读书的基本原因。

我们的实验以邓小平的“三个面向”和“三老”的语文教育思想为理论依据，以林崇德教授的创新教育理论和曾祥芹、甘其勋的阅读学研究观点为具体指导，广泛吸收其他阅读研究成果，在实验初期确立了三个主攻方向，建立了一套利于实验研究的组织，落实了一套阅读教学常规。

我们确立的三个主攻方向是：一、转变语文教师的观念，重点是改“分析型”阅读为“感悟型”阅读，把读书的主动权交还学生；改“归一型”阅读为“发散型”阅读，鼓励读出不同的见解和感受。二、提高师生阅读教与学的技能。提出教师要能独立钻研教材，设计程序，组织语言，在阅读上做学生的表率；学生要会朗读，会概括，会质疑，会运用阅读成果分析解决问题。三、帮助学生养成好的阅读习惯，包括使用工具书的习惯，放开声音读书的习惯，边读边想边圈点批画的习惯，积极思考参与课堂活动的习惯和质疑问难、发表不同见解的习惯等。在养成教育的过程中，教师要提要求、给机会、多鼓励、勤督促，而不能停留在一般号召上，更不能挫伤学生的积极性。

在落实阅读教学常规方面，我们通过学习研究，统一了“三读”的目标和要求。一、快读，了解阅读材料的基本内容，抓住两个“关键”，即段落内的关键句，篇章中的关键段。二、精读，理解作者的写作思路和写作意图，遵循三个阶段，即“整体感知—细部领会—总体观照”。三、赏读，积累应用知识和技能，悟得四个方面，即悟意(写作意图)、悟情(作者和人物的感情)、悟理(文中包含的道理和给人的启迪)、悟巧(语言、谋篇的技巧)。在阅读教学中，我们不用教参束缚学生的思想，阅读不搞先入为主，鼓励学生从读书中长见识、开思路、受陶冶、添本领。

在实验过程中，我们组织说课活动 12 次，上研究课 24 节，大型示范课 5 次 9 节，专题报告 8 场，组织开展课外读书活动 2 次(《突出重围》，2000 年春；《钢铁是怎样炼成的》，2000 年秋)。各项活动师生都踊跃参与，收益巨大。

二、课题研究形成的认识

(一)关于阅读的目的。阅读有不同的目的：有专为提取特定信息的，如文中重要的数据、言论，事情发展的动态、文章的基本观点等；有为获得专门知识的，如科学文化知识，语文方面的读写知识等；有为消遣、欣赏获得精神愉悦的；有为实用参照借鉴模仿的。此外还有为获得阅读能力而进行的学习性阅读等。不同的阅读目的，应运用不同的阅读方法。(参见《阅读的类型、目标和方法》)

（二）关于阅读技能。阅读的方式有朗读、默读和听读，阅读的方法有精读和略读。不同的方式方法又都涉及到许多具体的阅读技能技巧。读书要得法，就可以在最少的时间内获得最大的阅读成效。教师要善于引导学生总结、交流，应用阅读方法提高阅读效率。掌握阅读技能要有目标意识和量化意识。比如快读要在保证理解率不小于70%的前提下，逐步将阅读速度由每分钟250字提高到500—1000字；精读要保证理解率90%以上，并逐步使阅读速度接近每分钟250字。

（三）关于阅读课型。课堂教学是素质教育的主阵地。教读课、课内自读课、课外阅读活动是阅读教学的三种基本形式。教读课上得方法，自读课上练本领，课外阅读活动中养习惯。三种课型环环相扣，螺旋型发展。教读课上师生互动，学生为主自我感悟，共同提炼，总结交流，逐步达到会读、爱读，形成阅读课的课堂教学常规。（参见《感悟　总结　迁移》）

（四）关于阅读教学中的师生关系。在新课标下的阅读教学中教师不再是居高临下的传道者、先知先觉的教师爷、言出法随的审判官，而是把握全局的领航员，利用已知优势预先设计，相机处置；又像是体育竞技中的主教练，设计方案程序点拨疏通学生思路，组织开展活动，点评学习中的是非得失；还是细心周到的服务员，为学生提供辅助材料、手段，师生在阅读过程中互相启发，一起享受阅读过程和阅读成果。

（五）关于教师的阅读素质。教师阅读素质的高低，决定着阅读教学的成败。语文教师自己要先学会读书。要丢掉依赖教参、教辅的习惯，能独立解读教材和相关阅读材料。读书要有自己的心得，要解放思想，联系实际，投入情感，为学生读书树立榜样。比如朗读要尽量使用普通话，做到发音准确、清晰、流畅、停顿正确，强调适当，情感充沛、语气传情。要善于联系、比较，熟读精思，读出自己的独到见解，提出富有启发性的问题来。

（六）关于阅读过程。从接触阅读材料到理解文章内容和写作意图仅仅是阅读过程的初级阶段。在此基础上加上读者的生活体验，联系当前的社会实际，从新的角度领悟写作材料包含的道理及蕴藏的情感，欣赏文章的美，借鉴文章的巧，运用学得的方法，引发新的联想，进行个性化阅读和再创造阅读。这才是阅读的高级阶段。以往的阅读教学满足于了解是什么、怎么样，浅尝辄止，以致使学生感到阅读无用、无趣。将求同阅读引入求异阅读，会使学生感受百花争艳，百家争鸣，有见仁见智之妙，能不断地激发学生的阅读兴趣。

（七）关于阅读中的思维训练。思维训练的前提是斩断束缚学生思想的精神羁绊，开放学生的思维空间。我们在学生中培养一个习惯：习惯说"我认为"，有主见，会分析，敢于据理力争。实行两个坚持：坚持教学民主，相信并依靠学生；坚持实事求是，注重实践，服从真理。提倡五不迷信：不迷信教材，不迷信教参，不迷信权威，不迷信教师，不迷信定论。在思维训练过程中教师的作用主要是引导：导读、导思、导说、导写，结合不同的阅读材料，培养学生的形象思维、逻辑思维和灵感思维能力。学生的思维能力提高了，就会大大提高阅读效率。我们尝试的推断阅读法是促进思维训练的有效方法。（参见《实行推断阅读　促进思维训练》、《遵循认知规律　进行有序的思维训练》）

（八）关于语言教学。语言教学是阅读教学的核心。没有语言教学的阅读教学只能是空洞的教学。语言教学要抓好三种语言：一是教材的典范语言，要让学生养成"咬文嚼字"的习惯。可通过"换"、"减"、"添"词语的办法体会词语的准确运用。可通过反复朗读品味，领略句子的表情达意功能。可通过段与段之间、此篇与彼篇之间的联系和比较，悟得立意、谋篇上的精髓。二是教师的榜样语言。强调教师要精心锤炼课堂教学语言，使自己的语言准确、严密、简练、连贯生动，富有启发性和感染力，为学生作出榜样。三是学生之间的伙伴语言。要鼓励学生敢说、肯说真话，会表达自己的意思和情感，在语言交流的实践中提高思维能力、表达能力。通过三个方面的努力，逐步增强学生语言感受能力，提高语言摄取与表达的水平。

（九）关于文学作品和古诗文教学。近些年来，阅读教学中的文学作品和古诗文阅读在不断增加。文学作品和美育直接联系，有较高的语言表达技巧和灵活的表达形式，易于激发阅读兴趣。文学作品又因门类繁多，需要一定的阅读技能，因此应该专门探索诗歌、小说、戏剧、散文的阅读规律。入选教材的古诗文都是历经筛选的名家名篇，具有较强的生命力，但因古今语言文化差异，给阅读带来了一定困难。研究解读的技能技巧，同样很有意义。为此，我们以《君子于役》、《我是一条小河》为例，探求了古今诗歌教学的规律，即朗读品味语言，由语言而导意象，多方联系体味情感，连缀意象构成意境。我们以《鲁提辖拳打镇关西》、《竞选州长》为例，探求了小说教学的规律，即抓情节，抓细节，抓个性，再由个别到一般，历史地全面地看待人物。我们以《陈毅市长》为例，探求了戏剧的阅读规律，强调领悟台词的言中之意，话外之音。我们以《金黄的大斗笠》、《安塞腰鼓》为例，探求了散文的教学规律：着眼线索，比照材料，探求情感。我们还以《活板》、《五柳先生传》为例探求了文言文教学的方法。我们提出文言文教学不搞字字落实，不搞逐句翻译，尝试了以读代讲，以背促解，以用见创的古诗文教学方法。从推广情况看，这些规律和方法是实用的，有助于提高阅读效率。

（十）其他。为解决教学中遇到的实际问题，我们还研究了课文的作用问题，在叶圣陶的“例子说”的基础上，又认识到课文的作用还应有“梨子说”、“酵子说”，强调学生的阅读实践和联系实际的感悟，提倡答案丰富多彩，不拘一格，使创造性阅读有了着落。我们还分析了当前中心思想教学中的强加、拔高、僵化和抛弃中心思想的问题，在阅读教学中变教师灌输为学生感悟，变油水分离为渗透交融，变归一为发散，有效地改进了中心思想的教学。在学习新课标的过程中，我们还把新课标的教学理念提炼为主体观、人文观、实践观、创新观，并把这些理念同阅读教学改革结合起来，促进了教师水平的提高和教学方法的改进。

三、实验研究成果与基本经验

我们这项历时三年多的实验研究的技术成果是丰硕的。课题组长张宗成参与编写了《中学生科学文化素质有序培养·语文》，在这个多册丛书中，他执笔了第一册三个单元、第二册两个单元、第三和第四册各一个单元及部分“综合评价与考核”设计。在这些内容里，最精华的部分“学习指导”介绍了许多阅读方法。丛书经学生使用后，感到有极大的指导价值，非常实用。此外，还有2000年两次出版的“白皮书”——《“初中生语文素质的基本要求及有序培养”课题实验辅助材料》，在这个集子中，张宗成编拟审定了其中的12种，集子发行后，在南阳市语文教师中产生了很好的影响。

在实验研究中，我们不断吸收新的教改精神和先进经验，指导改进教学方法，在南阳市新教材培训会上，体现课题组指导思想的几节示范课大受欢迎。突出的有示范课《金黄的大斗笠》、《木兰诗》、《工之侨献琴》。张宗成的报告和评课也引起了很大反响。协作组成员赵红艳、冯兵获南阳市优质课一等奖。马克获省优质课辅导奖。

在实验过程中，我们发动教师进行说课和教学设计活动，《〈竞选州长〉教学设计》获全国中语会课堂教学研究中心教学设计一等奖，并由文心出版社结集出版。《〈左迁至蓝关示侄孙湘〉导读》获全国二等奖,《〈金黄的大斗笠〉教学设计》获河南省中语会优秀教学设计二等奖。2001 年和 2002 年分别在《学海文汇》和《同窗》发表的《如何应对阅读分析题》和《钻进去　跳出来》两篇阅读研究文章,也起到了很好的作用。

实验研究还极大地促进了教师的成长提高,张宗成 2001 年被评为南阳市第二届名师,被推荐为南阳市跨世纪学术带头人,受聘为全国中语会课堂教学研究中心理事,南阳市中学教师继续教育讲师团讲师。课题组 6 名成员共获得市级以上教学科研成果及论文奖 31 项,在书籍报刊上发表教学教研文章 27 篇。课题研究还带动了实验涉及范围内的教师的教学教研水平的提高。课题组、协作组成员定期学习、专题研究,开阔了这些教师的视野,传播了教科研经验,辐射带动出 10 多项新的实验课题。在邓州市,两次面向全市初中语文教师的辅导报告、示范课和多次受邀到兄弟乡校的座谈、评课,传播了我们这一专题研究的成果。我们的阅读教学思想、理念、程式,我们归结的一些规律,已在邓州初中语文教坛上生根开花,在南阳市其他县区学校中也有一定的影响。

实验的更大受益者是学生。他们从被动接受、死记硬背的状态下解放出来,学得生动活泼,掌握了不少技能技巧,开展了多样的有益活动:读课外书,开展作文竞赛,进行社会调查、座谈,办文学社,自办作文小报,自编自演节目……压力小了,效率高了,连带而来的成绩喜人:实验基地所在的文渠乡连续三年中招语文成绩居邓州市前三名,校刊校报获国家二级学会一等奖,学生作文在地市级以上报刊发表 60 多篇,获省级以上奖 17 人。

归结三年多的阅读素质培养实验研究,我们得出的基本经验是:阅读素质的培养,需要解放教师思想,放开学生手脚,鼓励师生尝试,归结方法规律,从语言入手,由整体到部分,再由部分到整体解读文章,在领悟文本思想和作者意图之后,还应进一步联系、比较、积累、应用，读出个人感悟，将阅读推进到质疑、赏美的研究和欣赏阶段。阅读教学也应既重结果，更重过程。

三年多的课题实验仅仅是这一研究的第一循环，阅读教学的研究还任重而道远。我们课题组将不放弃这项以培养提高学生素质为对象的实验研究。我们已经将这一实验研究的第二循环纳入后来立项的“初中生学法指导”研究专题，今后将进一步探索阅读教学的规律，探索读写结合的有关问题，争取为中学生的科学文化素质的培养提高，作出更大的贡献。

后　记

《作文新视角》出版以后，经过两年的收集、编写并广泛征求意见，姊妹篇《阅读新视角》一书于2007年完稿。此后，又经河南大学出版社多次审校，如今终于编辑出版了。除了感慨教师出书难之外，我更是敬佩河南大学出版社编辑们的认真严谨，敬佩他们对事业、对学生负责的精神——他们知道这本书是面向学生的。

在这本新书出版之际，我要向自编著以来给予我鼓励支持的领导、老师表示衷心的感谢。

要感谢甘其勋老师、聂振韬老师。他们在我的《作文新视角》出版以后，鼓励我将已经发表或获奖的阅读方面的成果收集整理，构成《作文新视角》的姊妹篇。河南省教研室资深教研员，中国写作学会阅读学专业委员会副会长甘其勋老师，在本书完稿之际，为本书提出了许多中肯的意见，并再次慷慨作序。聂振韬老师为本书题写了书名，在《作文指导报》辟专版向读者推介，并关心书的发行事宜。

要感谢南阳市教研室尹永浩主任和教研员张冬老师、张广林老师。他们在本书寻找出版社出现困局的时候伸出援手，联系负责任的出版社，为基层教育工作者排忧解难。张冬老师在整理书稿过程中亲自修改部分书稿，协助联系封面设计和印刷，为本书的成书竭尽心力。张广林老师为本书的阅读方法指导部分和内容编排提出了很多指导性意见。

同样要感谢省教研室孟素琴老师，她邀我参加编写她主编的《名师文言课堂》部分篇章，给了我研究的动力和学习的机会；感谢南阳市文联副主席马本德先生、《作文指导报》编辑周录恒老师、孔彩虹老师、刘鹏云老师，他们给了我大量的文章发表机会，并对选登文章精心斧正；感谢邓州市教育局老局长丁心德、副局长石桂丽和程传玺、杨长品、唐跃峰、苏国富、王贤良等领导，感谢邓州市进修学校郭海温、王彩玉副校长，感谢文渠中心校两任校长郑德朝、赵红俊和中心校的全体同志，没有他们所给的信心和实实在在的支持，就没这本书的出版。

阅读是获取外界信息、吸收先进经验、进行精神消费的重要途径，是人们学习、工作、生活的必备的重要技能。阅读时通过字词句篇，领悟作者的意图是完全必要的，但有时就不能满足于读懂，还需要欣赏、评价、借鉴和应用，这就是创新阅读。“感悟篇”中有阅读长篇的心得，也有欣赏短文和段落得到的体会；阅读的对象有名著名篇，也有报刊消息、学生文章，还有阅读方法的整理和归纳。我力求做到不人云亦云，不墨守成规，争取每读都有“新”得。即便是应约而写的古代诗歌导读，也力求悟出独到的见解。“感悟篇”为运用阅读理论进行阅读实践提供了范例。

对于学生来说，阅读还是习得阅读能力、养成阅读习惯的过程。在这一过程中，学生固然是主体，但教师的作用丝毫不应忽视。课堂是阅读教学的主渠道，教材是学习的重要凭借和师生对话的媒介。为了改变阅读教学少慢差费的局面，多年来我学习外地的先进经验，实践新课标的先进理念，结合教学与研究，坚持不懈地进行探索。收入“探究篇”的，多为在公开刊物发表或在省级以上获奖的文章。其中有对阅读的宏观认识，也有对阅读材料分门别类微观上的把握。对于教师来说，这些文章可资阅读教学研究借鉴，尤其是有的论文、教学设计、教案配套编排，显示了由理论到认识再到实践的全过程，参照阅读，相信无论是老师还是学生，都会有较大的收益：从中受到启发，并加深对传统名篇的理解。随着教材的变更，有些课文已退出现行教材，但所归结的探究方法和阅读规律，与新课标精神是相通的，是不会过时的。

对于新课标和新课标教材，我有这样的认识：新课标的基本精神是吸取了多年来语文教师和所有语文教育工作者的研究成果的集体智慧的结晶，新课标还要不断吸取新的研究成果，不断修订完善。也不排除若干年后，还会有更新的课标来代替它。按照新课标编写的教材，已显现出“百花齐放”的局面，在各种版本的语文教材中，课文的“例子”作用更加突出，课文还是师生学习过程中“对话”的媒介，当然也不排除从课文中汲取文化营养和借鉴方法经验，由课文引发联想和想象。我们不必死守着一些课文篇目，只需着眼于每一个“例子”的内容和结构，从阅读过程中获得思想和方法上的收益。因此，没有必要拘泥于老课文还是新课文，没有必要拘泥于所举例子出自何种版本。

在实践中思考，带着问题学习理论和经验，然后将认识放到实践中检验，进而总结出规律性的东西，再用于阅读实践，这便是我的研究方法。记录整理教学研究中的认识与实践，于是便有了这本《阅读新视角》。

由于视野所限，思想和学术水平有限，书中难免仍会有这样那样的错误，恳望读者发现后通过网络指正（本人邮箱为 zhangzc1954@163.com）。

张宗成